中国古代民居

王 俊 著

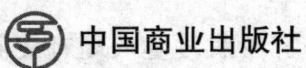

图书在版编目（CIP）数据

中国古代民居 / 王俊著. -- 北京：中国商业出版社，2022.1
ISBN 978-7-5208-1764-6

Ⅰ.①中… Ⅱ.①王… Ⅲ.①民居—古建筑—研究—中国 Ⅳ.① K928.71

中国版本图书馆 CIP 数据核字（2021）第 175844 号

责任编辑：王　静

中国商业出版社出版发行
010-63180647　www.c-cbook.com
（100053　北京广安门内报国寺 1 号）
新华书店经销
三河市吉祥印务有限公司印刷

*

710 毫米 × 1000 毫米　16 开　16 印张　230 千字
2022 年 1 月第 1 版　2022 年 1 月第 1 次印刷
定价：40.00 元

* * * *

（如有印装质量问题可更换）

《中国传统民俗文化》编委会

主　编	傅璇琮	著名学者，国务院古籍整理出版规划小组原秘书长，清华大学古典文献研究中心主任，中华书局原总编辑
顾　问	蔡尚思	历史学家，中国思想史研究专家
	卢燕新	南开大学文学院教授
	于　娇	泰国辅仁大学教育学博士
	张骁飞	郑州师范学院文学院副教授
	鞠　岩	中国海洋大学新闻与传播学院副教授，中国传统文化研究中心副主任
	王永波	四川省社会科学院文学研究所研究员
	叶　舟	清华大学、北京大学特聘教授
	于春芳	北京第二外国语学院副教授
	杨玲玲	西班牙文化大学文化与教育学博士
编　委	陈鑫海	首都师范大学中文系博士
	李　敏	北京语言大学古汉语古代文学博士
	韩　霞	山东教育基金会理事，作家
	陈　娇	山东大学哲学系讲师
	吴军辉	河北大学历史系讲师
策划及副主编	王　俊	

序 言

  中国是举世闻名的文明古国,在漫长的历史发展过程中,勤劳智慧的中国人创造了丰富多彩、绚丽多姿的文化。这些经过锤炼和沉淀的古代传统文化,凝聚着华夏各族人民的性格、精神和智慧,是中华民族相互认同的标志和纽带,在人类文化的百花园中摇曳生姿,展现着自己独特的风采,对人类文化的多样性发展做出了巨大贡献。中国传统民俗文化内容广博,风格独特,深深地吸引着世界人民的眼光。

  正因如此,我们必须按照中央的要求,加强文化建设。2006年5月,时任浙江省委书记的习近平同志就已提出:"文化通过传承为社会进步发挥基础作用,文化会促进或制约经济乃至整个社会的发展。"又说,"文化的力量最终可以转化为物质的力量,文化的软实力最终可以转化为经济的硬实力。"(《浙江文化研究工程成果文库总序》)2013年他去山东考察时,再次强调:中华民族伟大复兴,需要以中华文化发展繁荣为条件。

  正因如此,我们应该对中华民族文化进行广阔、全面的检视。我们应该唤醒我们民族的集体记忆,复兴我们民族的伟大精神,发展和繁荣中华民族的优秀文化,为我们民族在强国之路上阔步前行创设先决条件。实现民族文化的复兴,必须传承中华文化的优秀传统。现代的中国人,特别是年轻人,对传统文化十分感兴趣,蕴含感情。但当下也有人对具体典籍、历史事实不甚了解。比如,中国是书法大国,谈起书法,有些人或许只知道些书法大家如王羲之、柳公权等的名字,知道《兰亭集序》是千古书法珍品,仅此而已。再如,我们都知道中国是闻名于世的瓷器大国,中国的瓷器令西方人叹为观止，中国也因此获得了"瓷器之国"（英语china的另一义即为瓷器）的美誉。然而关于瓷器的由来、形制的演变、纹饰的演化、烧制等瓷器文化的内涵，就知之甚少了。中国还是武术大国，然而国人的武术知识，或许更多来源于一部部精彩的武侠影视作品，对于真正的武术文化，我们也难以窥其堂奥。我国还是崇尚玉文化的国度，我们的祖先发现了这种"温润而有光泽的美石"，并赋予了这种冰冷的自然物鲜活的生命力和文化性格，如"君子当温润如玉"，女子应"冰清玉洁""守身如玉"；"玉有五德"，即"仁""义""智""勇""洁"；等等。今天，熟悉这些玉文化内涵的国人也为数不多了。

也许正有鉴于此，有忧于此，近年来，已有不少有志之士开始了复兴中国传统文化的努力之路，读经热开始风靡海峡两岸，不少孩童以至成人开始重拾经典，在故纸旧书中品味古人的智慧，发现古文化历久弥新的魅力。电视讲坛里一拨又一拨对古文化的讲述，也吸引着数以万计的人，重新审视古文化的价值。现在放在读者面前的这套"中国传统民俗文化"丛书，也是这一努力的又一体现。我们现在确实应注重研究成果的学术价值和应用价值，充分发挥其认识世界、传承文化、创新理论、资政育人的重要作用。

中国的传统文化内容博大，体系庞杂，该如何下手，如何呈现？这套丛书处理得可谓系统性强，别具匠心。编者分别按物质文化、制度文化、精神文化等方面来分门别类地进行组织编写，例如，在物质文化的层面，就有纺织与印染、中国古代酒具、中国古代农具、中国古代青铜器、中国古代钱币、中国古代木雕、中国古代建筑、中国古代砖瓦、中国古代玉器、中国古代陶器、中国古代漆器、中国古代桥梁等；在精神文化的层面，就有中国古代书法、中国古代绘画、中国古代音乐、中国古代艺术、中国古代篆刻、中国古代家训、中国古代戏曲、中国古代版画等；在制度文化的层面,就有中国古代科举、中国古代官制、中国古代教育、中国古代军队、中国古代法律等。

此外,在历史的发展长河中,中国各行各业还涌现出一大批杰出人物,至今闪耀着夺目的光辉,以启迪后人,示范来者。对此,这套丛书也给予了应有的重视,中国古代名将、中国古代名相、中国古代名帝、中国古代文人、中国古代高僧等,就是这方面的体现。

生活在21世纪的我们,或许对古人的生活颇感兴趣,他们的吃穿住用如何,如何过节,如何安排婚丧嫁娶,如何交通出行,孩子如何玩耍等,这些饶有趣味的内容,这套"中国传统民俗文化"丛书都有所涉猎。如中国古代婚姻、中国古代丧葬、中国古代节日、中国古代民俗、中国古代礼仪、中国古代饮食、中国古代交通、中国古代家具、中国古代玩具等,这些书籍介绍的都是人们颇感兴趣、平时却无从知晓的内容。

在经济生活的层面,这套丛书安排了中国古代农业、中国古代经济、中国古代贸易、中国古代水利、中国古代赋税等内容,足以勾勒出古代人经济生活的主要内容,让今人得以窥见自己祖先的经济生活情状。

在物质遗存方面,这套丛书则选择了中国古镇、中国古代楼阁、中国古代寺庙、中国古代陵墓、中国古塔、中国古代战场、中国古村落、中国古代宫殿、中国古代城墙等内容。相信读罢这些书,喜欢中国古代物质遗存的读者,已经能掌握这一领域的大多数知识了。

除了上述内容外,其实还有很多难以归类却饶有趣味的内容,如中国古代乞丐这样的社会史内容,也许有助于我们深入了解这些古代社会底层民众的真实生活情状,走出武侠小说家加诸他们身上的虚幻的丐帮色彩,还原他们的本来面目,加深我们对历史真实性的了解。继承和发扬中华民族几千年创造的优秀文化和民族精神是我们责无旁贷的历史责任。

不难看出,单就内容所涵盖的范围广度来说,有物质遗产,有非物质遗产，还有国粹。这套丛书无疑当得起"中国传统文化的百科全书"的美誉。这套丛书还邀约大批相关的专家、教授参与并指导了稿件的编写工作。应当指出的是，这套丛书在写作过程中，既钩稽、爬梳大量古代文化文献典籍，又参照近人与今人的研究成果，将宏观把握与微观考察相结合。在论述、阐释中，既注意重点突出，又着重于论证层次清晰，从多角度、多层面对文化现象与发展加以考察。这套丛书的出版，有助于我们走进古人的世界，了解他们的生活，去回望我们来时的路。学史使人明智，历史的回眸，有助于我们汲取古人的智慧，借历史的明灯，照亮未来的路，为我们中华民族的伟大崛起添砖加瓦。

是为序。

傅璇琮
2014年2月8日

目 录

第一章 中国民居历史沿革 ·· 1

第一节 远古时代，民居萌芽 ·· 1
1. 巢居时代 ··· 1
2. 穴居时代 ··· 3

第二节 夏商周代，早期民居 ·· 6
1. 夏代民居 ··· 6
2. 商代民居 ··· 8
3. 周代民居 ··· 9

第三节 秦砖汉瓦，魏晋风流 ·· 10
1. 秦朝民居 ··· 10
2. 汉朝民居 ··· 11
3. 魏晋民居 ··· 12

第四节 隋唐气象，宋元图卷 ·· 14
1. 隋唐民居 ··· 14
2. 宋朝民居 ··· 15
3. 元朝民居 ··· 16

第五节 明清雅韵，繁简有秩 ·· 18
1. 明朝民居 ··· 18

2. 清朝民居 ·· 19

第二章 民居的类型及特征 ·································· 23

第一节 天圆地方——庭院建筑 ·························· 23
1. 北方合院 ·· 24
2. 南方庭院 ·· 27
3. 组群式院落 ·· 29

第二节 民族特色——干栏式、井干式建筑 ················ 30
1. 干栏式 ·· 30
2. 井干式 ·· 37

第三节 依山开凿——窑洞天地 ·························· 38
1. 窑洞的形成 ·· 38
2. 窑洞的类型 ·· 43
3. 窑洞的挖建步骤 ······································ 46
4. 窑洞民居细部装饰 ···································· 49

第四节 抗震御敌——土楼风情 ·························· 52
1. 迁徙而来的客家人 ···································· 52
2. 土楼的结构和布局 ···································· 55
3. 土楼的建造工序 ······································ 57

第五节 御敌保家——碉楼建筑 ·························· 69
1. 碉楼的包容与开放 ···································· 69
2. 碉楼背后的故事 ······································ 71

第六节 草原明珠——蒙古包 ···························· 73
1. 蒙古包的结构和样式 ·································· 73
2. 其他部件 ·· 75
3. 蒙古包的搭建智慧 ···································· 77

第三章 形态迥异——南北民居 … 79

第一节 各地民居差异 … 79
1. 地域不同 … 79
2. 建筑材料不同 … 80
3. 装饰风格不同 … 80
4. 空间布局不同 … 81
5. 审美意趣不同 … 82

第二节 民居营建经验 … 83
1. 北方民居营造的特点 … 83
2. 南方民居营造的特点 … 84

第三节 各具特色的民居 … 86
1. 高度和谐的皖南民居 … 86
2. 缥缈的水墨江南 … 89
3. 瑰丽的岭南民居 … 91
4. 方方正正的云南"一颗印" … 108
5. 贵州布依族石板房 … 109
6. 山东海草房 … 112
7. 门比窗多的朝鲜族民居 … 114
8. 依山建筑的彝族土掌房 … 116

第四章 经典特色民居 … 119

第一节 名宅、名院、名园 … 119
1. 最大的四合院——恭王府 … 119
2. 绿竹猗猗——上海古猗园 … 120
3. 民间故宫——山西王家大院 … 122
4. 石砌墙体——牟氏庄园 … 124

5. 金龟探水——康百万庄园 …………………………………… 126

第二节　独具特色——古村寨 ………………………………… 127
　　1. 安徽宏村——中国古代水利教材 …………………………… 127
　　2. 江西婺源思溪村——书斋庭院 ……………………………… 130
　　3. 诸葛八卦村——民居排布八阵图 …………………………… 131
　　4. 黄山石家村——棋盘村 ……………………………………… 134
　　5. 安徽歙县棠樾村——牌坊之乡 ……………………………… 137
　　6. 湖北襄阳南漳古寨——襄西屏障 …………………………… 139
　　7. 湘西凤凰都罗寨——水云仙境 ……………………………… 143

第三节　时代缩影——古镇 …………………………………… 145
　　1. 丝绸之府——浙江乌镇 ……………………………………… 145
　　2. 明清民居博物馆——西递古镇 ……………………………… 149
　　3. 小桥流水——昆山周庄 ……………………………………… 154
　　4. 中西合璧——南浔古镇 ……………………………………… 158
　　5. 河流如网——苏州甪直 ……………………………………… 161
　　6. 水乡公园——常熟市沙家浜 ………………………………… 164
　　7. 文化名铭——开封朱仙镇 …………………………………… 165
　　8. 千年历史——江西景德镇 …………………………………… 166

第四节　历史剪影——古城 …………………………………… 168
　　1. 石头的史书——湘西凤凰古城 ……………………………… 168
　　2. 三坊一照壁——云南丽江古城 ……………………………… 169
　　3. 四合五井天——云南大理古城 ……………………………… 172

第五节　民族风情——民族村寨 ……………………………… 176
　　1. 贵州西江千户苗寨——吊脚楼建筑 ………………………… 176
　　2. 瑶族故地——千家峒 ………………………………………… 182
　　3. 四川藏寨千碉之国——丹巴古村 …………………………… 184

  4. 喀纳斯湖畔的豪情——图瓦敖包 ………………………………… 188

 第六节 文化背景——亭台楼阁 …………………………………………… 192
  1. 天下第一亭——醉翁亭 …………………………………………… 192
  2. 胡服骑射发源地——武灵丛台 …………………………………… 194
  3. 山水画卷——嘉兴烟雨楼 ………………………………………… 196
  4. 似雨疑烟——蓬莱阁 ……………………………………………… 198

第五章 民居的特殊结构及其现实意义 …………………………… 202

 第一节 榫卯结构 ……………………………………………………………… 202
  1. 榫卯结构的发展和演变 …………………………………………… 202
  2. 飞檐斗拱 …………………………………………………………… 206

 第二节 木构架 ………………………………………………………………… 207
  1. 木构架的基本概念 ………………………………………………… 207
  2. 木构架的安全性能分析 …………………………………………… 209

 第三节 民居中的细节 ………………………………………………………… 211
  1. 民居细部 …………………………………………………………… 211
  2. 细碎空间、辅助结构 ……………………………………………… 213
  3. 细部的造型 ………………………………………………………… 217

第六章 美学价值 ……………………………………………………… 220

 第一节 空间、结构、线条的自然美 ………………………………………… 220
  1. 疏密得当、富有节奏 ……………………………………………… 220
  2. 横平竖直的线条美 ………………………………………………… 222
  3. 堆叠的艺术 ………………………………………………………… 223
  4. 几种不同形状的民居 ……………………………………………… 224

 第二节 纯朴、自然、和谐美 ………………………………………………… 225
  1. 审美意蕴 …………………………………………………………… 225

2. 建筑的环境搭配 …………………………… 227
　　3. 对称、统一的艺术美 ……………………… 229
　第三节　余韵缭绕的人文美 …………………… 231
　　1. 以"礼"为中心的四种文化形态 ………… 231
　　2. 共鸣的精神情感 …………………………… 232
　　3. 宗祠牌坊 …………………………………… 236
　　4. 门头家风 …………………………………… 237
参考书目 …………………………………………… 239

第一章

中国民居历史沿革

第一节 远古时代，民居萌芽

《雅典宪章》把人类的生活划分为三个部分，即日常生活、劳动和游憩，也就是所谓的"三分法"。作者认为，人类社会的构成具有时代性和阶层性，人类生活是建立在物质资料生产和人类自身的生产力两个方面，具有时代动态特征，比如南方和北方。安居方能乐业，人类从原始时代到现代，住居的方式从总体结构上来说经历了从简单到复杂的过程，无论是河姆渡、半坡还是姜寨等其他原始社会的居所和聚落，其实质是家庭和生活内容的丰富及生活质量的提高。从无居到定居，从洞穴到建构，从单居到群居，从民居到宫殿，从简易到复杂再到后来的装饰和雕刻……就是一部人类发展史。

1. 巢居时代

从猿进化到人，人类用了上百万年的时间。在远古时代，不管选择哪一种居住方式，都是为了防风御寒，躲避自然灾害，避免野兽袭击，保护族群安全，我们的一部分祖先，便开始像鸟一样在树上栖息，这种居住方式叫作"巢居"。

在《庄子·盗跖篇》中就有记载："古者，禽兽多而人民少，于是民皆巢居以避之。昼拾橡栗，暮栖木上，故命之曰有巢氏之民。"（意思是：古时禽兽多于人，人不得已居于树上。白天满地捡拾橡栗果腹，夜间再到树上栖息，以此如禽筑巢，得名有巢氏。）因此，巢居在适应南方气候环境特点上有明显的优势：远离湿地，远离虫蛇野兽侵袭，有利于通风散热，便于就地取材就地建造等。

象形文字是一种古老文字，通过它的结构、形式，我们能推断一些重要的文化信息，而金文中就有反映巢居的象形文字。

这个表示巢居的金文，是一个抽象图案——以自然界中相邻的四棵树做支柱，搭建一个窝棚。这类借助自然中的乔木搭建窝棚的行为，现在的一些地区还有，但并不是用来居住，而是作为需要架高或防潮的临时建筑，如看守田地的棚子。

有了借助自然界的乔木做支柱的经验之后，古人便创造性地砍伐树木，用来做房屋的柱子，自由地选择建造房屋的地点。之后，巢居逐渐演化、发展为干栏式建筑。

巢居的形成和发展大致经历了这样几个步骤：

古代树上巢居

以一棵树支撑的独木巢居→以几棵树支撑的架空形多木巢居→砍伐树木载柱、选址自由的檐巢→地板架空的檐式干栏→载柱式干栏。

巢居大约流行于旧石器时代早期，传说中的"三皇"时代，有"有巢氏"之说，可以说"巢居"是我们的祖先在适应环境上一大史诗级的创造。

2. 穴居时代

天然洞穴

《帝王世纪》中有"天皇氏、地皇氏、人皇氏……冬穴夏巢",晋·戴逵《杂义》有"披榛而游、遇穴而处,男无定居,女无常止",再据《孟子·滕文公上》中"当尧之时,水逆行,泛滥于中国,蛇龙居之,民无定所,下者为巢,上者为营窟"。由此可见,巢居和穴居的过渡和改变,是有环境因素的——冬天,仿兽穴居,在洞穴中避寒避兽;夏天,隔离潮湿的地面,以巢居形式避毒虫猛兽。

在第四纪冰川期,天气酷寒,古猿人被迫脱离巢居,栖居地面。面对新的、恶劣的环境,哪一种居住方式能够躲避严寒、躲避兽害呢?在当时,唯一可行的办法就是穴居。大约50万年以前,古猿人离开丛林,模仿野兽,住到了天然的岩洞中。

研究表明,大约60万年前,周口店北京猿人学会了保存火种,这使他们能够在天然的岩洞中定居下来。同时期前后,还有山西曲南海蛤的洞穴、湖北大冶石龙头的洞穴遗存,它们都是古人类穴居的明证。1930年,北京山顶洞民居遗址被发现,它是著名的穴居形式之一。同样,在云南、辽宁、贵州、广州、湖北、江西、江苏、浙江等地,都发现有原始人居住过的天然岩洞。

大自然造化奇伟,雕琢出无数奇异深幽的洞穴,展示神秘的地下世界的同时,在生产力水平低下的时期,为人类在长期的生存过程中提供了最原始、最宜居住的"家"。《易·系辞》中说,上古时代的人"穴居而野处"。说明穴居是人类最初最主要的居住方式之一,它满足了原始人对生存的最低要求。不论如何,从巢居到穴居,都无疑是人类发展史上的又一次飞跃。

人工洞穴

100万年前,在黄河中游及黄河三角洲地区,黄土堆积已有相当的厚度。这里的黄土地肥沃,可供植物生长。而且,因为黄土集中程度高,有良好的稳定性、可塑性,采用简单的石器工具就能够挖掘成穴。在陕西的平梁，考古发掘出一件大尖状器——一种挖掘土的工具。可以握住厚重的一端，用尖头挖土，效率很高，是很好的挖掘工具。加上黄河流域能供人栖居的天然洞穴不多，但黄土具备良好的保暖性能，在冬季黄土洞穴温度可保持5℃~8℃，生活在这里的先民，便挖掘地穴进行居住。这就是人工穴居的开端。

最开始的时候，人工穴居的形制非常简单，仅能遮风避雨并抵御野兽袭击。随着古人智力和生产力的进步，人工穴居的形制逐步改进为圆形或椭圆形洞穴，其剖面呈喇叭口状。根据当时人的智力、生产力以及从游猎采集到定居的生活习性等进一步判断，人工穴居的开始期应该是旧石器时代晚期。

而到了新石器时代，人类由原始群进入氏族社会，人工穴居成为当时黄河流域人类的主要居住形式。因为在七八千年以前的新石器早期的"磐山文化""裴李岗文化"遗存中，竖穴普遍存在。

河南偃师县汤泉沟遗址中发现的较为早期的竖穴，平面呈圆形、断面呈袋形，1.5米口径。此时，地穴上部的木构，只是用来为地下洞穴遮蔽风雨，起到屋顶的作用。中间的木柱，在入口或上下的时候可用来起支撑作用。这一时期，可能已经使用了绑扎技术。

在新石器早期，横穴形式的穴居同样存在，因为在这个时候，人类已经有更有效的方法对岩石进行开采，能够在陡崖上挖掘横向的穴居——它类似现在的窑洞。在"裴李岗文化"遗址中，就有原始的横形的陶窑。

河北武安磁山遗址中的窖穴，均为圆形、椭圆形和筒形半穴居，不到1米深，直径在2米左右，穴底有的平整，有的凹凸不平。从一些穴居外部残留的柱洞和周边遗存物判断，此处的大多数穴居的穴顶都呈圆锥形。古人用木棒支撑穴顶，盖上芦苇后再抹一层草泥。从入口到穴底，是不规则的坡道，有台阶方便进出。穴内空间狭小、简陋，没有修整的痕迹，没有良好的防潮、防湿性能，有草木灰等用火痕迹。在河南新郑市"裴李岗文化"的莪沟遗址中还有形状各异的灶址。

从先后顺序来看，很难确切地判断竖穴、横穴哪个先出现，哪个后出现，但从现有的资料来推测，这两者应该是同时交错出现的。

3. 半穴居时代

分析仰韶文化的半坡遗址之后，我们会发现，它已经进入半穴居时代了。从半坡遗址上万平方米的发掘区可以看出，其穴居条件已经发生了变化，遗址中出现了大量差异化的半穴居。其聚落的组织结构和居住的基本情况，包括居住区、制陶区和公共区三个部分。在居住区的周围，有一条5米左右的防御沟。在住房附近，挖有储藏物品的窖穴，并修建有喂养家畜的圈栏。目前已经发现的，紧密地排列在一起的房基有40余处，其中心位置还有一个大一些的房子。

与前面的竖穴相比，半坡遗址中人工洞穴有了方形建筑。其中规模较小的一个建筑，底面3米×3米，高度为0.8~1.1米，有圆角，采用中柱进行支撑。

不过，半穴居建筑最大的问题是，依然需要对部分地面进行挖掘才能保证室内空间的高度。但如果室内高度不足，就只能增加三角屋面的跨度。也许是受到入口交接位置支撑木柱的启发，后来慢慢发展出屋面落在矮墙上的半穴居建筑，规模较大的——如平面宽7.2米、进深6.5米的——会在屋内用三四根支柱支撑。

更为重要的是，遗址中的墙体有的采用了土木结合的方式进行建造。每个方形或圆形的半穴居住宅，中心位置都会有一个灶坑；门档与灶坑之间隔离出通道；地面和穴壁均用泥涂抹并进行了平整，有的还用火烘烤过，使穴壁变得坚硬且呈红色；用橡木构建穴顶，然后覆盖15~20厘米糊上泥的草。这个早期的半窖式土木混合结构的窝棚，是后来简易房屋发展的雏形。

同样，河南洛阳市涧西孙旗屯的穴居，坑洞变浅，并取消了中柱，使人更方便出入。它还对地面上的空间进行了拓展，形成有组合空间的组合式半穴居。

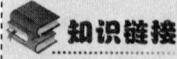 中国古代民居

> **知识链接**
>
> **早期穴居多为圆状或椭圆状**
>
> 为何早期的穴居很多是圆状或椭圆状的,而很少有方形的呢?这一方面取决于当时的挖掘工具——石器,石器更便于挖掘圆形;另一方面是因为圆锥体窝棚的穴顶捆扎,相对方锥体洞穴的窝棚而言更为容易。

第二节 夏商周代,早期民居

1. 夏代民居

夏代是中华民族史书上记载的第一个朝代,中心辖区在中岳嵩山和伊、洛、颍、汝四水流域的豫西地区,属于二里头文化,考古遗址主要分布在黄河中游南面伊、洛之间的洛阳平原,以及汝、颍上游的河谷地带。

《史记·周本纪第四》云:"自洛汭延于伊汭,居易毋固,其有夏之居。"在夏代,建筑技术有了一定的进步。夏代初期,各类房屋住宅被人们泛泛地称为室,以室称一般平民的住宅,如《管子·轻重戊》:"夏人之王……民乃知城郭、门闾、室屋之筑,而天下化之。"《荀子·大略》:"(禹)过十室之邑……"《吕氏春秋·音初》:"孔甲迷惑,入于民室。"再后来,出现了"宫室"一词,表明上层贵族阶层的居所已集居住、祭祀、行政为一体。

二里头夏代晚期都邑遗址,房屋建筑遗迹大致可分为三个等级。

最低一等的是小型半地穴式或地面式长方形居室。其中,半地穴式居室为单间住宅,门道朝南,穴深0.94米,东西长2.9米,南北宽2.15米,

面积仅 6.23 平方米，屋内东北角有灶坑，中部有一个圆柱洞，是很简陋的窝棚式建筑。还有一小型居室，前后有过两次建造：第一次建造成半地穴式建筑，穴深约 1 米，面积 4 米×3.3 米，门道在东南部，屋内南壁有一个宽约 1 米、长 2.95 米、高 0.4 米的平坦高台，似乎是用来睡眠、休息的地方；第二次建造时，穴坑被填平，重新挖槽、立柱、起墙，筑成地面式方形居室，面积 3.4 米×3.5 米，稍小于前，室内又加了道隔墙。这类居室可能为低层贫困小家庭所使用，在添丁之后，居住条件就越发紧张。

中间一等的是中型地面式或上台式长方形居室。如 1973 年二里头遗址第三工作区发现的 F1 夯土房基，土台高 0.8 米、南北长约 8.5 米、东西宽约 4 米，面积约 34 平方米。F2 为一座地面式长方形一面坡顶双连室，东室已毁，大小不详，西室东西长 9.7 米、南北宽 4.1 米，面积 39.77 平方米。

最高一等的是大型宫室建筑，分布在二里头都邑遗址的中部，共发现 30 余块大小不同的夯土建筑基址，形制分方形和长方形两种，大的长度竟至 360 余米，小的长、宽在 20 米至 50 米。如其中三期一号、二号两座基址，是面积相当大的主体宫室，周围有辅助建筑，整体布局虽略显松散，仍不失为有机组合的、宏大的宫室建筑群体，占地面积足有 8 万平方米。

夏代民居建筑总体主要有三种形式：

平地起建式：这种建筑多带夯土台基，房屋是土木结构，比较宽敞，是从地面上建立起来的比较宽敞的房子，建筑结构以木架为骨、草泥为皮。

半地穴式：这种以较为垂直的坑壁作为墙壁，南边进门处挖有台阶和走廊，面积一般不超过 10 平方米，是比平地起建式更为简陋、狭窄的居室。

窑洞式：这种民居建筑是选择断崖或沟崖经过修正后掏挖而成的，面积一般为 4 平方米左右。它是三种类型中最为狭窄、简陋的一种居室。

这三种民居形式应该属于不同经济条件和政治地位的夏代普通百姓的民居。

2. 商代民居

公元前17世纪到公元前11世纪的商代人已立足于豫、鲁、冀之间，他们往往选择近水源、宜于农耕的河流两岸或沼泽边缘建立聚居点。随着人们治理和改造自然能力的加强，以及已开放地带的有限地区空间所能承受人口压力的持续增大，商代人开始了大规模的迁徙活动。"自契至于成汤八迁"（《商书·书序》），以及"盘庚五迁"，都是其大规模迁移的佐证。

在商代，民居有了很大的发展，到后期还出现了相当规模的木构房屋。根据考古发掘，当时的建造工具已经有青铜制的斧、凿、钻、铲等。在山东地区发现有铜锯，并发现若干方形、长方形、圆形和不规则平面的穴居——以土阶升降，内壁有的不加修整，有的涂有草泥。根据刻有占卜记事的甲骨文中有关房屋的字，如"宅""宫"等推测，在当时，有些房屋的下部是在地面上建台基，有些则采用了干栏式建筑的模式进行构造。

根据甲骨文和青铜器物上的内容，我们知道，在商代的居室中，室内铺席，人们坐于席上，还有床、案、俎和置酒器的"禁"等家具摆设。此外，在陵墓内发现了以白石雕琢的鸟兽，鸟兽石雕的背后有凹槽，可能是某种器物的座子。在木质材料上，还有以虎为题材的云纹浮雕，表面涂朱，花纹和朱色清楚地压在泥土上。不难想象，这一时期的室内陈设已经相当华丽，还对房屋进行了雕饰。

从各个商代民居遗址可见，商代的民居部分保留了半地穴式的住宅形式。而且，小奴隶主、上层平民据其所属氏族或家族的大小、社会技能、经济实力以及与商王室的远近，在王邑的居住位置、居住条件和安全保障系数方面，有相应的安排和优劣之分。至于各聚居点的内部，居住的等级差异也是十分明显的。但随着木工工具的发展，人们已经用版筑的方法夯制土墙了，房屋的高度也随之增加，住起来也更加舒适。

湖北武汉市黄陂区叶店乡杨家湾盘龙湖的盘龙城遗址，是商代前期城市遗址，面积约1.1平方千米，兴建年代在公元前15世纪前后，是我国发现最早的古城之一。宫城外东北处的居宅最为密集，作坊内涵也甚为丰富，中小型墓葬兼具，是该方国邑中一种强有力的居民生活共同体。另外，各个聚居点的居宅，既有小型土台式地面建筑，又有面积仅几平方米的圆形或方形穴居，居民生活共同体内阶级分化严重，维持了分级居住的格局。

3. 周代民居

"民居"一词最早出现在周代，以区别官式建筑。"堂"的说法也出现于周代。"堂"字原意是相对内室而言的，指的是建筑物前部对外敞开的部分。堂的左右有序有夹，室的两旁有房有厢，后来也用"堂"统称这样一组建筑，以泛指诸侯、大夫、士的居住区。周代的民居素有"前堂后室"之分，并逐渐形成了以院落为中心的合院式房屋群落，于是中国传统民居的主流模式——四合院就诞生了。

陕西崎岐山凤雏村的早周遗址是一座相当严整的四合院式建筑，由二进院落组成：中轴线上依次为影壁、大门、前堂、后室；前堂与后堂之间有廊连接；门、堂、室的两侧为厢房，将庭院围成封闭空间；院落的四周有檐廊环绕；房屋基址下设有排水陶管和卵石叠筑的暗沟，以排出院内雨水；屋顶采用瓦进行覆盖。这组建筑的规模并不大，却是我国已知最早、最严整的四合院实例。更令人称奇的是，它的平面布局及空间组合的本质与后世两千多年封建社会北方流行的四合院建筑并无不同。这一方面证明了中国文化传统的悠久；另一方面建筑组合的变化体现着生活方式与思想观念的变化，似乎说明了当时封建主义萌芽已经产生。

商周之际，木构架获得社会的肯定，并进一步得到了发展，成为房屋主要的结构方式。因为建筑方式的稳定，房屋装饰形式与建筑构件也相对稳定下来，逐渐发展出特定的分工。这种分工，最终以"礼"的形式相对地稳定了下来。

中国古代民居

> **知识链接**
> **瓦的发明是西周在建筑上的突出成就**
> 窑洞是人类最原始、最古老的民居之一,最早建造于周代。由于陕北高原土质黏性大,板结牢固,便于掏洞挖穴。先民用简单的工具挖成的地穴式民居,就是窑洞的雏形。周代以后,人民经过不断的摸索和改进,把半地穴式窑洞发展成全地穴式窑洞,也就是今天的土窑洞。

第三节 秦砖汉瓦,魏晋风流

1. 秦朝民居

秦汉度量衡的统一,使后世建筑的营造变得规矩可循,其基本形式是一堂二室。《睡虎地秦简》记载了一个查封财产的士伍的房屋:"一宇二内,各有户,内室皆瓦盖,大木具。""一宇"就是有堂屋一间,"二内"就是有卧室两间,房屋上有瓦,木构齐备。可见,此时的建筑形式,以夯土和木框架的混合结构为主。穷人家的小规模住宅大多采用木构架进行建造,墙壁用夯土筑造,屋顶大多为悬心式顶或囤顶。每个房间都有窗,窗棂以斜方格居多,也有垂直密布的。民房周围常有围墙,自成院落。富贵人家常设有小院、大院等数个院落。

从秦朝的民居遗址和墓葬遗址来看,砖瓦是这一时期民居建筑的重要特征。秦朝的砖素有"铅砖"之称,主要纹饰有米格纹、太阳纹、平行线纹,以及游猎和宴客等图案或画面,也有用于台阶或壁面,刻有龙纹、凤纹或几何形纹的空心砖。有的秦砖上还有文字,字体瘦劲古朴。秦朝的瓦当纹样主要有植物纹、动物纹和云纹三种,也出现有文字瓦当,上面刻有

"羽阳千秋""千秋利君"等字样，字体多为典型的小篆，行款固定，少见图案。

陕西西毛村秦朝建筑遗址是典型的秦朝民居遗址，它位于渭城区窑店镇西毛村北约400米处，分布面积70200平方米。遗址在渭河冲积平原三级台地上，地势中部高、南北低，东西两面相对平缓。遗址中心有一东西长约168米、南北宽约150米的夯土台基，高1.2~1.4米，夯土层厚6~9厘米。台基南部有散水石及陶质下水管道，地表散布有泥质灰陶外饰绳纹、内饰麻点纹板瓦、筒瓦及云纹瓦当等。

2. 汉朝民居

在汉朝，独特、完善的建筑体系已经形成。在这一阶段，不仅大量的单体建筑与形制得到确立，而且斗拱与梁柱在建筑中的使用成为基本定式，砖石结构也有很大的发展，建筑的许多基本构件都独立了出来，中轴对称的布局方式被熟练地运用在一切建筑物之中，"秦砖汉瓦"成为这个时代文化的一个代表。同时，建筑的装饰也发展出一定的规则。汉赋中大量相关的描写，说明中国古代这一时期的建筑已经达到了较高的水平，风格各异的建筑物开始出现，园林建筑也开辟出我国古代建筑探索的新领域。

从考古发掘结果分析，汉朝的民居规模都不是很大。例如，洛阳西部的西汉早期房屋——平面呈方形，每边长13.3米，围以厚1.15米的土墙；南墙西端及西墙北端各开一扇宽2米的门；室内西墙下有一土坑。而发现于新疆民丰县尼雅遗址的住房：平面呈曲尺形，内部划分为南北二室；入口在北室西墙南端；北室南墙东端有一内门，均宽1.25米；北室建一小炕，南室有一"凵"形大炕，应系主要居室所在。

由出土建筑中的明器所显示的民居，形式颇多，其平面有矩形、工字形、口字形、曲尺形、日字形等，内部合围成一至两个院落。房屋层数自一层至三层不等。结构有穿斗、抬梁和干栏数种。屋顶大多为单坡、两坡、四坡形式，如广州及河南灵宝东汉墓出土所示者。

2003年河南省内黄县发现一处西汉晚期较大规模的聚落遗址，发掘了多处保存完好、布局清楚的西汉庭院民居，让它成为中国目前唯一一处能够再现汉朝农村情景的古遗址。三杨庄遗址位于河南省内黄县梁庄镇三杨庄北，共发现了四处汉朝庭院和瓦顶建筑遗存。它们都是坐北朝南的二进院落。南门外有小范围、可供经常活动的场地和各家的水井，院内由门房、厢房、门道、正房、厕所等组成，院外种有桑树、榆树等，再向外有农田、道路。最为珍贵的是，所有主屋屋顶全部用筒瓦和板瓦扣合，由于房屋是因为洪水浸泡非冲毁造成的坍塌，所以不同程度地保留了板瓦与筒瓦扣合时的原状。这是我国民居史上，首次可以真实地复原汉朝的庄园、村落布局，以及一个家庭的建筑布局和生活场景，甚至可以了解各类单体建筑实体的建筑结构与建筑工程技术方法等情况。

四川成都出土的画像砖，刻绘出较大的中型住宅。其布局大致分为东、西二区，而以西区为主。其大门置于南垣西端，入内有前院，经内门达后庭。庭中建有三开间的抬梁式悬山建筑一座，室内可二人东西对坐，当系宅中的主要厅堂。东区的北部庭院，院中建木结构三层楼阁。南端则为厨房与杂物间，并有水井一口。汉朝大型住宅多建有园林，从河南郑州及山东曲阜、诸城出土的画像砖石中，均能看到建有园林的大宅。有的文献，如《后汉书·梁统列传》所载，东汉大将军梁冀之宅第："冀乃大起第舍……殚极土木……堂寝皆有阴阳奥室，连房洞户，柱壁雕镂，加以铜漆，窗牖皆有绮疏青琐，图以云气仙灵。台阁周通，更相临望；飞梁石磴，凌跨水道。金玉珠玑，异方珍怪，克积藏室。"由此可见一斑。另外，大型住宅还以坞堡形式出现。由于这类住宅十分强调它的集中性和防御性，常建有高墙、角楼和阁道，估计不会出现在较大、较繁华的城市之中。

3. 魏晋民居

在魏晋南北朝三百余年间，中国民居吸收外来文化和艺术样式，相互交融，特别在进入南北朝以后，变化更为迅速：民居开始由单一的建筑主体，转变为多样的建筑形式；建筑结构逐渐由以土墙、土墩和土台为主要承重部分的土木混合结构向全木构发展；建筑风格由古拙、强直、端庄、严肃并以直线为主的汉风,向流丽、豪放、遒劲、活泼并多用曲线的唐风过渡。

魏晋南北朝时期,庭院式住宅种类众多,楼阁式民居也较为普遍,但基本都是一堂二室,并且带有庭院,面积大小不等。小型住宅比较自由,中型以上则有明显的中轴线,并以四合院为单位组成建筑群,主要是以围墙和廊屋包围起来的封闭式民居。中国民居建筑主体的主流意识,开始由较为单一的形式转向花园式。

这一时期,随着立面和屋檐出现斜线、曲线,最终形成下凹的曲面屋顶。关于屋角部分,汉以来的做法是用一根45度角梁,屋身以外挑出部分的椽尾插在角梁两侧的卯口里。因屋檐平直,卯口偏在角梁下部,为构造上的弱点。檐口出现上翘以后,就可以顺势把卯口抬高,使椽背与角梁背同高,这就加大了檐口至屋角处翘起的程度,形成了中国建筑中特有的翼角起翘做法。生起、侧脚和翼角起翘大约出现于南北朝的中后期,与旧式直柱、直檐口做法并行一个时期,进入隋唐后逐渐成为主流,完成了由汉至唐建筑外观和风格上的变化,由端庄严肃变为遒劲活泼。这些变化都为丰富我国民居屋顶建筑形象奠定了基础。这一时期的室内家具也发生了很大的变化。一方面,席坐的习惯仍未改变,但传统家具有了很大发展。如睡眠的床已经增高,上面还加了床顶,周围施以可拆卸的矮屏——后来发展为罗汉床。起居的榻也加高、加大了,下部以壸门做装饰,人们既可坐于床上,又可垂足于床沿。床上出现了可以倚靠的长几、隐囊和半圆形凭几。两折四叠可以移动的屏风发展为多折多叠式。此外,东汉末年传入的胡床逐渐普及民间,出现了各种形式的椅子、方凳、圆凳等。这些新家具对当时人们起居习惯与室内空间的处理产生了一定的影响,成为唐代以后逐步废止席地而坐习惯的前奏。

莲花成为南北朝时期房屋上最常见的装饰题材之一。盛开的莲花用作藻井的"圆光",莲瓣用作柱头和柱础的装饰,柱身中段用莲花做成"束莲柱"。连续不断的枝条两侧岔出枝叶弯卷的卷草纹,从汉朝到南北朝都得到使用,并在此基础上发展为唐朝盛行的卷草。

第四节 隋唐气象，宋元图卷

1. 隋唐民居

隋唐时代，民居的形制更为丰富多样，但基本核心仍以四合院模式为主。随着贵族宅第的兴盛，原本只在皇宫等极少数居住形式中使用的手法、技术和材料等也广泛应用到民间。

隋唐时期，民居建筑和民居艺术得到了迅速发展。唐代长安城区中已经实行了里坊制，将整个长安城明确地划分成坊与坊的组合，且各坊之间有高大的围墙相隔，而民居就建在高墙之内。整个城区显得统一、规整而又条理清晰。由城墙、坊墙和自家宅院的围墙三面围合的民居院落形成了固定的规模和格局——一个大院落通常由几个院落排列，共同组成大合院的形式。假如从院落大门进去，一般要经过大门、中门、厅堂等，后面还有寝室。由此可以看出，当时的院落已经具备不同的功能和防御性质。

这个时期的房屋用料，包括土、石、砖、瓦、木、竹、铜、铁、石灰、琉璃、矿物颜料和油漆等，且这些材料的应用技术都已经成熟。

唐代建筑的最高成就是斗拱的完善和木构架体系的成熟，并出现了专门掌握使用绳墨绘制图样和施工的专业建筑师——梓人。随着佛教的兴旺，砖石佛塔兴建的流行，砖石建筑技术和艺术得以迅速发展。在木构架的做法上，已经可以正确把握材料的性能，出现了以"材"为木构架设计的标准，从而使构件的比例形式逐渐定型。

唐代流行直线条的窗棂，唐初的乌头门门扉上部也装有较短的直线条窗棂。根据唐末的绘画所示，这时的隔扇已分为上、中、下三部，且上部较高，便于采光。到后来，窗棂发展出龟锦纹窗棂和花纹繁密的球纹窗棂。室内墙壁上往往有壁画，天花有平阁与斗八藻井，形制简洁。

隋代时期烧制的瓦当，边轮增宽，边轮内与主体纹饰间多饰一周联珠纹，纹饰仍以莲花为主。唐代纹饰继承隋代风格，但卷草纹增多。出土的这一时期的瓦当主要为琉璃瓦当和三彩瓦当。

这一时期，考古发掘民居的代表是洛阳履道里白居易晚年故居，该故居位于洛阳市洛龙区安乐镇狮子桥村东北约150米处。故居院里的中厅平面大致呈方形，东西长5.5米，南北宽5.8米；东西两端通过回廊往北与东西厢房相连；中厅南侧还留有白氏宅院遗址，东西总长5.9米，南北宽1.45米；门房与中厅南北对峙，基本上处于同一中轴线上。根据分析，白居易故居应是南有门房，中有厅堂，东西有厢房、回廊，北有上房，是有前后庭院的两进式院落。

随着隋唐的统一，不管城池、宫阙、陵墓、宅园、桥塔还是寺庙，规模和水平均处于当时世界领先地位。从发掘的遗址中可以判断出，当时的建筑物，布局与形式都具有相当高的艺术水平和技术水平。

2. 宋朝民居

民居建筑发展到宋代，已经具备了相当高的水平。随着宋朝文化艺术的繁荣，民居的建筑和艺术有了突飞猛进的发展，住宅的等级从这一时期开始日趋明显。

宋朝的城市建设已经出现了密集的商业建筑，为节省建筑面积，临街大多建筑楼房。住宅的高度增加了，室内的居住空间也增大了，与之相连的门、窗及整个房屋的木架结构都不同程度地增大了。其中表现最明显的一点是坐式家具的普遍出现，那种席地而坐的形式变得很少见了。另外，民居室内最大的变化是，泥土铺成的硬地面替代了干栏式的木地板。虽然这样的实例非常少，但是一些留存下来的文人雅士的文学作品和绘画作品，不仅为我们提供了文字和形象资料，而且可以从一些古画中看到当时民居的具体情况。

宋代张择端《清明上河图》形象逼真地向人们描绘了北宋都城的城市与农宅建筑的景象。城市住宅的屋顶已经采用了悬山顶或歇山顶的形式，而且除少数茅草瓦顶屋面，大都用竹棚作为平房的披檐。另外，在较大的

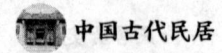

四合院中，门屋的勾连或抱厦形式已十分常见。

在一些贵族宅第中，大门已经设置成乌头门和门屋的形式，而中间的门通常还有"断砌造"的方式，方便了车马的出入。在这一时期，四合院的功能和形式也发生了变化。为了增加居住面积，四合院的周围用廊屋代替了回廊。虽然院内住宅的布局仍旧沿用汉朝以来前堂后寝式的传统模式，但是在前厅、后堂与后面的寝室之间，都用穿廊连成丁字形、工字形或王字形结构。而且在前堂和后寝的两侧已经首次出现耳房和偏院了。

乡村的民居虽然赶不上城市建筑的规模，但也有了明显的进步。许多乡民的住宅院落周围已经用篱笆墙围起来，而且还设置了不同形制的大门。一部分富裕的农家住宅大门里建了照壁，整体看起来已经基本上具备现在我们看到的四合院的形式了。

除此之外，民居装饰艺术也在这一时期表现得较为明显。民居建筑已经不满足于功能和内容上的设置，越来越注重建筑的形象。如民间住宅的一些屋面已经有了优美的造型，屋檐两边出现向内倾斜的现象，从不同的侧面看，形成了造型别致又稳定的画面，简单大方，朴实美观。

知识链接

宋代《营造法式》

在宋代，城市向商业化发展，住宅向园林化发展。在这一时期，出现了大量用于纪念、祭奠的传统建筑，式样小巧灵活，其构建与装饰方式经过改造后基本定型。在室内外的装饰布置上，无论是单体建筑还是群落建筑，都强调建筑中营造的文化氛围，显得柔和绚丽、自由而高雅，开辟了新的途径。最为重要的是，在宋代，建筑发展出程度较高的规格化设计与标准化施工，并总结出《营造法式》这样重要的建筑文献，对后世元、明、清建筑有非常巨大的影响。

3. 元朝民居

元朝是中国历史上第一个少数民族入主中原的朝代。由于其统治者信奉藏传佛教，受宗教信仰和民族风俗的影响，元朝产生了一些新的建筑类型，如喇嘛塔、盔形屋顶等。汉族固有的建筑形式和技术也有所变化，如官式木构建筑上直接使用未经加工的木料等，使元朝建筑带有一种潦草直率、粗犷豪放的蒙古高原的独特风格。

普通民居也有一定的元朝样式。其中，院落式布局和工字形房屋在民居中最为流行，与明清时期北京的四合院非常相似——这种布局其实就是北京四合院的前身。四合院随着元大都胡同的出现并逐渐发展起来，意大利旅行家马可·波罗曾这样描述元大都内的民居现象："各家区地建屋，亦成正方，无参差先后之不齐。每家之长，各得地若干，建屋其中，世世居之。"

在建筑材料方面，元朝瓦当的使用地域非常广泛，而且各地差别不大，瓦当的面积缩小，品种更加单调，一般是兽面纹、莲花纹、花卉纹，偶见人面纹。从许多元朝遗址来看，长江以北广大地区兽面纹瓦当非常盛行，而南方地区则基本上以花卉纹为主。琉璃瓦当的使用范围更加广泛。

姬氏民居，又称姬氏老宅，是目前发现年代最早的元朝民居。它位于山西省高平市城东北18千米的中庄村一农家小院内。姬宅坐北朝南，建在高0.42米的砂岩台基上，平面呈矩形，面宽三间，进深六椽，悬山式屋顶。屋顶举折平缓，施以瓦脊和布纹瓦。七檩前出廊，前檐为砂岩石柱，方形，用四根石柱支撑檐面。四垛梁、二、四椽栿间施单步梁。柱头施以普拍枋，设四铺做斗拱。明间开门，向后退回一架椽，与内槽中部两根石柱呈一线，使房子平面呈"凹"形。门顶至柱子对齐，上施一层棚板，三间通施。柱础为方形，青石门墩，砂岩门槛。门槛之上为木质门框，门上钉有五行大宝盖钉。每行五个钉，门槛、立颊、门额皆为木质，立颊外表又加木雕花边，以双重五齿花瓣条边为底，上刻牡丹图案。左门墩石靠门槛部位刻有"大元国至元三十一年岁次甲午×××姬宅置×石匠天党郡冯××"等字样，为典型元朝手法。1996年11月20日，姬氏民居被国务院公布为第四批全国重点文物保护单位。

第五节 明清雅韵，繁简有秩

民居的式样、结构和风格，会随着社会经济、政治、文化的发展而变化，而明清时期就是我国民居建筑的大发展时期。明清两代，由于其等级制度更为森严，宗法制度盛行，使民居的形制发展得更为规整，在建筑技术风格方面也更加成熟且稳定。

1. 明朝民居

到明朝，因为宗法制度盛行，出现了许多大家族，民居的规模远胜从前，三世同堂、四世同堂的共居情况不少。其中的许多住宅至今仍旧有所保存，确实规模宏大。同时，随着制砖工业的发展，砖结构的民间住宅大幅提升，很多民宅虽然还是木结构，但砖砌墙体将木柱围在了墙体之内，使民宅外部的形式和造型都发生了一定的变化，立面的视觉效果由突出木结构，转向突出砖结构。

明朝虽然仍遵循严格的住宅等级制度，但很多达官贵人、地主富商并不遵守这些规定，有的房屋多至千余间，园林瑰丽，宅院圈地数里。现存的明朝住宅，如浙江东阳官僚地主卢氏住宅，在当时经过数代的经营，发展成规模宏大、雕饰华丽的巨大组群式民宅；安徽歙县、黟县现存的一批民宅，以精致、华丽著称，装修精巧、细密，彩绘艳丽，完全超出《明史·舆服志四·室屋制度》上的规定。

明朝住宅现存的类型很多，主要有窑洞、北方四合院、南方封闭式院落、福建土楼、南方干栏式建筑和云南一颗印等。

为了防御沿海敌寇和山贼强盗的侵袭，明朝还发展出一类专门用于防御的民居，如福建土楼、开平碉楼。这种防御性民居有两个突出的功能——聚居和防御。

土楼的中心位置由一个院落组成，环绕在周围的建筑被规划为一二十个住宅单元，每个住宅单元构成一个独立的生活空间，都有自己的小天井、厨房、厅堂、卧室、起居室、楼梯，完全可以和欧洲传统住宅相媲美。明万历十八年（1590年）建于福建省华安县沙建镇岱山村的齐云楼，万历二十九年（1601年）建造的、外墙由花岗石砌成的升平楼，都是圆形的，也是这一类建筑。也就是说，六百多年前的明朝，就出现了我国最早的单元式楼房。

开平碉楼有良好的防御功能，而且在形式和风格上还有西方建筑的意韵。这是因为，在广东沿海一带，对外贸易及其与海外文化的交流频繁，许多居民到国外生活，再回到中国，建造了碉楼这样的新式民居，且建造艺术精湛。尤其是在室内，木质家具充分展示出其自然美，并与精心的装饰相互融合，表现出精美、庄重又大方的气韵和格调。

总之，明朝的民居建造得恢宏、清丽，有了明显的进步，各个地区民居的基本形式基本成型。民居突出的是那种平淡、天然的美感，关注人内在的心灵自由——这是民居的主要特征。在社会政治制度范围内，民居可以让个人的审美情趣得到自由的发挥，并时常突破当时社会伦理的束缚。明朝民居的艺术特色是造型洗练、敦厚端庄、肃穆质朴，既淡雅又豪放，雅韵悠长，极富抒情性。

2. 清朝民居

明朝之后，中国的建筑艺术向细微处发展，变得更加精细、烦琐、巧妙，在程式化、定型化的精美建筑中，通过人为的精心雕琢，在局部的细节中展现出巧妙的变化与组合。与此同时，民居的建筑类型与数量都增加了，私宅园林高度发展，装饰手法极尽烦琐、巧妙之能事，不仅发展出不同的建筑流派和装饰风格，还在具体的建构和装饰方面形成了各具特色的派别。这些流派的特征，仍旧影响着近现代民居的建筑活动。

在房屋的木构架和造型上，宋、金、元各代有过许多新的尝试——民居建筑中的月梁，门屋的"断砌造"，不对称连接屋架，工字形、王字形穿廊等，给人一种灵动、活泼的感觉。然而，明清民居建筑的大木结构逐渐简化，并定型下来——许多中原民居柔和的屋顶轮廓线条消失，突出展现一种沉稳、持重、严谨的风格。发展到清末，基本上始终以木构架为主体，以单体建筑为构成单元。尽管因为朝代或地域的不同，产生了不同的风格特点，但大体上，住宅的基本格调并未发生大的突破和变化，是有别于西方传统住宅的独立的建筑体系。

清朝的民居有着浓厚的传统文化特色，处处透露出并彰显着中国传统哲学思想的内涵。虽然在建筑形式上，清朝的民居没有革命性、创造性的突破，但在建筑的建造技艺方面，如夯土工艺、琉璃工艺、木工技术、砖瓦工艺等方面，有了巨大的发展，甚至远超前代。至今，保存下来的清朝民居非常多，有些还保存得非常完好。

不过，在意识形态上，从明朝中叶到鸦片战争期间，资本主义由东南的沿海地区开始萌芽，对中国社会产生了缓慢但深远的影响。同时，因为商品经济空前蓬勃和发展，广大的平民阶层在社会活动中活跃起来，由此形成的社会风尚和喜好，使贵族的正统意识慢慢受到怀疑和冲击。人们追求富足的生活、华丽的艺术，民居姿彩炫丽，工艺纤巧、精湛，喜欢在门窗、额枋柱础、山花等处进行重点装饰。尤其是在清朝的康熙、雍正年间，民居建筑中家具装饰的风气浓重，许多私人宅邸，从额枋到柱础，都喜欢对其进行雕刻。硬山式建筑的山墙上山花图案复杂、镂刻精美。其屋檐下的走廊两端，通常设有水磨砖墙。南方的民居，还会在封火山墙上大做文章，试图让其看起来更加富丽堂皇。而北方四合院的垂花门，也绘上浓墨重彩的图画，画风缠绵悱恻，风流不凡。但有时候雕琢痕迹过重，显得过分烦琐和华丽，难免让人产生繁复、生硬的堆砌感。

清朝民居的室内家具，同样风格烦琐、华贵，但用材合理，既发挥了材料性能，又充分利用和展现了材料本身的色泽与纹理，结合其他室内装饰，

硬山式建筑图

产生了强烈的视觉冲击，令人目不暇接。这一时期的家具，结构与造型互相呼应，和谐自然，展现出优美的立体轮廓，构造也符合力学原则。家具上的雕饰多集中在一些辅助构件上，在不影响牢固这一使用性能的前提下，重点突出了装饰效果。因此，每件家具都气度稳重、结构和谐、线条干净利落，显得端庄又活泼。

此外，民居建筑的变化和潮流，对官式建筑也产生了巨大的影响，起到了很大的推动作用。许多官式建筑的设计，均取法于民居建筑。民居建筑因为受到宋代《营造法式》《清工部工程做法则例》之类的限制较小，因此能够不断地创新，在功能上注重明确性，布局灵活，材料还具有伸缩性。

总之，我国古代民居在建筑建造方面，经过不同时期、不同朝代、不同文化环境的浸淫、发展，才形成如今丰富、多姿、炫丽的形貌。它传统的建筑建造经验是极其珍贵的。我们应该努力研究，不断地发掘古代文化遗产，虚心学习，让中国民居建造的技艺技巧进一步得到弘扬和发展。

知识链接

大放光彩的琉璃工艺

琉璃，在古代也叫烧料，被归为人造水晶。根据出土文物显示，琉璃生产在我国历史悠久，可以追溯到公元前11世纪（西周早期）。具体是什么时候开始生产的？有多久的历史了？因为没有确切的文字记载，又没有更多的实物可考，因此还是一个有待考究的问题。

自明清以来，琉璃的生产规模不断扩大，不但对外供应大量的成品、半成品及琉璃原料，琉璃生产技术也向外传播开来。关于琉璃的冶炼，《颜山杂记》写道：琉璃者，石以为质，硝以和之，焦以煅之，铜铁丹铅以变之。非石不成，非硝不行，非铜铁丹铅则不精。三合然后生。

在琉璃料中加色料（着色物质），加什么料，就能让琉璃变成什么色，生产出五色琉璃，且"非铜铁丹铅则不精"。根据《颜山杂记》的记述，当时就能够生产的琉璃色料有：水晶、正白、梅尊红、蓝、秋黄、映青、牙白、正黑、绿、鹅黄等10余种。

　　琉璃料经过加工，便能制成各种琉璃制品。琉璃制品中最贵者为青帘，专供宫廷使用。能制青帘的琉璃工匠要入匠籍，受内廷专管，并按时供奉。关于青帘的用途，孙廷铨在《柳溪公家传》中说："唯国家营建郊坛缭殿，则执治其棂扉帘幌之事而鳞次之。琉璃晶映，上彻昊思，义取平青，象苍穹，答玄熙也。隶籍内廷，班匠事焉，故世执之也。"其次是佩玉叮咚，作为佩饰使用，质地晶莹，造型美观。再次是华灯、屏风，多用于贵族豪门富有之家，都属于当时的高档产品。

第二章

民居的类型及特征

第一节 天圆地方——庭院建筑

　　我国院落式民居的形态，最早出现在秦汉（公元前221—公元220年）时期，东汉（25—220年）的画像砖给人们留下了较完整的印象，"秦砖汉瓦"的技术支撑、封建农耕家庭模式的完善以及礼制的普及为民居文化的普及创造了条件。这种民居模式在漫长的农耕社会中显示了极强的生命力。由澄海出土的瓦当等文物和考古发现的汉朝遗址可知，在秦汉时期潮汕各地建筑已初具规模。黄挺、陈占山两位教授合著的《潮汕史》作了如下描述："在汉朝汉人的移入，为潮汕地区带来了全新的建筑形式，汉式聚落在这一时期出现了。在龟山之麓，新民居利用低矮山冈，平整了几级平台，营造起汉式建筑。高处，有三合院型的大屋，有圆形的祭坛，有官员居住的住宅，梁架结构、夯土墙、瓦顶、高敞堂皇，依山而下，是一列列的排屋。"隋唐时期，中原主流文化影响逐渐扩大。经历了陈元光平定泉潮间蛮僚啸乱，韩愈谪为潮州刺史，潮汕进入快速开发的时期，建筑技术水平得到迅速的提高，房屋营造行业有了很大进步。虽然目前尚未发现这一时期的房屋实物，但从建于唐代的著名寺庙潮州开元寺可看到，它占地百亩，规模宏大，现存的大雄宝殿前部分石栏板和庭院中的石经幢是这时期建筑构件的代表，特别是石经幢端庄宏伟，堪称精品。由此人们可以想象当时建筑行业所达到的规模和水平。

围绕一块选定的空地建造房屋，形成一个封闭的院落，这种民居就叫庭院式民居。建成后，这块空地就是房屋的院，在空间位置上，一般处于整个建筑的中心位置。庭院式民居最主要的特征，就是封闭而有院落，中轴对称，且内外主次分明。

中国人讲血脉、重传统，在古代，他们通常以家族、宗族的形式聚居，共同生活，共同奋斗，期望生活富足、光耀门楣，将精神上的荣辱和生活上的福祉与居宅联系在一起。庭院式民居，经历无数代人的探索和发掘，已经成为传统文化、精神和生活的最佳载体。小小一方庭院，承载过多少人的悲欢，是多少人永刻于心，在梦中常见的地方，它是一个时代的印记，是中国人的一种情怀。

国学大师林语堂，从社会心理层面，对中国人喜爱庭院式民居的原因进行了总结："院落式民居正像中国建筑的屋顶一样，被覆地面，而不像哥特式建筑塔尖那样耸峙云端。这种精神的最大成功之处在于为人们尘世生活的和谐幸福提供了一个衡量标准：中国式的屋顶表明，幸福首先应该在家里找到。"

庭院式民居建筑历史悠久，根据现有的文物资料分析，早在两千多年前就出现了。我们从地理位置、形态差异上，可将其大致分为北方合院、南方庭院，以及组群式院落三大类。

1. 北方合院

北方合院：一般坐北朝南，讲究对称，总体以院落为核心，按中轴线对称建造房屋；平面铺开后，前后呼应，左右对称。这是北方传统民居的主流，大部分汉族人的居宅都会采用这种形式进行建造。虽然受地理环境、气候环境等方面的影响，不同地区的合院在规模、构成、装修装饰、院落细节上会有不同的变化，有的建筑外形也略有不同，但基本形态及院落的布局变化不大。

在结构方面，他们一般不采用斗拱，也不喜欢刻意采用弧线或圆顶之类的设计。

在装饰方面，北方合院主张朴素、实用。在室内，顶部采用纸棚进行装饰，有时会绘上各类图案。在室外，大门、影壁等的砖面上会绘上吉祥、福禄、寿喜等寓意美好的图样。

在民居的建造技艺上，北方合院通常采用抬梁式。汉朝就有抬梁式技术了，之后，这种技术被普遍应用到北方建筑中。采用这种技术建造房屋，不仅牢固、结实，而且节省材料，通透性好，采光就好，会更显宽敞、明亮。

合院式民居在北方分布最广，东北、华北、西北等大部分地区的民居都会建成合院式。山西民居是北方合院的典型代表，但最经典的莫过于四合院。此外，多见于农村的三合院、二合院，虽不如经典的四合院那般规整，但都保留了大门、正房、围墙、院落等，它们都是简易形式的庭院。

公元1271年，元朝定都北京。自此，北京迎来了大规模的都城建设计划，经典的四合院便和北京的街区、衙署、宫殿、胡同一同出现了。自明清以来，朝代更迭，沧桑巨变，在不断的完善中，四合院越来越符合人的居住需求，逐渐定型成一种基本的居住形式，发展成我们今天所看到的四合院。

"四合"，指东、西、南、北四面相合，围成一个"口"字形，中间的空地为"院"，这样一个完整的空间被称为"四合院"。

正规的四合院坐北朝南。位于北面的叫北房（也叫正房），处于整个宅院的中轴线上，其高度、开间、进深和装潢各方面都是整个宅院中最突出的。位于南面的叫南房（也叫倒坐房），与东、西两侧的厢房共同陪衬正房。在房屋的四周用高墙围起来，形成四合之势，然后在八卦方位上的"巽位"(东南角)开一个大门,寓意"紫气东来"。处于核心位置的庭院,是整个宅院采光和通风的核心区域,同时作为通达院内各处的交通枢纽。经过绿化、园林设计和改造之后,成为家庭成员重要的休息场所和活动中心。

虽然四合院规制大致相同,但规模却大小有别,可以按照规模大小的不同将其分为大四合院、中四合院、小四合院。

大四合院:又称"大宅门",一般由多个四合院纵向向里连成复式四合院,由抄手游廊通向各处,占地面积非常大。大四合院院落较多,用正院、偏院、东院、西院、前院、后院、跨院、书房院、围房院、马号及一进、二进、三进等进行区分。房屋可设置为南边5间、北边5间,或南边7间、北边7间,有的甚至有9~11间的大正房。假如建筑面积狭小,或想要节约建造经费,又可取消南房,将四合院改建为三合院。

中四合院:相对而言,中四合院比小四合院更显宽敞。一般在北边建5间房,3间正房、2间耳房,东、西各建3间厢房,屋外走廊相互通达,可以避风雨。以院墙分隔出前后院(前院为外院,后院为内院),以月亮门相通。前院进深浅,建一两间门房;后院用来居住,方砖墁地,青石作阶,用心建设。

小四合院:小四合院通常在北边设置3间房屋(两明一暗或一明两暗),南边设置2间房屋,东、西各设置2间厢房。长辈住北边的正房,晚辈住东、西厢房,南边的房屋用作客厅或书房。卧砖到顶,起脊瓦房,可供一家三代人居住。院内铺砖墁甬道,连接各处房门,各屋前均有台阶。大门两扇,黑漆油饰,门上有黄铜门钹一对,两侧贴有对联。

普通民众通常建中四合院或小四合院来居住,府邸、官衙一般建为大四合院。

中国人对四合院情有独钟,各地民居都广泛地使用它的形制。国学大师王国维曾精辟地概括了四合院的特色:"其既为宫室也,必使一家之人所居之室相近,而后情足以相亲焉,功足以相助焉;然欲诸室相接,非四阿之屋不可。四阿者,四栋也。""东西南北而凑于中庭,此置室之最近之法，最利于用，亦足以为观美。"

2. 南方庭院

南方多繁华之地，比如江南，经济繁荣、人口密集、土地稀缺，所以街巷、房屋相对紧凑。因此，南方的主流庭院与北方有所不同。北方庭院四周的建筑独立存在，再以围墙相合。南方庭院多采用抬梁式、穿斗式相结合的建造技术，周围都建成楼房，拐角处以房屋相连，加强了房屋结构的整体性，能有效地利用土地，减少浪费。

天井式庭院，厅堂、天井与通道相通，便于空气流通，造型上也简洁、流畅，将南方建筑秀丽、灵动的风格展现得淋漓尽致。

天井的地面，有的用条石铺成，有的用灰沙土打夯，再以灰浆抹面。至于排水系统，天井的四周通常建有明沟，再从一侧修建暗沟。一下雨，雨水被屋面收至明沟，再从明沟流到一侧的暗沟排出，这样的设置既满足风水含藏之意，又解决了排水问题。

从风水角度，利用风水学原理设置天井，是为了"养气"。在传统观念中，天井是蓄藏之所，又是排水系统的核心，所以被古人视为财禄的象征。《阳宅摄要》从风水角度认为：天井、厅堂，是一个宅院最关键的地方，关系主人的福禄，要建得端方、平正，不可深陷落槽；二墙门常关，以养气，明堂自然均齐、方正，能有阴阳交媾之养。在这里，天井要端方平正，以养生气，体现出古人阴阳交合的风水学原理。而《相宅经纂》说："水为气之母，逆则聚而不散，水又属财，曲财留而不去也。"因此，天井的排水路线通常屈曲而行，寓意家财聚而不散，并不是直线流淌出去的。

但从建筑功能角度出发，却是为了解决采光和通风的问题，同时开辟一个室内外相通的共享空间。

南方庭院为外封闭型，窗户一般朝外开，且开得又小又少。主座采光、通风的问题，靠中央的天井来解决；后包和从厝的通风问题，则通过各自与主座的山墙和后墙形成的狭小天井来解决。这个贯穿前后左右、窄长的空间能很好地解决夏日的曝晒，还能有效地解决采光和通风的问题。无风时，正院的天井气流上升，自然带动侧天井的气流流动，经通道进入后侧的天井。这样，多天井的通风系统就形成了。不论有没有风，空气都能在这个合围的建筑空间中自行对流，使屋内清凉、通透。

南方庭院中，不像北方那样时常种些乔木，而是喜欢在天井的一角开一口水井，然后在天井中摆设莲缸、花盆，种上莲花或兰草。盛夏时——莲叶亭亭，随风摇曳，带来一片清凉；莲花在蓝天白云下、碧水绿叶间，风姿绰约；兰草幽幽，流香沁脾，令人心间舒朗。有时候养养鱼，观看鱼于水中自由来去，院中的氛围就变得优雅、恬静起来。一天之中，只要天气晴朗，阳光便洒向天井，产生光影效果。四周的房屋将影子落在井院中，随着时间的流动，光影中产生了阴阳冷暖。人在屋檐下，从中感受时辰的变化，收获了多少趣味啊。若是雨天，坐在厅堂内，大门洞开，或站在廊下，静看檐头瓦口滴水如珠、雨帘流动的样子。

于此间，自然美与人工美融合出一种近乎完美的人文气息：光线，明暗跳动；环境，动静相彰；色彩，深浅浮越；门户，开闭疏阔。这大致就是中国人历来追求的阴阳合和之境。它极富韵律，又有无限清淡、幽深的意境。

在这样的环境中，便能体会到南方人那份融入骨髓的儒雅及其秉持的那份精细。人按部就班地生活在其间，从容地品茶、弹琴、吟诗，安稳而自然。

各地的庭院，天井差别较大。同样是天井，浙江明清住宅的天井大都上百平方米，徽州民居的天井仅有一二十平方米，潮汕民居的天井一般不大，大都在二三十平方米，大的也就是三五十平方米，极少有上百平方米的。这些天井都讲究儒雅、精巧，模拟自然的平衡感，追求人与自然和谐统一，充分展现了建筑的生态哲理——"天人合一"的哲学思想。

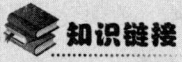 **知识链接**

三合院

　　三合院与四合院一样，三合院也是形制对称的民居，是我国民居的基本形式之一。在农村，三合院是一种十分普遍的住宅。但因为居民的经济条件各有不同，屋舍的大小和形式也各有差别。在古书字画中，也有不少三合院的身影。单独一个三合院，平面布局相对简单，但多个三合院组合，就能产生多重变化，极大地提高了三合院的使用价值。比如：两个三合院，一纵一横，相互连接；两个三合院背靠背，组成H形；两个三合院，一大一小，呈凸字形，相对而立；在三合院周围建造附属建筑，也许不对称，但胜在实用；等等。三合院布局得当，便错落有致，不论从哪个角度看去，都疏密有致、情韵悠然。所以盛行于农村的三合院，不仅实用，而且不显单调、呆板，充分展现了农村靠近大自然自然、洒脱的属性。

3. 组群式院落

　　为便于相互照顾，或抵御山贼、外敌的袭击，一些的地方便以族群的形式居住在一起，建造组群式院落。它通常由样式各异的大院落组成，打破一般大型建筑的风格，自带古老的群族气息，特色鲜明。

　　组群式院落大致有以下几种形成原因：

　　在过去，许多地方自家族人是共同居住的，有时候随着家族中各个支系的人口逐渐增多，单纯的一两个院落组合成的住宅已经无法满足日常生活需求了，于是进行扩建，最后形成组群式院落。

　　在官员的官府用房中，很可能因为官员爵位的晋升或部门增多，从而对官邸、府衙进行扩建，形成组群式院落。

　　不同传统文化、不同习俗的族群移居某地之后，为不打破传统的生活方式，会建设组群式建筑，共同居住和生活。

　　组群式民居便于集中族群的力量，共同抵御山贼匪徒或敌人的袭击，一些常闹山匪、敌袭频繁的地方，也常建设组群式院落进行居住。

有些地方，由于地理条件（交通、河流、耕地等）限制，必须建设组群式院落进行居住。

"院"在混合体住宅中，是一个基本的空间单位。比如，将三合院、四合院沿中轴线顺着南北走向安置，成为"进院"：两座四合院组成二进院；三座四合院组成三进院；四座四合院组成四进院。一般不超过五进院，但最多可达九进院。

组群式院落，有广东东部地区、闽南漳州地区，以及粤闽赣交界的客家人村落，多为外地人客居时所建，福建永定客家土楼、粤中民居以及"三堂两横加围屋"式民居是典型代表，还有单县朱宅、万家村梁氏庄园、荣成峨石四村杨宅等。

第二节 民族特色——干栏式、井干式建筑

1. 干栏式

"干栏"或称"麻栏"，在壮语中，"栏"或"干栏"都是"家"和"屋"的意思。干栏式建筑由巢居发展、演变而来，《旧唐书》解释："人并楼居，登梯而上，号为干栏。"干栏式民居建筑布局非常灵活，大多依势而建，没有中轴线的限制，也没有院落。规模比较小，多应用在子女成家并分居后的小家庭。干栏式民居分布地区大多炎热多雨，蛇兽较多。为了通风采光、防蛇兽，这种住宅多采用二层楼式。下层用竹木建造成桩，形成较低的楼底，多用来放置杂物。上层是家庭活动的主要场所，分布有卧室、堂屋以及晒台等处。住宅室内光线比较暗，但出檐深远，能遮住热带强烈的太阳辐射，外廊又对此做了适当的补充和修正，令人更加居住得宜。在住宅一侧有木质楼梯。整体特点是自然纯朴，主要代表有傣族竹楼、壮族麻栏、黎族船形屋等。

以黄河流域为代表的原始窝棚建筑，与由"巢"发展起来的以长江流域为代表的原始干栏建筑，成为最早的不同风格的建筑类型。这种形式至今仍被一些简陋房屋、临时性住房及贫困落后地区的居宅沿用。

傣族竹楼

说到傣族，人们自然就会想到西双版纳的泼水节、孔雀舞、亚热带原始森林和凤尾竹下的小竹楼。竹楼也是一种干栏式建筑，在德宏和西双版纳分布最广。

云南西双版纳地区海拔差异明显，北部为山地，东部为高原，西部却为平原。全区气候差别也大，山地海拔达1700米，属温带气候；平原海拔750~900米，属亚热带气候；有的河谷平原海拔只有500米，已经属于热带气候了。

傣家竹楼那美观的楼顶世代相传，说是"诸葛亮的帽子"。它的房顶呈"人"字形，西双版纳地区属热带雨林气候，降雨量大，"人"字形房顶便于排水，不会造成积水的情况。一般竹楼为上下两层的高脚楼房，高脚是为了防止地面的潮气，竹楼底层一般不住人，而是用来饲养家禽。上层为人们居住的地方，这一层是整个竹楼的中心。室内的布局很简单，一般分为堂屋和卧室两部分。堂屋设在木梯进门的地方，比较开阔，在正中央铺着大的竹席，用来招待来客、商谈事宜。在堂屋的外部设有阳台和走廊，在阳台的走廊上放着傣家人最喜爱的打水工具竹筒、水罐等，这里也是傣家妇女做针线活的地方。堂屋内一般设有火塘，在火塘上架一个三角支架，用来放置锅、壶等炊具，是烧饭做菜的地方。从堂屋向里走便是用竹围子或木板隔出来的卧室，卧室地上也铺上竹席，这就是一家老小休息的地方了。整个竹楼非常宽敞，空间很大，也少有遮挡物，通风条件极好，能够适应潮湿多雨的气候环境。粗竹子做骨架，竹编篾子做墙体，楼板或用竹篾，或用木板，屋顶铺草，主柱有24条。所以竹楼用料简单，施工方便而且迅速。整个竹楼的所有梁、柱、墙及附件都是用竹子制成的，竹楼上的每一个部分都有不同的含义。竹楼的顶梁大柱被称为"坠落之柱"，这是竹楼里最神圣的柱子，不能随意倚靠和堆放东西，它是保佑竹楼免于灾祸的象征,人们在修新楼时常常会弄来树叶垫在柱子下面,据说这样做会更加坚固。除了顶梁大柱外竹楼里还有分别代表男女的柱子,竹楼内中间较粗大的柱子是代表男性的,而侧面的矮柱子则代表着女性,屋脊象征凤凰尾,屋角象征鹭鸶翅膀……

过去,傣家人的等级、辈分之分是非常严格的,它在竹楼的建造上也体现得十分明显。比如凡是长辈居住的楼室的柱子不能低于6尺,楼室比楼底还要高出6尺,室内无人字架,显得异常宽敞明亮,竹楼的木梯也有规定,一般要在9级以上。晚辈的竹楼一般较差一些,首先高度要低于长辈的竹楼,其次木梯也只能在7级以下,室内的结构也显得简单许多。

过去用竹作为建筑材料盖竹楼,如今多用木料。这里最美的景在夜晚——月光皎洁,凤尾竹轻柔得像绿色的雾,温婉可人,令人思绪缥缈、心驰神飞。

壮族麻栏

全用木料建成,以五开间者居多,采用木构的穿斗屋架。它以粗长的圆木为立柱,下垫长约1米的石柱,以防立柱腐朽。立柱上凿榫连以纵横木条,中层铺垫木板;屋顶作悬山式,过去多以瓦、草或树皮覆盖,现多用瓦,左右及后墙壁以小木条为骨,以稻草拌泥糊其上。麻栏分上、下层和阁楼三个部分。下层存放杂物、饲养牲畜;上层住人;阁楼上储存粮食和放置家具杂物。同时,在上层往往另建有望楼、挑楼、抱厦、偏厦等。

挑楼是利用出挑来争取空间,扩大使用面积。抱厦作望楼的扩大部分,突出于干栏的前部。偏厦相当于半个开间,多设在一年之中风来得最多的方向,以增强干栏的侧向抗风力,一般作次要卧房或辅助房间。此外,在火塘间的近处室外的向阳面还设有晒排,供洗涤晾晒等用。整座干栏除正门外,上层侧后都开有便门,可通屋后山地。

麻栏建筑有它的独特优点:一是就地取材,使用山区盛产的木料;二是住房多靠山坡,不占农田,如广西龙胜金竹寨的壮族住宅筑"栏",对于高低不平的山坡极为适用;三是人居住在上层,可获得较好的通风条件和日照，避免潮湿。家畜和家禽及野兽不易进入屋内，既不受干扰又安全。底层除用作禽畜圈舍外，还可以腾出地方存放柴草、杂物。但在人畜同"栏"的情况下，如处理不当，下层禽畜粪便气味及一些蝇蚊病菌等会影响生活环境。现许多地方已人畜分居，不再把禽畜放置于下层，这使"麻栏"建筑在使用上又进了一步。

按照习俗，各地壮族在房屋建筑前，要请地理先生看风水、卜吉凶，择地建房。开图动工，立柱安梁架椽檩，也须选择吉日，以趋利避凶。新房落成，先将神龛、牌位、香炉迁入新居，杀猪祭敬祖宗，之后，亲朋好友云集，把酒祝贺。

船形屋

海南黎族为纪念渡海而来的祖先，建造船形屋。它是原始的干栏式住宅，因门开左右、形如船篷而得名。它的外形像一条被高架起来的船，门外有船头（晒台），室内间隔像船舱，整座房子用木柱支撑，离地面1.5~2米，用竹片和藤条编成架空地板，靠小梯上下。

明朝《海槎余录》载："凡深黎村，男女众多，必伐长木两头，搭屋各数间，上复以草，中剖竹，下横上直，平铺如楼板，其下则虚焉。登涉必用梯，其俗呼曰栏房。"

黎族民居船形屋，亦属于干栏式住宅的一种。船形屋特点：屋顶和檐墙相连不分，屋顶圆缓，使整个屋形如覆盆；屋内分间仍有晒台、厅、房、什物房之分，山墙前有半圆茅顶；门在山墙开出。

船形屋平面呈纵长方形，由两端山墙入口，最原始的船形屋顶和墙合二为一，屋盖呈半圆拱形，整个外形轮廓像一条船。船形屋一般由前廊和居室两部分组成，居室后面附有杂物间，或在前廊一侧另盖小房一间。前廊的修建有几种形式：一种是进口处的山墙后退形成凹廊，凹廊的大小各户不一；一种是船形屋山墙部分的屋顶作悬山式挑出，挑出部分1~1.5米，并有茅草覆盖，形成前廊；一种是用立柱支撑起门廊，进深可达3~4米，是一种凉棚式前廊。

居室部分跨度为4~6.5米，深度约6米，也有深度达10米以上的居室。居室是全家睡觉和煮食的地方，室内布置简陋。睡床为竹片和木板床，离居室地面约45厘米，架空楼板的居室席地而卧。炉灶为用石头砌成的三石灶或马蹄形灶，通常设在床铺的对面。居室四面用竹子或吊绳搭成棚架，以挂放食物、粮食、种子等杂物。居室或前廊的屋梁上悬挂婴儿的摇篮和儿童玩耍的秋千，成为儿童嬉戏的场所。

船形屋状如船篷，呈半圆形，用竹木扎架构成轮廓，盖以茅草。屋内设有间隔，用藤条或竹片编成地板，离地约半米，家畜可自由从下面经过。船形屋的屋顶用料有五层：立柱后，用木条、竹子从上至下搭成屋架，用红白藤捆牢，然后把编成片的茅草沿屋檐一层层往屋顶铺盖，并在屋顶侧面留一处或两处能开关的开窗。门内一角设三石灶，灶旁置水缸或盛水的竹筒，灶上方悬一竹篮，用于放置餐具和烘干食物。地板上铺设自编的席子，并划定宾主睡觉的位置。前门屋背伸展二米至三米，下面用于休息和放置木柴杂物。船形屋内白天光线暗淡，冬天暖和，又因为屋内有炉灶，夏天也很少有蚊子。在这样的屋子里住着，听到风声，似有在船上的那一种感觉。

房子分为前后两节，门向两端开。屋中间立三根高大的柱子，黎语叫"戈额"，"戈额"象征男人；两边立6根矮的柱子，黎语叫"戈定"，"戈定"象征女人：这代表了一个家是由男人和女人共同组成的。屋内为泥地，村民从外面挖回黏土，把地面铺平，浇上水后双脚踩平，晒干或晾干地面，使之平坦坚硬。

建造船形屋亦有规矩，诸如打地基、立柱，要择吉日良辰，如十月至春节前夕为佳，这与冬日茅草已长结实有关；牛日、猪日、鸡日、龙日为吉日；上午是立柱的好时辰。相反，禁忌在某些日子建房子，如在猴日盖房子下锅饭米就少，因为被"猴鬼"吃掉。又诸如立柱后，要在柱头插上篓叶和红藤刺，并在屋顶中央用竹竿挂起葵叶，表示神鬼勿进。造屋则最能体现黎族人和睦相处与团结互助。每当此时，村寨乡均齐力相助。等到屋子建成，屋主便杀猪摆酒席，酬谢乡亲相助。那时整个村子如过节般热闹。

第二章 民居的类型及特征

在船形屋内也有禁忌：不得戴草笠进屋，不得在屋内吹口哨，不得在屋内打锄……若是人多生病，家畜不旺，据说是屋内"多阴"，"鬼神占地"，便要搬家；等等。

船形屋的传说

据说，在古代，海南岛上没有人烟。大禹执掌天下之时，南海有一个叫俚国的国家，国王有个叫丹雅的公主。她嫁过三个丈夫，三个丈夫都先后去世了。相师传言她是扫帚星下凡——在家家破、在国国亡。一时间满城风雨，人心惶惶，纷纷请求处死丹雅公主。此时，丹雅公主已身怀六甲，国王不忍下手，便在一个北风呼啸的清晨备了一只无舵无桨的小船、一把山刀、三斤谷种，以及一些酒食，并把丹雅公主送到船上。丹雅公主养的一条小黄狗也跟上了船，小船在风中漂向了茫茫大海。不知过了多长时间，历尽劫难之后，丹雅公主的船在一个荒岛的岸边搁浅了。她看到远处的高山峻岭，看到成群的猴子无忧无虑地穿行于林间，所有的忧伤和恐惧一下子消失了，在饱餐了野兔和鸟蛋之后，丹雅公主在这个荒岛定居下来。为了躲避风雨，防御野兽的侵袭，丹雅公主在海滩上竖起几根木桩，然后把小船倒扣在木桩上当屋顶，又割来茅草围在四周。从此，她有了属于自己的家。白天，她带着小黄狗上山打野兽、采野果；晚上，睡在这船屋里，小黄狗忠实地守在门口。后来，船板烂了，她割下茅草盖在屋顶上，这就是后来黎族人所居住的船形屋的雏形。

吊脚楼

在我国，苗族、土家族、布依族、壮族、侗族等少数民族同族聚居，在潮湿的山区依山就势、因地制宜地建造了古老的干栏式建筑吊脚楼。它属于干栏式建筑，但与一般的干栏式建筑不同——首层虽然同样用来储物

檐 廊

或饲养牲畜，但用木板做了墙，形成封闭的房间，使房间的整体性和安全性都得到了大大的提升。

吊脚楼的选址和建设注重风水龙脉。在其文化理念中，强调人神共处，具有太极阴阳、日月乾坤的宇宙空间观念。比如，土家族吊脚楼上梁仪式的歌词中就有："上一步望宝梁，一轮太极在中央，一元行始呈瑞祥；上二步喜洋洋，乾坤二字在两旁，日月成双永世享……"从"太极""乾坤""日月"，无不强调人与宇宙浑然一体、密不可分的关系。

北方建筑一般属于承重体系，要用粗大的梁柱来支撑整个建筑，而吊脚楼更像一个编织体，利用许多较细的木条和木板，搭建成一个更具整体性、能够均匀受力的网状结构，在垂直方向和水平方向都能够分担压力。这样的结构，不容易倒塌，能有效地抵御泥石流和地震的破坏。所以，很多老房子都东倒西歪了，仍旧没有坍塌，就是房屋的各个构件相互牵扯、拉结的缘故。这种设计理念到今天也不过时。

吊脚楼的侧檐带有明显的地域特征和设计概念，掩映在湿润的环境下，于云雾之中会产生一种非常自然的效果，不现雕琢的痕迹。因为楼梯设计在山墙侧，露天通风，就需要考虑遮风挡雨的问题，侧檐就应运而生了。侧檐的加入，打破了传统建筑的对称格局，让建筑物显得生动起来。因为一栋吊脚楼一般设置为单侧楼梯，因此通常只设一个侧檐。但如果考虑到阁楼道的存储需求，也有遮蔽风雨的需要，可以从楼梯垂花柱与檐梁的交接点为支撑点，外挑飞椽上瓦。这样，侧檐与屋檐高低相映，山墙与顶檐错落有致，层次感、节律感无形之中就显现了出来。

建造吊脚楼，采用的是穿斗式结构。每排可设五根至七根房柱，每排柱子形成一扇墙，被称为排扇，柱与柱之间用梁或枋以榫卯结构插接。不过，它的榫卯结构的应用与汉族民居略有不同，它的板材与板材之间用槽式榫接，型材与型材之间用孔式榫接。每堵外墙的层间设有栏板，上下开榫接槽，每块门板分别从上下进行榫接；进深处设置双层梁，方便上下墙板进行榫接。若要翻新，不必更换内部的梁柱，卯孔也不用新凿，只要更换墙板即可。整个建筑为笼形格局，各个榫接点将重力分散承重，密集却轻巧，细碎但不凌乱，最大限度地照顾房屋的安全性，将自然灾害可能造成的破坏降至最低。

吊脚楼的悬空走廊一般设置于二层或三层，有飘窗一样的靠椅，曲线造型，被称作"美人靠"，十分有特色。

在这里，山林、溪流相互烘托、相互照应，青山绿水带来的灵气，使吊脚楼的美升华到灵性空间，呈现一种天人合一的和谐境界。在这里，少数民族那洒脱的民风，真挚、热烈的情感，单纯、善良的性格，犹如熠熠生辉的明珠。在这里，不会有喧嚣浮华，散发的皆是纯真的气息，当你身临其境，世俗的烦恼会消融，胸间会变得安稳、恬淡、温暖又爽然。

吊脚楼不只是一种历史文化现象，也不只是历史文化的活化石，它还是具有生命力的生态建筑，其建筑思维是值得今人思考和借鉴的。

2. 井干式

和干栏式建筑一样，井干式也是我国古老的建筑形式之一。在汉朝，井干式建筑的楼层是很高的，有"攀井干而未半，目旋转而意迷"之说。《史记·孝武纪》也有记载："乃立神明台井干楼，度五十余丈，辇道相属焉。"说明早在汉朝，井干式建筑已经有非常成熟的建造技艺了。

有别于干栏式建筑需要载柱的特点，井干式建筑不需要立柱和大梁，而是用圆木、矩形木或六角形木平行向上层层堆叠，外墙和内墙都是层层堆叠出来的，接触面呈深槽状，使木楞紧密相接，让房屋更加稳固，并利于防水。木楞在墙壁的转角处交叉外露，堆积的去皮圆木粗率地暴露在外，不刷油漆，不做雕饰。这样建成的房屋，外形犹如井口，所以将这类建筑称为"井干式"，也称"木楞房"或"垛木房"。

《汉书·郊祀志》中注有:"井干者,井上木栏也,其形或四角或八角。张衡西京赋云'井干叠而百层',即谓此楼也。"也将井干式建筑的高度和形状描述得清楚明白。

井干式建筑构造简单,建造简便,但耗费木材,并且在尺度和开窗上很受限制,多分布于东北林区,以及新疆和云南等山林地区。也因此,井干式房屋建筑基本为悬山式,有的会在衔接缝隙间抹泥来防风御寒,以草或树皮铺盖屋顶,木片顶也是比较有代表性的一种铺顶方式。为了有效防火,井干式民居通常以大分散、小聚集的形式组成村落,比如云南永宁的纳西族村寨。

第三节 依山开凿——窑洞天地

1. 窑洞的形成

黄土的特性与窑洞的关系

主要由石英(SiO_2)砂粉构成的黄土,有60多种矿物质,重量比约占50%,使得黄土地地质构造均匀,抗压强度和抗剪强度高,挖掘出来的窑洞稳定性高。大致而言,挖掘窑洞就要了解黄土的特性:

(1)一般而言,黄土层越古老,生成年代越久,堆积越深,内聚力越强,内摩擦角越大,就越密实,强度也越高。窑洞选址时,应慎重选择不同地质时代

西北窑洞

的黄土层。

（2）黄土层自上而下越深，孔隙度越小，越密实，强度也越高。开挖窑洞时，应选择合适的深度。比如，陕北、晋中有很多靠山式窑洞，会选择建在山腰或山脚就是这个原因。因此，长城内外的榆林地区等接近西北荒漠的砂黄土，颗粒较粗，孔隙度大，黏度低，内聚力差，抗剪强度也比较低。而东南部第二带、第三带的黏黄土，为马兰黄土和离石黄土性质的土层，相对而言，颗粒细，孔隙度小，黏度高，内聚力强，抗剪强度高。

（3）古土壤的抗压强度、抗剪强度比黄土的母质层更高。因此，可以将窑洞的顶部设置在礓石层的下部，以提升窑洞的坚固性，增加窑洞的跨度。因此，许多古老的大跨度窑洞才得以长期留存。

（4）黄土被称为大孔性土，数目众多的孔腺是它的显著特征，它以理化性质稳定的矿物质颗粒为骨架，充填细度不大于0.01毫米的细颗粒聚集体。较细的颗粒在土体中起团聚作用，不过，一旦遇水又极易分解或分散，之后形成湿陷。另外，在同样的压力下，黄土浸水后，细颗粒会通过孔隙流失，孔腺逐渐扩大成洞穴——这种现象叫作潜蚀。虽然作用机制不完全相同，但在暴雨季节，湿陷和潜蚀往往是交织发生的。由此可见，黄土对水的侵蚀极为敏感，一些排水流畅、地下水活动少的直立陡崖或黄土柱能屹立百年不倒。

所以，要选择发育稳定的黄土层，不应在次生黄土和马兰黄土上层挖掘黄土窑洞，应该避免在地下水位高的地方，不要选择在受水侵蚀、有裂痕、可能引起断裂的地带，还要避开滑坡和崩塌严重的山梁。1984年7月陕北子洲县就是因为山体滑坡，侵埋窑洞，导致数十户窑洞居民受灾。

黄土高原地貌特征及水系格局

黄河中游的黄土高原和黄土盆地，沟壑密布，风积土形成了连绵起伏、广袤无边的黄土覆盖层。黄土高原主要分布在甘肃省中部、东部，陕西省北部，山西省西部，以及宁夏回族自治区南部；黄土盆地主要分布在晋中南、陕西关中以及其他一些较大的河谷盆地中。

从黄土的形貌，大致可以分为三大类型。

（1）黄土塬。它是黄土高原经过现代沟谷分割后留下来的黄土平台，受到的侵蚀轻微且平坦，是高原面保留较完整的部分。塬面平均坡度多在5度以内，边缘坡度较大，以破碎塬为主。

（2）黄土梁。它为狭长的黄土岭，两侧为深沟，顶部仅数十米至数百米宽，长达数十千米。

（3）黄土峁、峁梁。黄土峁是大小不一，为圆形或椭圆形弯曲的黄土丘陵。若干连在一起的峁，称为峁梁，分布于陇西、陇东及陕西北部。通常梁和峁相接，组成黄土丘陵。

黄土高原的水系格局，在黄土堆积之前已经形成。其主要河流，如黄河、洛河、汾河、渭河、径河等，及其支流，切穿整个黄土层，形成了大型的侵蚀沟。黄土层被冲切成树枝状、鱼骨状等形式各异的沟谷体系。疏松的黄土在水土流失后形成切沟，出现完整的陡壁，切沟深可达10米以上，能够见到黄土阶地，以及天然、直立的黄土墙、柱和洞穴等。暴雨过后，黄土沟壁常常失稳，崩塌或滑坡向两侧扩展形成大型冲沟，深达数十米甚至上百米。

窑洞的历史

陕北高原因为森林被毁，植被受到破坏，水土严重流失，土地变得沟壑纵横。而窑洞冬暖夏凉，又可以有效抵御风沙，黄土窑洞民居便得到了普遍的发展。

《前秦录》有"凿地为窑"之说，直到明朝才有窑洞之称。隋唐时期，因为地下窑洞的恒温特性，储物可久藏，被官府用作粮仓。隋代建造东都时，同时建造了大型粮仓含嘉仓。宋代的《巩县志》中也有"曹皇后窑在县西南源良保……"的说法。在明朝，砖瓦的使用非常普遍，元朝便有了砖券门的窑洞。陕西省金台观的张三丰元朝窑洞遗存，是至今发现的最古老的"窑洞"。窑洞"冬暖夏凉"，不仅广大平民喜爱，也被不少地绅阶级运用。慈禧太后赐名"康百万"的地主庄园为清朝时所建，陕西省米脂县刘家峁的城堡式窑洞——姜氏庄园建于清光绪年间（1884），是至今保存较为完整的优秀传统窑洞民居。米脂县有很多四合院式窑洞民居，均为几代祖宅，如建于300年前的冯子驹祖宅，建于明末清初的杨家沟"镤村"窑洞古寨。大多是砖石衬砌，有房屋、有庭园的大规模建筑组群。

保存下来的，较为古老的黄土窑洞民居，还有距今已有350~400年的山西北王村张宅，相传已居住了17代人，明末太平天国时期李自成进京时还路经此地。因为窑洞民居相关的年记、碑记保存较少，再加上窑洞建筑一般都是历代沿用，并逐步加以改造的，并没有明显的时代特征。因此，黄土窑洞民居的形成应当更早才对。

如今的黄土高原上，主要的民居仍是窑洞，它广泛地分布在地貌多样的黄土地上。由于社会、自然和人口等因素的影响，窑洞村渐渐向沟顶、塬上及塬边扩展。靠崖式窑洞、靠崖下沉式窑洞多修建在河谷阶地以及冲沟两岸；半敞式窑院多修建在塬边缘；下沉式窑洞（又称地下天井院）多修建在无沟崖利用的平坦丘陵上。

在民间，修建窑洞是大事。动工之前，得先请风水先生看风水、择吉日。建造的窑洞前方一般要宽敞平展，背靠的山体要雄厚博大，左右得有环山围堵，这样才能藏福聚气、人丁兴旺。修建窑洞的工序繁杂，有挖地基、做窑腿、拱旋、过窑顶、合龙口，以及做花栏、倒旋土、垫垴畔、安门窗、盘炕、砌锅灶等。

民众还喜欢将窑洞和房屋结合起来建设。在土质疏松、基岩外露、采石方便的地区或产煤多的地区，如山西雁北、陕北榆林、晋南浮山等地，还喜欢居住用砖、石或黄土结合建造的独立式窑洞。

同时，随着民众经济条件的改善，窑洞民居迅速发展，涌现出许多新式窑洞，不仅建造了学校、医疗所、办公室、图书活动中心，还建造了公共用窑——粮仓，以及小型工厂等工业用窑洞。因此，研究和总结黄土窑洞的营造经验，能够为我国窑洞民居新阶段的发展增添助力。

从原始的自然穴居到半人工穴居、人工穴居，从原始社会步入奴隶社会，从穴居发展出窑洞，是人类适应自然、征服自然的漫长征途。

窑洞区的划分

在我国,按地理位置及分布的疏密情况,可以将窑洞民居划分为六个窑洞区。这六个窑洞区各有特色,但在基本特征上都是一致的。

陇东窑洞区。主要分布于甘肃与陕西接壤的庆阳、平凉、天水,以及陇东黄土高原一带,兰州、定西也有分布。陇东窑洞主要为三心圆尖拱,主体部分由窑顶、窑墙、窑脸、前墙(隔墙)与后墙(窑底)组成,再加上通风窗(洞)、门、窗、勒脚等辅助构件。一般而言:窑深5~9米;窑高、窑跨3~4米;拱高是窑跨的0.5倍左右;门高2.1~2.5米、宽0.9~1.2米,大多数是双扇木门;窗户一般各设一60~90厘米见方高窗和侧窗;窑脸的倾斜角多在75度~85度;根据土质与降雨量情况,窑顶的厚度多为3~5米,太薄的话,雨季容易渗水;窑顶(背)的坡度通常大于5%才便于排水。

陕西窑洞区。陕北高原黄土厚实,板结牢固,黏性大,支撑力强,非常适合挖掘洞窑。陕西窑洞区主要分布于秦岭以北的大半个省区,还能细分为陕北窑洞、渭北窑洞和延安窑洞。陕西窑洞区主要有石窑、砖窑、土窑、接口窑4种类型的窑洞,一般城市里以石、砖窑居多,而农村则多是土窑或石料接口土窑。土窑基本保留着古代穴居的原始形态和习俗。陕北有许多设计科学、功能完善、美观实用的窑洞建筑,米脂窑洞古城和窑洞四合院常氏庄园就是典范。

晋中南窑洞区。主要分布在山西太原以南的吕梁山区,雁北大同一带也有少量分布,其中的介休、闻喜、临汾、霍县、浮山县、平陆县等地最为密集。

豫西窑洞区。大多分布于郑州以西及伏牛山以北的黄河两岸,巩县、新安、洛阳、三门峡及灵宝等地最多。

冀北窑洞区。主要分布于河北西南部、太行山东部的武安及涉县等地。

宁夏窑洞区。主要分布在宁夏回族自治区中东部的固原、西吉和同心县以东的黄土塬上。

常氏庄园

常氏庄园，位于米脂县城东北部庙山柳树沟北侧，由常维兴于1908年组织兴建，被誉为陕北"窑洞四合院"。常维兴去世的时候还没有完工，便由他的长子常英继续组织修建。庄园上下有两套四合院，结构紧凑，对称规范。大门前有300多平方米的平台，两端有石拱门洞，可沿坡而入。进入大门便来到了底园，两侧对称设置厅堂和耳房，院西有石院磨坊，院东有马厩、厕所。由底园拾级而上，可直接到达顶院。顶院的正窑并排设置五孔石窑，穿廊虎抱，门高窗亮。正窑的两侧设置双窑小院，主院两侧有六孔石窑相对，呈"明五暗四六厢窑"的典型格局。常氏庄园内，彩绘精美，木雕精细，石雕古朴、典雅，砖雕松鹤竹鹿，祥云荟萃，而且结构严谨、宽敞明亮、出入方便，非常适宜居住。

2. 窑洞的类型

因自然环境、地貌特征、民风民俗等不同，中国窑洞民居形成了纷繁的形式和结构。而从结构形式和建筑布局上可划分为靠崖式窑洞、下沉式窑洞和独立式窑洞三种类型。

（1）靠崖式窑洞。

靠崖式窑洞，就是在山坡、塬边的位置上，背靠土崖或石崖挖建的窑洞。窑洞背靠山崖，前方是开阔的川地，就像靠着一把椅子。这种建造能减少土方量，常常呈曲线或折线形。如此，一家一户的窑洞组成院落，院落又组成村落，形成一个整体，令人看起来和谐、自然、美观。

靠崖式窑洞可以细分为两种主要形式：靠山式和沿沟式。

靠山式窑洞。多选址在土塬的边缘或山坡位置，背靠山崖或塬面挖建。它的前方是开阔的沟川流水，呈前水后土、前低后高、前虚后实的自然形态。

人们还根据山坡的大小和崖的高度，布置多层台梯式窑洞。台梯式窑洞层层后退，避免下层窑洞对上层窑洞荷载过重。这种窑洞靠近田地，利于耕作，窑顶不仅能做上一层窑洞庭院，还常常是麦场和大路。上下层重叠的情况非常少，但土体稳定、水平占地面积紧张的情况下，为了更有效地利用地面空间，便会建造上下层重叠的窑洞。陕北榆林果园祖辈相传的赵宅便是双层窑洞，已建成300余年，仍完好稳定。河南也有双层黄土窑洞，俗称"天窑"。还有砖砌接口或石砌接口的土窑，也有背靠后崖拍券箍成的砖石拱窑。

　　沿沟式窑洞。因为风化作用，形成陆壳表层风化层。风化层之下的完整岩石称为基岩，露出地表的基岩称为露头。它是一种不可破坏、不可开采的石块。沿沟式窑洞就是沿冲沟崖壁基岩上部的黄土层，或就地采石挖建的窑洞。

　　因为沟谷窄，沿沟式窑洞不如靠山式窑洞开阔。不过，恰恰因为这种狭窄，它能够有效避开风沙，利用太阳辐射调节出小气候，使窑洞冬季暖和，更宜于居住。沿沟式窑洞的特点是：地形曲折，窑洞群规模不大，与自然环境紧密结合。

　　（2）下沉式窑洞。

　　下沉式窑洞，由地下穴居演化而来，也称地下窑洞。有的干旱地带，没有山坡、沟壁，不方便建造靠山式窑洞，人们便利用黄土直立、边坡稳定的特性，就地挖出一个四面闭围的天井院，再向四壁开挖横穴，组合成一个地下四合院。站在地面一眼望去，除了窑洞天井中的树梢，是看不见房屋的。下沉式窑洞通常有9米×9米、9米×6米的两种尺寸。9米×9米的下沉式窑洞，四面墙壁，每面挖两孔窑洞，共8孔。9米×6米的下沉式窑洞，总共挖6孔窑洞。

　　根据下沉的程度，下沉式窑洞分为全下沉型、半下沉型和平地型。

　　挖建下沉式窑洞，要选择干燥、地下水水位深的地方，同时要做好窑顶的防水、排水、防涝工作。现在的居民会根据传统把窑顶打平压光，方便排水，用作打谷场等，但不会在上面种植。

在塬面有一定的坡度时，可挖建半下沉型窑洞或平地型窑洞。利用塬面的标高差，改善入口的坡道，提高天井院的地坪标高，排水更为便利。有许多靠崖式沿沟窑洞，其实是靠崖式和下沉式结合的窑洞，比如河南荥阳田六宅。

对于下沉式窑洞，一般将其中一孔窑洞开作门洞，因地制宜地设置坡道，通往地面。从入口形貌来看，有四种：直进型、曲尺型、折返型和雁行型。按入口和天井通道的位置关系，可分为三种：院外型、跨院型和院内型。按通道的剖面形式，可分为两种：敞开的沟道型和钻洞的用道型，西峰镇就有敞开的沟道型入口，上面还加砌土坯拱。

院内还设有渗井（或水窖）、牛羊洞舍和鸡舍等。院中的地坪标高一般比和窑顶差六七米。

下沉式窑洞，在河南称作"天井院"，甘肃称作"洞子院"，山西称作"地阴院"或"地坑院"，陕西渭北称作"地顷窑庄"，陇东庆阳中南部的早胜塬、董志塬分布最多，陕西集中在渭北永寿、淳化、乾县等，山西运城地区芮城县、平陆县分布最多，河南主要分布在巩县和洛阳邙山地区。

（3）独立式窑洞。

独立式窑洞，是一种人工掩土的土基建筑，它前、后、左、右四面临空，不像靠崖式窑洞那样有天然的靠椅，也无法利用自然土体挖建。根据建筑材料的不同，可以将独立式窑洞分为砖石拱窑和土坯拱窑。

砖石拱窑。陕北洞区的山坡、河谷，基岩外露，方便采石，当地居民就利用石料建造石砌拱窑。而绥德到榆林一带，煤多，但采石困难，因此砖砌拱窑居多。这两者，可统称为砖石拱窑。砖石拱窑以砖拱或石拱承重，能独自矗立，不需要倚靠山崖，形成一种独立式窑洞。不过，因为窑洞在四周及石拱顶部仍采用1~1.5米的掩土，所以保留了窑洞冬暖夏凉的属性。延安许多旧居、纪念地的窑洞也是这种类型的。

土坯拱窑。在许多烧砖、采石困难的地区，如陕北窑洞区，还有大量的土坯拱窑。这种窑洞在建筑布局上也能做到四面临空，可以灵活布置，产生的布置方式也多，还能造窑上房（或窑上窑）、丁字形窑、三合院、四合院窑洞，当属独立式窑洞类型。土坯拱窑的形式与建造和砖石拱窑相似，但掩土厚度、窑顶形式有所不同：土坯拱窑通常用楔形坯砌拱，土坯大致为300毫米×350毫米×65毫米；屋顶用掩土夯实为平顶外，在夯土还铺上瓦，将屋顶打造成双坡、四坡或齿形屋顶。米脂县城内的窑洞四合院以及延安王家坪毛主席旧居又是一种别致的类型。而神木、定边一带，居民用红柳枝条建造柳笆草泥拱窑洞。

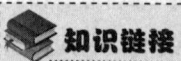 知识链接

黄土高原易雕刻的绿砂岩和灰砂岩

陕北黄土高原，地质条件特殊，盛产绿砂岩和灰砂岩，而且质地细腻，比花岗岩要软，容易雕刻，因此古代石刻多采用砂岩，很少使用青石和花岗岩。砂岩石雕在汉朝主要用于墓室的墓门和墓壁，所雕刻的内容大多反映当时的社会生活，有乐舞百戏、农牧狩猎、祈福祭祀、神仙鬼怪、珍禽异兽等。

3. 窑洞的挖建步骤

窑洞的拱顶式建筑结构符合力学原理，将顶部的压力分至两侧，重心稳定，分力平衡，具有极强的稳固性，还常常在窑洞里使用木担子撑架窑顶。从选址到装饰，挖建窑洞的每一个步骤都是精心设置和安排的，或许几辈人曾在此居住，或许几易其主，经过修缮，仍能放心居住。下面让我们简单介绍一下窑洞的几个挖建步骤。

（1）选址。

窑洞的选址，要避免选尖山、深沟、险崖、左堵右塞、背山浅薄，以及窄、弯的地方，还要避开坟墓、庙宇。居民认为，在这些地方挖建窑洞居住，后代福浅财薄，难以兴旺。其实，这是对传统民俗风水避忌的考量之外，更是从居住是否舒适和安全的方面去考量的。有的住宅建成之后，还会在大门外安置一块小的泰山石石碑做镇宅石，有避邪之意。

（2）地基。

选址完成之后，再确定好要挖建的窑洞类型，就可以开挖地基了。地基，是房屋在下方起支承作用的基础土体或岩体，可采用沙土、岩石、碎石土、粉土、黏性土，或采用人工填土。与大多数类型的民居不同，窑洞的建造可以利用天然地基，这种天然地基的土层不需要人工加固。而人工地基则需要用石屑、沙垫层，再混合灰土回填、夯实，做加固处理。假如门前刚好有沟洼，就可以把挖出来的土推进沟中，这样扔土比较方便、省力。另外，崖面挖掘应略有坡度，地基挖成后就开始刮崖面子，要想呈现漂亮的波浪纹之类的图案，极其考验人的眼力、技艺和气力。

（3）打窑。

挖完地基、刮好崖面子后，就开始打窑。打窑就是把土挖走，呈现窑洞的空间结构的过程。土中水分大，所以打窑要慢慢来，不然容易坍塌。窑洞的空间结构出来之后，接下来做剔窑（或铣窑）的工作，这是窑洞的进一步加工，要规整形状，整平窑壁。之后再剔出拱形，将窑帮刮平整，就完成打窑了。

（4）镞窑。

等窑洞干爽之后，再用黄土和麦草碎泥窑，至少泥两层，一层粗泥，一层细泥，也有泥三层的。但干土和的泥才有韧劲，泥出来的面才容易平滑，湿土和的泥没有这样好用。如果住久了，窑壁被熏黑了，还可以再泥。

（5）合龙口。

套顶的时候，在中窑窑顶留一块砖的缺口，主体完工前再放这块砖，放砖的这个过程叫作合龙口，是很重要的仪式。在合龙口前，房主人要祭土（或称谢土），就是用黄裱、香、酒盅、酒壶、酒、米糕等献食叩头。大门要贴对联，中窑的两侧通常贴"合龙又遇黄道日，修建正逢紫微星""凤抬头三星在户，龙合口五福临门"等，还会在窑洞内外贴上红色的剪纸。

合龙口用的石头旁挂一支毛笔、一锭墨、一双红筷子、一本皇历，还要准备装上小麦、高粱、谷子、玉米、糜子的红布袋，加五彩丝线、五色布条，祈求祥瑞。时辰一到，鞭炮齐鸣，唢呐扬声助兴，站在中窑顶的匠人，边撒五谷杂粮、糖、花生、硬币、扣子大小的馍馍、针包等，边唱合龙歌谣。窑洞下方站着的人们都争相捡拾。民俗中认为，捡到硬币能走财运，而捡到针包在日后会是个绣花能手。这个过程叫"撒福禄"，也叫"安土神"。土神，是民间的"家神"，能保佑家人，万一家中发生灾祸，都靠土神"搭救"。因此，新修住宅或居住多年的房子都要安土神。安土神之后，房主人会设宴，酬谢工匠及帮忙的亲友，之后会送给匠工一床被面，其他亲朋、帮工则送一件汗衫、线衣等作为纪念。

（6）做窑头。

合龙结束，主体完工之后才做窑头——压水檐石板、安挑桩、垫脑畔、倒窑石旋土、盘炕、做锅台、裱窑掌、粉刷、垫脚地、安门窗。一般一门二窗，高窗安在门上，低窗与门并列，且做好门窗当天就安装，如果当天安装不了，再选黄道吉日才能安装。安好门窗后，鸣炮庆祝。乔迁新居时也献土，也就是要在窑前焚香燃纸、叩头，祈求平安。

（7）打炕。

门内靠窗打炕，门外靠墙立烟囱。靠窗打炕，出烟快，有利于保持室内空气清新，人坐在靠窗的炕上，光线也是最好的。厨房的灶头与炕是连通的，利用做饭的余热烧炕，炊烟也能通过炕洞排出。居家土炕打炕之后，还可以在墙壁上挖一些方形凹洞摆放物品。

（8）门楣。

通常用粗重的实木做横梁，设置在门框的上部。在古代，只有朝廷官员的府邸才能标示门楣，平民百姓哪怕是富甲一方的大户人家，没有官家的身份，也是不允许的。

（9）装饰。

传统的窑洞民居，装修相对简单、朴素。门窗以黑色为主，用桐油上漆。炕上铺苇席，门外挂白布门帘，白麻纸糊窗，炕围纸糊炕围。有些尊崇古代文化的人家，门楣上还会有"耕读传家""耕读第"的门牌字样。

4.窑洞民居细部装饰

最初,不管是在空间布局、尺度、灾害防护,还是装饰装潢方面,窑洞的修建都以实用为主。随着实践的深入,人们便慢慢以农耕文化古拙、淳朴的美学理念对其进行装饰,使实用性和艺术性得到完美结合。窑洞的细节装饰,其实是匠门艺术,主要包括石雕、砖雕、木作、纸作等方面。

石雕。石雕从石狮、抱鼓石、石础、影壁,直至立面的拱头线、挑檐、女儿墙等的石作和砖作,多以福禄寿为题材,精雕细刻一些吉祥图案。用石头做的拱头线,刻细纹会显得稳重、大方;下沉式窑洞的拱头线,大多单面或者双面用泥草抹面,呈狼牙状,朴素又别致。拱头线之上的窑檐,多采用石料或木料做成不同的样式,如石板挑檐、木瓦挑檐、带柱廊檐等。

砖雕。砖雕是模仿石雕发展出来的一类雕饰。砖比石材轻且软,经济实惠,容易加工,因此被民居广泛采用,窑洞民居主要用它来做建筑的脊饰、瓦当、吻兽、墀头、神龛、影壁等。所雕刻的图案多以动物、植物、祥云、文字及琴书等为主,来表达人们对美好生活的期许。

木作。木作集中在门楼举架、窗棂等的纹样雕刻上。窑洞大多独门独院,装饰注重视觉效果,常采用木雕、石雕、砖雕、彩绘纹样、炕围画、剪纸等。能工巧匠一般将木雕技术用在梁枋、梁、雀替、斗拱、托、柁墩、垂柱、垂花、花板、门簪、栏杆等,结合木质的特性,能使建筑的视觉效果变得明快、柔美。比如,"狮子滚绣球",象征官运、富贵,有时也用来镇宅避邪;"凤凰戏牡丹",象征荣华富贵;"草龙",有神圣、力量、欢腾与吉祥之意。

纸作。纸作以窗花、窑顶花、炕围画、吊帘、门神等逢年过节可临时更换的装饰艺术为主。剪纸艺术是我国窑居村落民俗文化的一部分,种类繁多,有窗花、炕壁花剪纸,还有婚丧剪纸、神龛剪纸等。在不同时间、不同的场合贴上不同的剪纸,红色的剪纸点缀在青灰色的墙面上,有种别样的美。比如窑顶花,由一些花围着的圆形的大喜字,贴在拱形的屋顶上,房屋顿生明丽之色。

瓦当。瓦当俗称瓦头,是古代建筑中的一种构件,位于屋面筒瓦最下

民居瓦当

端，能够保护木质飞檐、防水并美化房屋轮廓，有的也用在墙体檐口上。瓦当的装饰图案设计优美，有饕餮纹、云头纹、动物图案、几何图案和文字等。文字字体行云流水，图案精致，极富变化。不同的历史时期，瓦当也各不相同。窑洞民居瓦当上的图案，相对而言形式单一，主要雕饰狮头、虎头的图案，少数刻花纹。

滴水。滴水四角微微翘起，形如如意，放在青瓦底端的出檐处，为排水的一部分构件。刻有莲花花瓣或蔓草纹等寓意吉祥富贵的图案。

墀头。墀头在房檐瓦与山墙的交处，悬挑在外，支撑着前后出檐，起到承重和传力的作用。民居中墀头通常用砖砌成，有很好的装饰效果和极强的雕饰感，是民居建筑中比较抢眼的构件。陕北民居中上墀头，由戗檐、盘头、上身、下碱4个部分构成。墀头会着重对戗檐进行装饰，它挑砖迭出，微微前倾，外层贴方砖，并饰有象征意义的图案。墀头的局部尺寸各家不同，权贵人家讲究精细，也会对盘头下部进行雕饰，就跟建小房子一样。

土地神。土地神是道教的"福德正神"，在中国古代民间是地方保护神，受到人们的普遍信仰，但凡有人居住就有土地神的祀奉。居住在陕北，世世代代倚靠黄土地，都期望有个丰收年景，多少神灵庇护也不如地方土地神实际，因此家家以神龛供奉土地神，祈求丰收。土地神的神龛尺寸不大，但雕饰精细、造型讲究，做成小房子的模样，有的供奉在院子大门过道的侧墙上，有的供奉在院中影壁的正中心。

影壁。影壁由壁座、壁身、壁顶3部分构成，装饰题材广泛，通常会雕刻植物花卉、祥云、五福捧寿、几何图形等纹样，也会雕刻各种兽类纹样。壁座是整块影壁的基座，考究一点的会采用须弥座。须弥座的各个部分一般以浅浮雕进行雕饰，具体雕饰内容各家略有差异，狮子、猴子是常用的主题形象，少数人家还会在束腰部分雕刻花柱或角兽纹样。壁身是主体，也是装饰的重点。壁顶面积不大，作用和屋顶一样，同样铺筒瓦，有屋脊，正脊两端安置脊兽，伸出的檐口对壁身有保护作用，檐口下的椽子和斗拱的结构及装饰与屋顶是一样的。

民居影壁

抱鼓石。抱鼓石是由露在门外的部分基石雕成的圆鼓形石礅，又叫门枕石。抱鼓石通常立于大门两立框之下、紧挨墙体，有加固门框的作用，有的朴素大方，有的繁杂精细，有的会在抱鼓石上雕刻立狮，鼓侧兽面衔环，鼓面雕饰双龙戏珠、双狮滚球、麒麟、蝙蝠、老翁等图样，饰面丰富。

柱础石。窑洞民居，多立木柱，竖向支撑整体结构，为防止柱脚受潮朽腐或蛀蚀，常在柱脚设置石础——柱础石。虽然柱础石的大小、石质会有差别，但无不与上部的木柱相协调。柱础石表面都有雕饰，通常为圆形、方形或六面体的连续饰面。简单点的就用基石来做柱础石，大户人家会用须弥座、裙袱与鼓的形制。裙袱的处理手法和抱鼓石一致，裙面刻夔龙纹，边上饰"富贵不断头"回纹。

门窗。窑洞的门窗，采用拱形门连窗的形式，设置固定的门和窗，形制朴素，做工精细。根据主次，变化窗格的繁简程度：正窑的门窗最讲究、最复杂，其他窑面的门窗就简单一些。窑洞为木结构门窗，是内部采光的唯一区域，处于窑面的核心位置，美观与否就显得尤为重要。好在它独特的拱券，使窗棂的形式灵活多样，有正方格的、斜方格的，还有灯笼形的，一方面为了透光，另一方面为了美观。然后雕刻上"如意""万""工"等字形或水纹的图样，以图吉利。再在上面贴上窗花，光、色、调交相融合，非常好看。举办婚礼的时候，窗花的样式尤其丰富、精美。

炕。炕按大小和位置的不同，分为棋盘炕、顺山炕。棋盘炕，只占窑洞的一个角落，较小，适合家人居住。顺山炕，窑有多宽，炕有多宽，可容八九个人一起睡，因此一般用来做学生宿舍、旅店或兵营。古语有"炕不离七（妻），门不离八"之说，又因为"七"为"妻"的谐音，为求吉利，炕取五尺七长，昭示家人和睦。另外，"七"为奇数，为增长之数，有子孙满堂之意，所以有的地方会在炕面上留个"炕缝"，与"石榴多子"的寓意一致。

> **知识链接**
>
> **农耕文化及窑洞民居的主色调**
>
> 　　农耕文化，是我国最广泛的文化类型，涵盖语言、民歌、戏剧、习俗，以及各类祭祀活动，是民众围绕农业服务和自身娱乐，在长期的农业生产过程中形成的。我国的农耕文化，集儒家及各类宗教文化为一体，文化内容和文化特征都非常独特。窑洞民居的主色调——黄色和青色，便集中体现了农耕文化对民俗文化的影响。中华民族素有女娲以黄土造人的传说，黄土也是窑洞的建筑材料，在阴阳五行学说中以黄色为吉，所以在很长的历史时期中，黄色都是窑洞民居的主色调之一。同时，砖瓦以及部分基岩石块也是青灰色。这种颜色给人稳固、沉静、大气的视觉感受，在黄土和绿色植被的衬托下，自然、和谐，因此成为窑洞民居的另一个主色调，是窑洞和谐自然美的重要组成部分。

第四节　抗震御敌——土楼风情

1. 迁徙而来的客家人

客家民系，作为汉民族的一个支系，集中分布于广东东北部、福建西部和江西南部交界的三角区，主要由外部迁移而来的客家人及受外来文化影响之后的本地居民组成。

秦始皇在公元前221年统一了中国,为了进一步加强统治,他先是派兵60万南征百越(我国古代的粤、桂、浙、闽南方越人地区部落众多,故称"百越"),大军由福建、江西入抵广东揭阳山,直达兴宁、海丰两县,又在公元前214年派兵50万南戍五岭。

岭南平定之后,设龙川县,平定岭南的副将赵佗受命出任龙川县县令。其间,赵佗以驻军将士的衣物需要缝补、浆洗为由,奏请朝廷调拨3000名北方妇女到南越,结果朝廷给了他5000名。这些妇女和驻军将士在后来相互组成了家庭。

为了避免受到中原战乱的牵连,赵佗于公元前204年自封南越武王,建立南越国,几十万驻军也留在了岭南。在那个时代,民居的户籍分"主""客",外来者皆入"客籍"。留在岭南的这些人就入了"客籍",成为我国古代百越地区的客家先民。

从公元308年开始,同样因为时局动荡等原因,以林、陈、黄、郑、詹、邱、何、胡八姓为代表的中原汉人大规模迁入福建地区,与当地居民融合后,形成以闽南话为特征的福佬民系和以客家话为特征的福建客家民系。

迁徙而来的福建客家人,饱尝战乱、饥荒、流离之苦,他们在这片蛮荒之地一边开荒垦殖,一边建造栖息之所。他们利用山区盛产的茅草、竹、木、石块、泥土,建造了低矮、简陋的竹篱茅屋,勉强遮风避雨、抵御暑寒。但战争加强了他们的防卫心理,加上朝政腐败,致使社会动乱,盗贼四起,群山之中分散而居的客家人不得不聚居起来,联合防御贼寇。这就需要足够大的空间,以容纳至少以家族为单位的体系,而且要具备强大的防卫功能。客家人便运用中原的建造技术,就地取材,仿照用于军事防御的土城土堡,夯土建筑土堡、土围,当时将其称为"土寨"。这种堡、寨不再单纯作为军事建筑使用,而是一种集军事建筑和居宅功能为一体的新型建筑。这种建筑为永定土楼的产生奠定了基础。

西晋时期,"八王之乱"后又爆发了反对晋王朝的斗争,动摇着西晋王

中国古代民居

福建永定土楼

朝的统治地位。北方少数民族乘虚而入，中原地区陷入"五胡乱华"的动荡局面。西晋灭亡后，中原成了胡人的天下，他们抢掠汉人做奴隶，用农田放牧。汉人不得不再次大举南迁，这一次南迁大潮持续了170余年，迁移人口达一两百万。

唐朝时期，"安史之乱"后，藩镇割据，唐朝的国势由盛而衰，官府敲诈盘剥，加上连年灾荒，致使民不聊生。王仙芝、黄巢领导的农民起义先后爆发，客家先民（也就是第一次南迁的汉民中的大部分）只能继续南迁到还算平静的福建西部、江西南部和广东东北部地区。这次南迁一直延续到五代时期，历时九十余年。根据客家人的族谱记载，不少移民在这个时期避居于福建宁化的石洞之中。

1127年，元人攻占开封，入侵北宋，强占民田，推行奴隶制。宋高宗南迁，在临安（今杭州）称帝，建立南宋，江西、福建和广东交界处也成了宋、元双方攻守的战场。数百万臣民随高宗南迁，黄河流域的汉族居民为了躲避战乱，也继续渡江南迁。

清朝康乾年间，正是太平盛世。烟草种植技术由菲律宾传入内地后，福建永定得天独厚的自然地理环境和先进的栽培加工技术，使"永定晒烟"独树一帜。同时，客家人崇尚读书之风也得到了发扬。在这样的背景下，以福建客家人为代表的客家人获得了走南闯北、大开眼界的机会，通过经商产生了许多大大小小的富翁。为了维护家族的共同利益，实现家族兴旺、居宅安全的企望，这里的居民进一步几十人或几百人地聚族而居。客家人极具代表性的建筑——土楼，也一步步走向顶峰，成为中国，以至世界民居建筑史上的一朵奇葩，永载史册。

由此可见，从秦朝开始，在各个不同的朝代，就不断地有居民因为历史、政治等因素迁移到本地，并和本地民族融合，极大地推动了客家包括民居建筑在内的各种文化的交融和发展。

第二章 民居的类型及特征

南越王赵佗

赵佗在南越期间，带来了中原文化，实行"与越杂居""和集百越"的政策，促进了中原汉族与百越各民族的融合，对岭南人过去野蛮、落后的文化起到了极大的促进作用，为岭南的开放和发展做出了卓越的贡献。

2. 土楼的结构和布局

土楼的结构

通常，客家土楼的主体建筑为土木结构，采用穿斗、抬梁混合式构架进行建造。

建筑的主要部分，如卧室、厨房、粮仓等，以生土夯筑土墙，其余均采用木构形式。木构架富有弹性，抗震性强；夯土墙结合紧密，起承重作用的同时还能防寒保暖。

穿斗式，是用穿枋将柱子一根根穿成排架，再用枋子、檩子进行斗接，施工方便，抗震性强。但穿斗式结构不能很好地支撑规模宏大、结构灵活的建筑，因此通常用在小规模房屋建造中。抬梁式，是在立柱上架梁，梁上再抬梁，可以按需灵活安排或扩大建筑物的内部空间。

聪明的客家人同时使用穿斗式和抬梁式来建造规模宏大的土楼建筑，把穿斗式和抬梁式天衣无缝地配合使用，使得土楼在抗震方面的优势显著，甚至超过了传统梁柱式房屋架构建造的建筑。

有的土楼的非主体建筑，如厢房、楼中心的祠堂等，会和主体建筑一样采用土木结构，也有一些土楼的非主体建筑采用砖木结构，甚至楼外的附属建筑也会采用砖木结构。

砖木结构是很经济实用的。它能有效地节省楼内空间，在小楼层（单层或至多两层楼时）建造中能减轻负荷。砖木结构精巧柔美，适合在它的基础上做精装修，且建造成本远远低于土木结构。

土楼的建造不必一步到位，可以在数年以至一二十年中分步进行。土楼特色鲜明，主体建筑外表粗犷雄浑，艺术造型优美，给人一种沉稳、安定的感觉。

土楼的建筑布局

在建筑布局方面，可以总结出客家土楼以下三个方面的显著特征。

（1）中轴线明显，主次分明，布局严谨。

一般而言，土楼建筑中的占主体地位的前堂、主楼、大门、祖堂、廊道等均设置在中轴线的位置上；横楼、横屋等附属建筑要低于中轴线上的建筑，并对称地分布在中轴线两侧。有些圆楼的外环和内环会按周易八卦风水原理进行布局，比如环极楼、承启楼、振成楼、振福楼、衍香楼等。

（2）与中原古代传统建筑一脉相承。

从一些古籍（比如《仪礼》）的记载中，我们可以知道：传统民居，一般门内为庭院；上方为堂，是会见宾客、举行仪式的地方；堂后为"寝"，是主人或长辈的居所；堂的左右设厢，是子侄辈的居所；主体建筑的东西两侧还会设堂屋（也就是古代所说的"塾"）。用墙将这些房屋建筑都围起来，形成一个以"堂"为中心的封闭式院落。这种布局一经形成，就成为我国民居布局的基本式样，经汉、唐、宋各个时代，至明、清时代就演化出了我们现在熟知的典型的四合院式布局。

客家土楼，沿袭中原传统建筑布局的同时，又有自己的创新和发展。比如，中轴线两侧突出主体建筑的地位，井然有序的同时又富于变化。

客家土楼建筑中，楼楼有厅堂，多的有十多个，以厅堂为中心组织院落，又以院落为中心进行组合。不管是圆楼、五角形楼、六角形楼，还是八角形楼、一字形楼、回字形楼等，主厅（祖堂）都处于核心地位，功能也与西安市半坡遗址挖掘到的建筑群中的方形厅堂完全相同。

客家土楼建筑中，楼楼有廊道，且贯通全楼每个角落；每层楼的廊道都以楼梯连接，各楼层畅通无阻。

与中原数千年前的传统民居对比，客家土楼的单体建筑不仅在建筑材料、建造工艺方面一脉相承，建筑布局也有异曲同工之妙。

（3）群体建筑依山就势，沿河流溪涧分布。

客家土楼群体建筑依山傍水，主要选择山间盆地、河谷盆地、山坡的河畔、溪畔向阳避风的位置进行建造。客家土楼依山就势，忌逆山水之势、忌正对山坳，无论坐落在哪里，都会根据地势进行设计。有的土楼会随着地势的升高而升高，呈明显的阶梯状，错落有致地分布着。若建筑物后方的山势较高，就与高山隔着适当的距离，并会将楼建得高大一些。这样，房屋与山体看起来会更加和谐自然。

因此，客家土楼的房屋格局，除了地理环境因素外，还融合了客家人自己的审美，使众多密布于一个个村落的客家土楼繁多但不杂乱、规整而富于变化。

总之，客家土楼既延续了中原对称、整齐、严谨、均衡的建筑理念，又创造性地根据地理环境、气候风向、日照雨量等自然条件及人文风俗习惯等进行灵活布局。

3. 土楼的建造工序

土楼的选址

客家人对土楼建筑的选址颇为讲究，他们会严格根据以下几个原则来选址。

（1）从实际出发，设置建筑规模。

客家人会根据人口数量、经济实力，来决定土楼的建筑规模及占地面积。人口、住户数量越多，就需要越大的土地面积。如果这一点无法满足，再好的地块也只能被放弃。有的也会考虑得长远一些，在条件允许的情况下，预留出一部分空间，待日后楼内人口饱和时，方便后人扩建原来的楼房或再起新楼。

（2）风水要好。

自古以来，劳动人民习惯将情感和对未来的期许寄托于某种信念，这种基于信念和实践经验发展起来的风水学，就成为许多建筑的选址标准和说服住户支持和理解的理论依据。因此，风水对客家人土楼建筑的选址、方位的确定等方面均是重要的依据，也是决定性因素。客家人认为，风水的好坏不仅关乎居住舒适程度的体验，还关乎整个家族未来的兴衰福祸。在我们现代人看来，这是唯心主义的迷信，但抛去迷信因素，实际去研究后你会发现，一个好的风水先生实际上堪比一个优秀的建筑规划师。千百年来，古人融合在风水学中的实际经验和哲学理念，对今天的城镇建设和规划、民居选址和建造仍有借鉴作用。

中国古代"天人合一"的哲学思想和自然观，在各家学派中都得到认同和主张。所谓天，并非神仙、上帝，而是指自然界及其客观规律。《论语》中有言："天何言哉？四时行焉，百物生焉！"因此，人们从"天人合一"的古代哲学，演化出做事要讲究"天时、地利、人和"的经验教训。《宅经》便总结出"宅，以形势为身体，以泉水为血脉，以土坡为皮肉，以草木为毛发，以屋舍为衣服，以门户为冠带"，因此人们朴素辩证地就地取材，因地制宜、顺应自然地建造居宅。这种人与自然和谐统一的思想意识，无疑是环境、人口、城市建设面临巨大挑战的今天的指路明灯。

而且，汉民族建筑美学中强调的空间感、节奏感，以及建筑形态与自然的融合关系，也被客家人充分地运用在土楼的建造当中。比如，永定客家土楼就深受《易经》的影响，严格遵循了五行（金、木、水、火、土）八卦（乾〈象天〉、兑〈象泽〉、坤〈象地〉、离〈象火〉、巽〈象风〉、艮〈象山〉、坎〈象水〉、震〈象雷〉）为代表的阴阳学说建筑思想体系，将环境中的地势、风向、水势与建筑布局统一起来，强调阴阳的和谐性。

所以，客家人在建造房屋前，一定要请风水先生到不同的位置进行勘测选址工作。而且，按照客家人的传统习俗，后建的土楼不允许遮挡先建的楼正前方视线，楼与楼之间必须隔一定的距离，前面的楼必须低于后面的楼，以免遮挡风水。其实，这样做真正的好处，是利于通风和采光，以便调节小气候。楼与楼之间的门也不能正对着，边门也不允许，避免互相冲煞。因此，我们见到的土楼群基本都错落有致，虽然样貌独特，但与环境相得益彰，看起来并不突兀，仿佛这样的地方就应该这样造屋一般。

（3）同宗同族尽可能靠近居住。

这样做既有利于集中资源，实现家族的兴旺发达，又方便亲人之间相互照应。只是，如果一个地方的人口增长到一定程度或生存环境发生改变时，人们也会陆续离开，去开辟新的领地。明洪武年间（1368—1398年），永定胡氏七郎公的第九代孙胡铁缘，就因人口增多，难以谋生，二十多岁便与夫人朱氏迁到两千米外荒无人烟的地方安家，他们一边垦荒种植一边打铁谋生。发展到现在，这里已经成为一个有近两千人口的自然村落，邻近几个村落也都是胡氏的后裔，胡氏后裔海外侨居者则数以万计。

（4）依山傍水，有山可依，且便于耕作。

山势，俗称龙势，龙势越好，越适于建屋。客家人把山作为一种依靠，从居住环境来说，山可以很好地为他们挡风。当然，人离不开水，居住的地方还必须有水。有水，此地便有灵气。水象征财富，傍水可以纳财。不过，客家人建屋也需要有强烈的防洪意识，要考虑到，假若洪水猛涨或山洪暴发时，是否会危及土楼。民国以前建造的土楼，在20世纪50年代以前极少有被洪水或山洪冲毁的，说明在选址之初就已经考虑到这个问题了。除此之外，对于靠山吃山、靠水吃水的客家人来说，可耕之地意味着他们能不能长久地在这个地方生存下去。在过去久远的年代里，不论其他方面的经济如何发展，田地依然是客家人生存的物质基础。有了田地，就有继续生存的可能，这是农耕社会刻进骨子里的理念，也是一种信仰。

土楼的设计

客家土楼的房屋建造，在设计流程和方式上，与现代的是两种不同的概念。

现代建筑设计，通常用平面图和效果图共同展现空间规划，再依据施工图严格按照设计进行施工，设计师多为科班出身。而直到20世纪90年代末（此后几乎没有土楼的建造了），客家人建造土楼的方式，从来没有像现在的人们那样预先设计一套图纸，然后严格按图施工。土楼设计师一般由木匠师傅担任，与泥水匠一样，全靠师徒传授或自学成才，所谓的图纸统统都在他们的心中，最多会在动工前画一张不成比例的草图与楼主们沟通意见，看看房间的大小、数量，以及厅堂、楼梯的设置是否满意，等等。工匠和楼主方相互交换意见，双方都认可后，就选择良辰吉日动工。

　　通常，每个村都会有一批建造土楼的行家里手，木匠会承担相对复杂的木结构部分的施工。如果哪个环节出了问题，就可能造成材料的浪费或出现严重后果，但他们在祖辈那里传承下来的建筑工艺，在长期的实践和摸索中不断创新的同时，也积累了丰富的经验。这些能工巧匠对土楼的结构、布局，对技术要领，以至各个构件的尺寸比例，都烂熟于心，没有图纸照样能精确地进行计算，施工的时候同样游刃有余。

　　规模不大、结构普通的土楼，许多客家人都可以自行设计，但还是要请泥水匠、木匠师傅，因为只有他们能把握好尺寸、比例等具体问题，也只有他们才懂得如何夯筑土墙、制作木构件。规模较大、结构较复杂的土楼的建造，难度显然更大，如果不是技艺娴熟的行家是无法进行设计的。这类建筑，选址完成后就应该交给专业人士完成所谓的"设计"环境。

　　土楼在设计的时候，有一点非常关键，那就是楼内天井的宽度。设计师通常根据土地面积和实际需要确定好建筑规模和层高，计算出天井能够获取良好的日照和采光的宽度，再采用鲁班步法（一步约等于4.5鲁班尺）来进行测定。

　　土家圆楼地基的设计更为特殊，在过去，因为条件限制，聪明的工匠便采用折纸定位法确定建筑空间布局。这个方法，是用一张正方形纸，呈45度角按横、直、斜三个方向的顺序各对折一次，再展开，这张纸便出来一个八等分的圆形。如果继续对折，就可以得到需要的等分数，将展开后的图纸放在地面上，按照折痕就可以画出石脚线。也可以将这张纸作为计算依据，将数据按比例放大使用。

　　客家土楼在设计方面，总结起来有以下几个特点。

　　（1）样式的设计因地制宜。

　　在设计阶段，要如何因地制宜呢？首先，根据所选地块的地理环境，确定要建的土楼的类型、风格，确定功能区、附属建筑的安排，确定门庭院落的组织形式，处理与毗邻建筑的协调关系，综合考虑、科学论证。在这个过程中，设计规划人员和楼主的审美都很重要。总之，在施工之前，既要考虑实用性、建造者的经济能力，还要选择建筑的类型和规模。

如果楼址呈横长方形平地块，最好建成长方形或正方形土楼，并在两侧建造横屋。假如楼址呈纵长方形地块，可以考虑建成两进或三进的纵长方形土楼。这种建筑，横向与纵向长度悬殊不能太大，否则大门及门厅无法起到应有的作用，生活起来也会有诸多不便。如果楼址呈前低后高的山坡形地块，且坡度不大，可将其辟为平地，再进行建造。如果坡度大，就利用地形，设置两到三级台状地基，建成两进或三进土楼，且后向楼层不必另外加高，层数与前向相同即可。也可以根据前后向的落差，后向楼少建一层，前后楼之间的通道设置为台阶，但后向楼层仍比前向楼层高，这样不仅能形成前低后高、错落有致的视觉外观，而且楼内空间开阔，能给人气宇轩昂的感觉。这种利用地形建造的土楼，朝向由地形决定，但一般要在风水先生勘测和认定后才能最终确定下来。除此之外，有些地形特殊的地块，巧妙地设计，能建造千姿百态的土楼，如五角形楼、八角形楼、吊脚楼、走马楼、曲形楼、"U"形楼、凹形楼、半月楼等。土地面积足够、规模较大的，在设计之初会预留一部分空间给后代使用。

（2）风格的设计因人因地而异。

不同地块的土楼设计不同，同一种土楼，里里外外的设计也有可能不同。

土楼的设计不仅受到地块形状、面积等各种因素的制约，还受传统习俗的影响。有着密切关系的一个片区、一个乡镇、一个村落，不仅语言、饮食习惯、节庆等方面有微小的差异，民居在功能造型的安排上也会形成自己的风格，比如有的地方府第式土楼、五凤楼多一些，有的地方长方形楼、正方形楼、圆楼多一些。

不同的地方，客家人建造的土楼也会有不同的特色。楼内装饰，有的富丽堂皇、雍容华贵，有的质朴、粗犷。这种个性差异，不是建完楼之后再进行设计的，而是在动工前就设计好的。但若因为某种原因，将工期分若干段完成，就是另一回事了。

（3）突出防卫功能，又非常宜居。

人们往往赞叹客家土楼"堡宅合一"的防卫理念，很少去细致地体验和研究它的居住功能。但客家人的高明之处在于，始终坚持以人为本，既考虑实际情况，增强整体安防功能，又注重楼内居民的生活需求，把土楼的防卫功能和居住功能进行完美的结合。无论哪种类型的土楼，一般在底层设置厨房、饭厅和客厅，二层用来储备粮食，三层以上做起居室，内院设祖堂、浴室、天井，有的只设天井，浴室之类的设置在楼外两侧的位置。这种设计非常人性化，不仅充分利用到楼内楼的每一个空间，而且显得协调又恰到好处，在世界民居建筑史上堪称一绝。

（4）中轴线鲜明。

客家人继承并延续了中原建筑文化，设计土楼时对称分布、主次分明。无论哪种类型的土楼，全都中轴线鲜明，主要建筑如正门、门厅、天井、祖堂、后楼均设置在中轴线上，圆楼的祖堂就设于圆心的位置或后厅。强调中轴线的前提下，楼内任何建筑或向外扩建、增建的房屋，均对称分布在中轴线上建筑物的左右两侧，而且规模、格调不允许超过中轴线上的建筑物，否则喧宾夺主，破坏了全楼的协调性，视同作乱。

土楼的施工

施工，是建造土楼的主要的操作阶段，也是确保工程质量的重要环节。

（1）备料。

客家人取材于自然，根据规划来建造自己的土楼，其建筑材料主要是沙土、黏土、杉木、毛竹、鹅卵石、青石、花岗石。

沙土和黏土的准备。土楼的墙体主要起承重作用，以黄土为主要原料。但沙质黄土含沙过多，无法结团，不坚固。黏土虽然容易结团，但纯粹使用黏土的话会像没有掺沙的水泥一样，缺乏韧性，干燥之后就会开裂。将黏土和沙土按一定比例混合成生土，无须经过焙烧或发酵便可使用。黄土用量颇大，所以动工前必须在楼址附近寻找土质好、方便运输的地方取土。

客家人翻开稻田表层的肥土，取出用作建筑材料的下层黏土后，再把肥土层盖回去，恢复成稻田。有的干脆将肥土运到其他地方另造稻田，将取完黏土的稻田改作鱼塘，既可养鱼，又可蓄水灌溉，还能储备消防用水。湖坑镇奥杳村一百多个大大小小的鱼塘就是这样形成的，到现在还为当地人带来可观的经济效益。

木料的准备。杉木和松木都盛产于客家人居住的大山之中，取材方便。但杉木的比重比松木、杂木小，而且材质坚韧，有良好的防潮性。在干燥的环境中，松木比杉木更容易朽烂，松木只有在水中浸泡时使用寿命才会长，所以民间有"水浸千年松、风吹万年杉"的说法。因此，从大多数客家人的居住环境来看，建造土木结构的土楼时，杉木是最好的选择，但要在地面之下打桩的时候，松木又比杉木优良得多。杉木用量大，但刚砍下来的杉木，甚至当年砍伐的杉木都是不能用的，因为这样的杉木尚未干透，干燥后容易收缩变形。所以，建筑用杉木，需要再动工前一年的农历七八月份进行砍伐，经过几个月的干燥后再扛回来，剥去树皮后避雨存放，直到次年下半年彻底干燥了才可以使用。

夯筑土墙时，需要大量的杉木条和竹片做墙骨（墙筋），做竹条的毛竹也需要提前砍回来，彻底干燥之后才能使用。

石料的准备。土楼的建造过程中，廊道、天井、门坪的铺设，台阶、门框、柱座的制作，都需要石料。花岗岩石块没有青石板那么大，为搬运方便，墙基大多用花岗石，门框才会用块状结构更为完整的青石，较小的鹅卵石能用来铺设廊道、门坪、天井，还要配合砌墙基。鹅卵石溪河之中随处可捞，但青石、花岗石之类，以两个人到四个人能抬动的石料为主，超过一定体积，就要请石匠加工。而且，不是每座山都有花岗石可取。早期的土楼没有石基，便不用操石基的心，土楼有了石基之后，人们通常要在秋收前后请石匠来加工石料。

砖瓦的准备。青砖、灰瓦需要人工烧制，好在原料可以就地获取。因此，较大一些的村落都会有当地人经营的砖瓦厂。

（2）动工。

跟许多传统民居的建造一样，在客家人的信念里，良辰吉日的选择关乎宗亲子孙的祸福吉祥，跟选择风水宝地一样重要。因此，动工前一定要请老先生卜卦，确定动工的具体时辰。但通常上半年雨量较大，不利于夯土筑墙，动工的时间会选在雨季过后的下半年。动工当天，还要举行传统的开工仪式。

（3）放样。

挖地基前，建造土楼的工匠师傅，包括木匠和泥水匠都要到场，一起在地基的界线上都撒上石灰粉做标记，完成放样工作。挖墙基的时候，以挖至实土为度。若地基为烂泥或沙地，挖了数米还看不见实土，可以用松木打桩。松木不怕水浸，可以用于打桩。挖墙基的时候，深度和宽度并不固定，但一般而言，楼层多的墙基深度和宽度比楼层少的大，同一座楼外墙墙基的深度和宽度也比内墙（房间与房间之间的隔墙，俗称子墙）墙基的大。

（4）砌石基。

墙基挖好，接下来就要开始砌石基。石基分为上下两层，总体呈下大上小的梯形结构。底层要比上一层宽，高度要高于一米，顶部略低于地面，呈梯形结构，一般用几个人才能抬动的大块石头干砌，转角处及其他关键部位用最大的石头来确保整体稳定、坚固，石基的缝隙用鹅卵石填充。上层石基高约 1.5 米、宽度比底层石基窄，也呈梯形结构，石料要比下层石基的小，转角处和其他关键部位仍旧用较大的石料。与下层石基干砌不同，上层石基全部用石灰或特别黏的黏土浆砌，水泥在民间普遍使用之后便用水泥浆砌。

泥水师傅会用半片三尺长、两端留节、中间打通的竹片，制成水平尺（俗称水槽），以测定石基是否为水平状态。测量的时候，要将水平尺放在一块数尺长、事先用墨线弹好位置的木板或木尺上，再把水倒入水平尺中，在水平尺两端各放一根鸭毛，如果鸭毛不移动，则视为水平状态。

（5）夯筑土墙。

15 到 20 天之后，浆砌的上层石基干透了，也稳固了，才能夯筑土墙。在此之前，要为夯筑土墙做前期的准备工作。比如：用沙、石、泥土夯实墙基（主要是上层墙基）的空隙处，整平每个房间的地面；将一部分沙土和黏土，按一定比例搅拌均匀；将干燥的杉木和毛竹加工成挺直、1~2 厘米宽、约 1.5 米长的杉木条和竹片，用作墙筋，它的作用类似现代建筑中使用的钢筋，能够增强拉力和墙体的承受力；木匠则将建房需要的木构部件制作好。

夯墙俗称行墙，是一个技术性强又辛苦的体力活，有角的土楼从风水先生认为吉利的两个角开始夯，圆楼就从吉位开始夯。夯墙时，每副夹板——夯墙时用的木制模板，可调节宽度，每块夹板厚两三寸——由 2 名力气大、有夯筑技术的人操作。

先在夹板两侧的下面预先各放置一根比夹板长、直径约 2 厘米的圆形承模棒，辅助固定土墙。

夯实的时候，几组人在墙上夯墙，一批人在地面搅拌泥土，再用竹木架设的临时楼梯运送泥土。

夯墙师傅每组两人，各执一根约 2 米长、10 千克重硬木做的舂杵用力把土夯实。舂杵整体为方柱形，中部圆而细，方便手握；舂杵的下端直接与泥土接触，是一个套上铁箍的圆柱头，直径在两三厘米。

夯筑的遍数和技术决定墙体的牢固程度，有严格的标准。夯土时，将舂杵提起，超过人的膝盖部位，然后用力落下，落下时直起直落，但夯边角的时候要斜起斜落才有力度。通常要先夯实夹板周围的泥土，再一行一行，先粗略地夯，再用力细夯。这样不断地重复，直到彻底夯实后才再加泥土继续夯。每一夹板夯至三分之一及三分之二处，都要放一两根 1 米左右的杉木条或竹片做墙筋，就像水泥建筑放钢筋一样。放好墙筋后，上泥继续夯至与夹板上端持平，这一板墙就算夯完了。

每一板墙预计上泥的遍数越多，每一遍的泥层就越薄，夯筑时泥土越容易受力,夯出来的墙体就越坚固。通常,夯筑的遍数为"四上四夯",也就是说,每次将约12厘米厚的松土夯实到约6厘米厚,每一板夯筑四遍,这是两三层楼高的夯筑标准。当楼高更高或楼房的主人要求更高时,就会采用"七上七夯"的标准,也就是每板墙都会上泥夯筑七次。有的土楼则会采用另一种标准,从底层至顶层逐层减少上泥的遍数,因为越到上层受力越小,也没必要像下层一样费力夯筑那么多层了。土墙的厚度从底层至顶层每层减薄三寸到五寸。

每一个楼层的墙体(包括外墙和子墙)夯筑好之后,顶部都要平整,不平整的需要找平,然后才能放置房梁。放完横梁,再继续下一个楼层的墙体。

土夯筑完毕,叫作"下墙枋",房屋主人要宴请所有的工人师傅。

(6)封顶。

结束土墙的夯筑工作后,接着架杉木梁架,然后架檩条、钉望板(或桶板),最后再盖瓦。

封顶栋梁安好后,沿落水斜度钉桶子枋和垂檐滴水枋。一般情况下,超过三层的土楼,为防止雨水侵蚀,出檐在2米左右。方形土楼顶部的四个角要钉上鱼形木质叶板,屋栋的两侧也要钉上木质悬鱼,作装饰用。为避免雨倒灌,屋面的内外瓦口都要钉上木质封檐板。

(7)盖瓦。

盖瓦作为土楼主体结构建造的最后一道工序,颇有讲究,盖不好的话,将来很容易漏雨。在多雨的南方,这道工序非常重要。盖瓦时,从瓦口开始自下而上向屋栋的位置铺盖。屋栋两侧瓦面的交接处在屋顶形成一条长方体形状的栋带,栋带两端做成略微翘起的鳌头。有条件就在出檐凸起处用石灰加压一两块曲面青砖或多叠几层瓦,做出檐瓦口,美观、大方的同时可防止台风卷顶或瓦口松动脱落。

铺瓦标准是"压七留三",严格按照上一片瓦覆盖下一片瓦的70%,均匀地覆盖,才可以防止雨水拥堵,导致雨水渗漏或回流。大规模土楼覆盖瓦片时,隔一定的距离就会用一块青砖压住,使瓦面保持稳固。

土楼的屋顶多数是双坡式悬山顶,大型方楼的四个角围合形成重檐歇山顶,府第式方楼、五凤楼等类型的土楼前后左右错落相接。

(8) 装修。

装修是土楼建造的最后环节,但花费的时间通常会比主体建筑长。

要先装修大门、边门。门扇用四五寸厚的坚硬杂木制成,门楣和门框多采用加工过的长方体花岗石或青石,少数会使用坚硬的杂木,上面雕上楼名、楹联。门槛、门前台阶,以及楼内、楼外檐边,用长条花岗石或青石加工后铺设,显得整齐而高雅。经济条件有限的话,楼内、楼外檐边用鹅卵石铺设也很好。然后挖窗口,一般装木质窗框、窗扇。但有些大规模土楼人口密度底,会安装花岗石窗框、窗棂,且窗户宽度仅在30厘米左右,增强房屋安全性。20世纪40年代之前,不论哪种土楼,出于安全考量,一、二层都不开窗。

客家土楼的房间,多以夯筑的子墙相隔,有些土楼只有外墙,没有生土夯筑的子墙;所有土楼内部的间面一律为木结构。主体建筑完成后,再砌房间的隔墙,并安装木结构间面,这个工作工程量大,耗费时间久。

对于附属建筑,如猪舍、厕所、浴室、水井、天井、围墙、道路等的建造,可以分轻重缓急分步完工,有的会用几年甚至十几年才彻底完工,也可以连同楼内厅堂、中门、厢房、回廊及楼外的生产作坊、学堂、花园等附属建筑物一次性完工。

新筑的土墙要一年左右才能干透,因此封顶满一年才能粉刷墙面。如果急于入住,会对墙内单面粉刷,让水分从墙的外侧慢慢蒸发。不然,未完全缩水定型的墙体,墙上的石灰块会成片脱落,墙体

民居客厅图

的坚固性也会下降。

土楼的外墙一般不进行粉刷,仅根据土楼规模,在门的上方及两侧粉刷1~2米宽的石灰,既突出门的重要地位,又可在举办婚丧喜庆等活动时用于张贴或雕刻各种内容的大幅楹联(石质门框就用石刻楹联)。有些土楼外墙的窗口四周也粉刷一二十厘米宽的石灰,既作装饰用,又能突显窗户。

一般情况下,人们不会对土楼的外墙加以粉刷,而是让整个建筑呈现自然美,加强其与周围环境的协调性,所以大多数土楼的木构保持了木料本身的颜色。但装饰华丽的土楼往往对大门、中门、厅堂、厢房、廊道等进行了细致的装饰:祖堂和中门飞檐翘角、雕梁画栋,是重点装饰的地方;对梁、柱施以彩绘装饰;柱子上还会雕刻楹联……使整座楼显得富丽堂皇,衬托出居住者的身份地位及审美情趣。比如,官宦人家的石质门楣上会根据身份镌刻"大夫第""太史第""中书第"等,普通民居通常命名为"瓣清楼""彩云居",也有很多规格较高的土楼按楼主的意愿起楼名。而且,土楼的命名也讲究辈分,如"庆"字辈、"福"字辈、"源"字辈,从中可以判断出土楼人家的亲缘关系。

装修的最后一部分是铺地板,底层地板的铺设大致有以下三种类型。

第一种:室内、厅堂仅用沙质黏土夯实、整平,通廊、天井及门坪或者保留原来古朴的沙质土层,或者铺鹅卵石。

中厅内景图

第二种:室内、厅堂、内通廊甚至天井铺坚固、防潮的青砖,外檐通廊和门坪则铺设鹅卵石,整体效果比第一种类型要好。

第三种:室内、厅堂、内通廊铺一层朱红色三合土,天井铺设大小一致、经过加工的方形花岗石，门坪、外檐通廊铺设鹅卵石。有的在二楼以上的房间和内通廊铺上一层薄一点的青砖，以加强防火、隔音效果，整座楼也更加典雅、气派。

刷完墙壁，铺好地板，还要择吉日找个风水适合的位置起炉灶，之后就可以挑个好日子乔迁新居了。

第五节　御敌保家——碉楼建筑

1. 碉楼的包容与开放

广东开平的田野上，一座座欧式古典风格小楼与中国南方农村的传统土屋相互交错，形成中国绝无仅有的乡间景色。碉楼的设计可谓中西合璧，并融合了各类建筑的精髓。开平境内最多的时候共有3000多座碉楼，目前尚存1800多座，分布在开平15个乡镇及办事处，数量之多、造型之精美、风格之多样，堪称世界最大的"碉楼博物馆"。

16世纪中叶，广东人就有到东南亚谋生的，到19世纪中期出现大规模移民现象。巴西的茶工、古巴的蔗工、美国的淘金工、加拿大的筑路工……鸦片战争后的30多年里，几十万甚至上百万华工在远离故土的地方用血汗讨生活。一批批侨乡就这样移民海外，光开平就有过半人走向他方。但"衣锦还乡""落叶归根"是中国人血脉里对乡土的热望，因此20世纪二三十年代，大量事业有成的华侨荣归故里。但那时，中国这片土地兵荒马乱，盗贼猖獗，归侨相对又富裕，土匪便将其作为作案目标，仅1912—1930年，开平发生了70多宗较大的土匪劫掠事件，杀害上百人，掠夺财物无数。比如1922年12月的一个夜晚，一百多个贼匪乔装后突袭了华侨子弟众多的开平中学，经过赤坎镇英村时被更夫发现并拉响了警报器，并用探照灯将贼匪照得清清楚楚，在村民的配合下，救回了校长和学生,并擒获贼匪十余人。

当地先住民与后住民之间长久对峙,冲突持续了很久,1840年还爆发过大规模的土客械斗事件。

在这样混乱、动荡的时代,人人自危,具有防卫和居住两大功能的碉楼就应运而生了。碉楼大致可分为更楼(或灯楼)、众楼和居楼三大类。

更楼或灯楼一般建在村头、村尾或河岸,有些建在小山丘上,用于村落联防,有预警功能。楼内有探照灯及报警器,一旦发现匪贼,立即报警让村民准备。众楼一般由几户到十几户人家集资兴建,结构封闭、简单,但防卫性强,有3~6层,每层设置2~4个房间,遇有匪贼或洪涝,各户人家能够住进众楼避难。居楼则是由华侨或富庶家庭独资兴建,一般造型高大、美观大方,用来长久居住。

碉楼的样式,既有我国硬山式屋顶、悬山式屋顶的传统建筑,又有中西结合的庭院式、别墅式等,还有欧洲的碉堡式建筑;等等。在建材上,碉楼早期的泥墙楼由灰沙、糖、盐、蚬壳、蚝壳等混合逐层锤打夯成,中期的青砖楼由一般的青砖加厚建成,到最后的钢筋水泥楼就用钢筋混凝土按现代建筑用料建成。

侨民背靠故土,眼界开阔,心态包容、开放,能够按照自己的意愿,选取外国不同的建筑式样组合设计,既有古希腊、古罗马的建筑风格,又有哥特、伊斯兰、巴洛克和洛可可的风格要素,建造出来的碉楼自成体系,很难将其具体归到国外某一个时期的某种建筑风格之中。这些不同风格流派、不同宗教的建筑元素在开平碉楼中和谐共处,表现出特有的艺术魅力。它的建筑结构充分体现了防卫功能,共同特点是门窗窄小,钢窗、铁门、墙身厚,顶层四面都有射击孔,楼顶还有瞭望

开平立园

台、探照灯、警报器等，在历史上对保护村民生命财产安全做出了极大的贡献。

2. 碉楼背后的故事

碉楼的历史作用主要是躲避盗匪。开平市位于广东省的中南部，地势低洼、河网密布，常有洪涝之忧。其赤坎乡一带旧称驼驮，过去是一片湿地，芦苇丛生，水凫成群，最初到这里来定居的人是芦庵公。

明崇祯十七年（1644年），社会动荡，盗匪常常袭扰百姓，为保护村民的安全，芦庵公的第四个儿子关子瑞在井头里村兴建了一座瑞云楼。瑞云楼非常坚固，具备防洪、防盗两项功能，一旦有洪水暴发或贼寇扰乱，井头里村和毗邻的三门里村的村民就躲到楼内。

1884年潭江大涝，附近有很多房屋被淹，开平赤坎三门里村民因及时登上碉楼，有效地躲避了这次灾害。在抗日战争后期，开平碉楼为阻止日寇开辟四邑直通两阳的交通线起过一定作用。

开平境内的不少碉楼还在各个革命阶段起到过积极作用，有的成为人民护卫家园的堡垒，有的成为抗日救亡运动期间的指挥中心。

1912年，司徒氏人为防盗贼，在赤坎镇腾蛟村建造了碉楼中极负盛名的南楼，楼高19米，共7层，占地面积29平方米，为钢筋混凝土结构，每层设有长方形枪眼，第6层为瞭望台，设有机枪孔和探照灯。南楼所在的位置南临潭江、北靠东龙公路，扼三埠至赤坎水陆交通之要冲，地势险要，司徒氏抗战时期的四乡自卫队队部就设在这里。

塘口区的碉楼"中山楼"，是谢创同志的父亲谢永珩先生于1912年兴建的，为纪念孙中山而命此名。在抗日战争时期，"中山楼"一度是开平党组织的重要活动中心，中共开平特别支部、区工委、县委和中共四邑工委、广东省西南特

赤坎古镇马降龙碉楼

委等领导机关均曾在"中山楼"设立,许多革命活动的研究、布置,都在这个碉楼里进行。在1937年8月18日,中共开平特别支部在"中山楼"宣告成立,谢创被推选为特支书记,确定要以抗日救亡为中心,领导开平人民开展抗日救亡运动,使开平革命斗争进入了新阶段。

1945年7月16日,日寇为了打通南路干线以便撤退,从三埠分兵三路直扑赤坎镇,国民党军队闻风而逃,司徒氏四乡自卫队的勇士们凭据南楼抗击日军,给敌人以沉重打击。17日,赤坎沦陷。是夜,日军从陆路包围南楼。由于敌我力量悬殊,又无援军,自卫队部分队员在激战中突围出去,留下司徒煦、司徒旋、司徒遇、司徒昌、司徒耀、司徒浓、司徒炳等7名队员坚守南楼,战斗7天7夜,重创日军。在弹尽粮绝的情况下,七名勇士把枪支砸毁,在墙上写下遗言:誓与南楼共存亡。日军久攻不下,调来迫击炮等重型武器进行轰击,但因楼房坚固,不能奏效。最后,灭绝人性的日寇向南楼施放毒气弹,七名壮士昏厥后被捕。敌人把他们押赴赤坎司徒氏图书馆的日军大本营,施以酷刑后残暴杀害,并将烈士遗体斩成段抛入江中。抗战胜利后,开平人在赤坎镇召开追悼大会,开、恩、台、新四邑3万多人参加了大会。

硬山式屋顶和悬山式屋顶

硬山式屋顶,即硬山顶,是我国传统民居中常见的双坡样式的屋顶,屋面从中部的横向正脊向前后分两个坡面。硬山式屋顶两侧的山墙或与屋面齐平或高出屋面,高出的山墙称风火山墙,主要用来防止火灾时火势顺房屋蔓延。悬山式屋顶,即悬山顶,宋代称"不夏两头造",清朝称"挑山"、"悬山"或"出山",这种屋顶造型还传到了日本、朝鲜半岛和越南。在古代等级观念中,悬山顶的等级仅高于硬山顶,没有庑殿顶和歇山顶高,因此仅用在民间建筑上,是传统民居屋顶建造中普遍采用的一种形式。

第六节　草原明珠——蒙古包

1. 蒙古包的结构和样式

蒙古包由三大部分组成：圆顶天窗——套脑；伞骨状木椽——"乌尼"；网状"墙壁"——哈纳。蒙古包的建造材料有木构件、苫毡和绳索。

圆顶天窗——套脑

套脑构件科学，像一顶圆形的帽子盖在蒙古包上，融合窗和屋顶的功能，解决蒙古包采光、通风、走烟等问题。它的款式多样、技术含量高，结构和制作工艺复杂，大体可以分为井字式套脑、插孔式套脑、串联式套脑等不同种类，使用最普遍的是插孔式套脑。

（1）井字式套脑。

井字式套脑上面没用十字架支撑，也没有附加圆圈，不能算真正的套脑，不过也算是套脑进化过程的一个阶段。这种套脑，只适应于较小的毡帐，如果毡帐过大，就会被撑开或压扁。

（2）插孔式套脑。

插孔式套脑的主体，一般由一个十字形木架及其支撑的两个同心圆组成。插孔式套脑一般不会采用柳条制作，而是用结实的木头。两个同心圆一大一小，圆心和十字形木架的中心重叠，再用四到六根辐衬拉住，形成蒙古包纵横合璧的拱形圆顶。十字形木架的东西向方木为主梁，南北向方木为辅梁。大圈和小圈之间加四根短木拉紧，作用与车辐条相似，学术界称它为辐衬。套脑侧视如轮、正看如锅，弓形辐衬能撑圆套脑，把套脑紧密地结合成一个整体，增强抗压力，防止包顶塌陷。插孔式套脑组成之后就是一个整体，就不能拆开了，但直接插在外圈孔洞里的乌尼是可以一根根卸下来的。

（3）串联式套脑。

串联式套脑由两个半圆形构件拼合而成，拼合的部分做东西梁，也就是主梁。串联式套脑外层的大圈是两个柳条圈，柳条圈上固定着一圈齿形木片，每个齿形木片上打四个孔，方便用皮绳将乌尼围绕套脑穿在齿形木片上。与前面两种套脑不同，串联式套脑上的乌尼是无法拆卸的。

伞骨状木椽——乌尼

乌尼，是一些很像伞骨的辐射状长木杆子，连接着套脑和哈纳，用来撑住蒙古包的顶棚。和套脑一样，乌尼是蒙古包屋顶的组成部分，它呈斜坡状，自身的重量和负荷很小，不容易出现安全隐患，但不像套脑那样有那么多样式。

乌尼要求整体端直，材料统一，长短粗细相同，两头也要规格。上端一般削成方头，能够直接插到井字式套脑或插孔式套脑的孔洞内。如果是与串联式套脑相连，就在乌尼上端的侧面打孔，用皮绳将其与齿形木片上的孔洞穿在一起。乌尼腿弯曲的幅度能撑高哈纳，让蒙古包更加浑圆，来减弱吹到蒙古包上的风力。乌尼的长度一般是套脑直径的1.5倍。

通常，一个标准的蒙古包，有4扇哈纳，能放60根乌尼杆，一圈360度，因此每两根乌尼之间的夹角是6度。蒙古包的伞骨状乌龙，由于这种均匀的间距，能够丈量太阳在蒙古包上的照射时间，几乎可以作为一个天然日晷来使用。牧民能够用它来计时，安排一天的牧业生产；还可以用它来纪年、计节气，推算四时节气；等等。

网状"墙壁"——哈纳

如果说套脑和乌尼相当于房屋的屋顶和屋面，那哈纳就相当于房屋的墙壁。蒙古包的哈纳，有的是单层的，有的是双层的，可以是一个完整的圆筒，也可以由一扇一扇可拆卸的单体组成的圆筒。

哈纳上端伸出的交叉部分叫"头"，用来固定乌尼的末端；下端伸出的交叉部分叫"蹄"，用来插在地上固定蒙古包；两侧伸出的交叉部分叫"口"，用来连接相邻的两扇哈纳。蒙古包的大小，可以通过哈纳的数量来决定。在过去，普通人家的蒙古包一般有4扇哈纳，富裕人家的蒙古包有6~8扇哈纳，王爷和上层喇嘛的蒙古包则有12扇哈纳。

蒙古包的大小，还跟"头"（哈纳上端的交叉部分）的数目有关。哈纳由柳条编制而成，每增加一根柳条，就增加一个"头"。通常选用驼皮钉将两层柳条钉在一起，没有驼皮钉也可以用牛皮钉。哈纳的一条柳条上，皮钉的数量以及间距，决定着蒙古包的高度。驼皮钉少，网眼能撑大的程度高，搭出来的蒙古包会显得矮胖；驼皮钉多，网眼能撑开的程度低，搭出来的蒙古包会显得高瘦。钉驼皮钉时，要规律地留一些气孔，不要把两层柳条都钉死，不然网眼的伸缩性会受限制。网眼结构，能让哈纳头均衡地承受乌尼传来的压力，再传到大地，这就是拇指粗细的柳条能负载千斤的奥秘。网眼还可以检验蒙古包是否平正。网眼大小匀称，受力也就均衡，不仅能保证哈纳处在一个水平面上，还能使整个蒙古包匀称、端庄、美观。但由于材料单薄，网眼的大小要适中才好，网眼太大的话蒙古包会不结实。这种伸缩性，让蒙古包的装卸、运载和搭建变得非常方便，对流动频繁的草原牧民来说，再方便不过了。

因此，在描述蒙古包的大小时，几个哈纳、几个"头"、几颗皮钉一块儿说，会更为准确。

哈纳与门的连接方式有两种。一种是在门框上焊2~3个铁环或打成孔，用绳将哈纳和门捆绑成一个整体。另一种是在门框的两侧另加两根木条，木条上打5个眼来跟哈纳捆绑在一起。

2. 其他部件

木　门

蒙古包的门与普通的门没有什么不同。门框的两边各自打孔，用来穿绳。门的上方有6个用来固定乌尼的木梃。蒙古包的顶棚并不重，乌尼可以直接搭在门上。

通常，门的高度由哈纳可调节的高度决定，这个高度为1.3~1.45米，但新疆哈萨克族的门框能在1.6米以上。有的地方有两道门：一道双扇门，朝里开；一道单扇门，朝外开。冬天的时候，这两道门可以隔出一个过渡

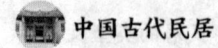

区，避免寒气直接进入房间。

巴　根

随着蒙古包增大，蒙古包的重量也会增加，套脑可能会被大风吹得倾斜或者塌陷，尤其是串联式套脑。因此，跨度大一些的蒙古包要用两根柱子支撑，10扇以上哈纳组成的蒙古包要用四根柱子支撑。根据蒙古包大小、高低的不同，巴根的粗细、高矮也不相同。巴根的称谓各个地方都不一样。通常，短一点的称作巴根，长一点、粗一点倾向于称作柱子。

巴根的样式多种多样，有圆形的、方形的、六棱的、八棱的等。最简单的巴根是一根顶端天然分叉或者做成月牙形的木椽。设计复杂的巴根，会将顶端设计成三角形、丁字形、芭蕉扇形等形状，还会在上面雕刻图案，并用油漆彩绘龙、云、风、水或神仙图案，描画精致，甚至还有描金的。

内蒙古的巴根，只在上套脑、拆卸蒙古包或调整蒙古包的方位时，用它顶住套脑，方便人们把乌尼从哈纳头上拿下来，除了关键时刻用一下，平时就把它搭在两个哈纳的网眼中，根据需要用来放衣服、晒肉都可以。

苫　毡

苫毡覆盖在蒙古包的表面，就像蒙古包的衣服一样，可以防风御寒。蒙古包的苫毡体系与木构体系一一对应，主要有以下几个部分。

檬毡：覆盖在套脑上，多数是方形的，四角缀上绳子，刮风下雨或者夜晚的时候盖上，风和日丽的天气可以拉开，就像天窗一样。

顶毡：覆盖在乌尼上，一般有里外两层，炎热的天气用单层，寒冷的天气用双层，让蒙古包可暖可凉。乌尼像伞骨一样呈辐射状，因此顶毡大多是扇形的，边角缀有许多绳子。

围毡：覆盖在哈纳上，大多是矩形的，有的略呈梯形，边角缀有许多绳子。

脚毡：围绕蒙古包的底部，夏天可以取下通风。

顶饰：就像披肩一样，它是用来装饰顶毡的，代表着身份和地位，有条件的人家或景区才会进行装饰。

脚毡和顶饰是蒙古包苫毡体系的派生物。

3. 蒙古包的搭建智慧

蒙古包看似简单，却非常实用，因为它饱含了深刻的科学和智慧。

实用性强

蒙古包作为一种独具特色、适合游牧民族的民居，具体表现在以下几个方面。

搭建简便：最重的套脑，一个小青年也可以举起来，加上蒙古包组装简便，熬茶的工夫就可以搭建好。

拆卸容易：蒙古包的拆卸比搭盖还简便，两个人不超过十几分钟就可以拆卸一座蒙古包。

搬迁轻松：乌尼粗不过一握、哈纳粗不过拇指，材料又轻又结实，加各个部件可以化整为零，大大减轻了搬迁工作的烦琐程度。

修理方便：因为每一个部分的功能都是独立的，所以任何一部分有问题，都只要修理或者更换相应的部分即可，不必"牵一发而动全身"。

拆组便捷：蒙古包可以拆组使用。比如，在搬迁途中，可以用两扇哈纳、盖上围毡搭一顶小帐篷。

符合科学原理

薄壳原理，容载量最大。懂得物理学的都知道，一个东西做成空心或弓形，能够最大限度实现用料少、强度高、重量轻的效果，国家大剧院、赵州桥都暗含着这个道理。蒙古包也是如此，它使用韧性强、富有弹性的杨木或红柳，组合成一个符合薄壳原理的外壳，因此不必担心套脑、乌尼和哈纳会承受不住。

火罐原理，便于排烟。蒙古包顶部是个半球体，无论从哪个方向来风，都会在蒙古包上空形成一个小的低压区，利用这个低压区产生的风力，能够更好地排烟，所以蒙古包的炉灶特别好用，即使烧比较有潮气的羊砖粪，蒙古包里也绝对不会流烟。普通的烟囱上会按一个小伞一样的装置，就是为了制造一个低压区，蒙古包不用制造就能取得同样的效果。

保暖性强，能抵御严寒。蒙古包的苫毡看似又虚又软，其实非常保暖，外面的冷气进不来，里面的热气也出不去，能抵御-45℃的严寒。沙土刮来的时候，一掸就掉。虽然不太隔音，但如果狼、土匪来了，或半夜起风暴，都能及时察觉，这是游牧民族安全的保障。一些流动性不大的蒙古包还建有热炕。有的把灶盘在蒙古包正中间，与炕相通，熬茶、做饭时就能烧暖炕。有的在蒙古包的西侧挖地灶，通过包内的通道走烟通暖，再从蒙古包东侧的烟囱排出烟雾，取暖便捷。

宽畅明亮，符合光学原理。蒙古包近乎球体的外形，使内部空间最大化，让人坐在里面就像坐在体育场中一样，有一种宽敞明亮的感觉。又因为套脑和乌尼独特的结构，使室内的日照几乎与太阳同步。

蒙古包还有很多优点，比如不怕地震，不惧水灾，有良好的通风性等。如此多令人拍案叫绝的优点，凝结着世世代代草原牧民的经验和智慧，使蒙古包成为独步草原的神器。

第三章

形态迥异——南北民居

民居，与人们的生活密切相关。地域不同，民居的构造、形式、风格和功能也千差万别。

第一节 各地民居差异

1. 地域不同

地域，是以地理位置为基础的人文历史文化空间概念。地域不同，地理位置、文化也有差异。文化的概念广泛，主要体现在社会伦理，政治、哲学，思想、思维，宗教、文学，艺术、科学，民风、民俗等方面，具有民族性、时代性、地域性和继承性。

在地理上，通常以秦岭—淮河一线分南、北。南、北两地的地形、地质、河流、植被、气候，都有明显的差异。这种差异，在传统民居上得到了充分展现和表达。比如北方气候干燥、寒冷，自然风力强劲，甚至常有风沙，但很多地方黄土厚实。因此，北方民居喜欢在建筑墙面的外层加一层黄土，或将墙体建造得厚一些，以保证室内温度。房屋四壁也比较注意挡风、避沙，不太喜欢建造敞开、漏风的建筑物。为了满足日照时长的需要，建筑结构上注重采光，建筑方位基本采用坐北朝南的方式。

南方以热带亚热带季风气候为主，湿热、高温，地势西高东低，有高原、盆地、平原，多丘陵，且河湖遍布，水网交错，植被繁茂，日照充足。所以南方的民居为了达到通风、散热、避潮、排水的目的，多采用穿斗式结构，方便排水通风。山区丛林里的吊脚楼能很好地防潮、防湿，避免毒虫兽蚁灾害。徽派建筑和江南水乡房屋的屋面坡度较大，能很好地排出雨水。南方宅院内常见的廊道不仅能遮雨，还能遮阳。

由此可见，民居要满足人们的生活需求，自然环境起着决定性作用。

2. 建筑材料不同

受地理环境限制，普通百姓在建造民居时，只能就近取材，因地制宜地选用建筑材料。

土坯墙民居

北方多黄土、石材、木料，这些东西就成了北方民居主要的建筑材料，山西的窑洞就是利用黄土来挖建的。北方民居的外墙，多采用土坯墙、三合土筑墙或砖实墙。

南方多竹、木，常见的干栏式建筑就离不开竹、木。外墙的用料上，南方民居多采用砖砌空斗墙，或者直接用木板围就。沿海地区贝壳海产丰富，闽南地区便有用蚝壳建造的民居。少数民族山区盛产毛草，在过去的很长一段时间，茅草屋是少数民族山区最常见的民居。

3. 装饰风格不同

在北方人民的历史长河中，因为我国封建社会时期严格的等级制度，民居的结构、装饰、色彩的等方面同样有严格的等级制度，每一个阶层都有对应的权限。例如，北方的传统民居，走到院门口就能看出主人家的身份和社会地位。以北京民居的大门为例，等级最高的是广亮大门，然后依次是金柱大门、蛮子门、如意门、随墙门，并且在大门的色彩和装饰上也有等级制度。由于北方长期处于政治中心，家具装饰大多富丽、庄重。相对于南方，北方民居在装饰方面，色彩的运用也更为大胆、浓烈，就像故宫的红宫墙、琉璃瓦那样，大户人家和统治阶层还爱雕梁画栋。

南方水运便利，与外界文化交流频繁，经济也相对繁荣，因此室内的家具陈设也深受影响。在民居装饰色彩的运用上，多以清秀、雅致、沉静为主，比如江南水乡多爱的青砖绿瓦。南方多雨，井院排水讲究"四水归堂"，以寓意财不外流。

不管南方还是北方，主要建筑材料都是木材，防火是每户人家都必须考虑和关心的问题。在民间传说中，龙的九子之——螭吻（又名鱼龙），是鱼和龙的合体，能避火、驱邪，所以传统民居的屋顶都会设置象征神兽螭吻的装饰物。

4. 空间布局不同

北方地广人稀，因为春季较短、夏季炎热，民居的房屋和院落设置得宽敞、明亮。庭院是户外活动的场所，视线开阔，造景古朴。比如，窑洞的屋顶就采用弧形拱状，让阳光更容易照射进来。另外，北方社会氛围相对严谨、传统，秩序和规矩早已深入人心。因此，北方民居在空间布局上大多庄严而规整，即便秀丽的颐和园，也暗含"庄严"二字。院子、正房、侧房的设置也井井有条，典型的要数陕北窑洞和北京四合院。另外，北方民居以砖土为主要建筑材料，墙体较厚，楼层不高，一般为单层。像北京这样的地方，在古代，由于政治原因，在天子脚下，人们谨小慎微，也不会把楼层建得多高，多设计为一层楼高。但山西平遥的一些民居，天高皇帝远，没人管，加上有很多居民是经营银行商号的，通常将房屋设计为两层或更高，房高墙厚，能够很好地防备贼寇。

南方多山、多水，建筑选址受限，民居排布紧凑。单体建筑设计精巧，注重功能设置。林园、庭院建造得灵巧、雅致，讲究自然意趣。在漫长的发展过程中，发展出丰富的形式和功能，让人称道的苏州园林就融合了诗歌、艺术、文学等传统文化，形成了独特、内涵身后的庭院文化。南方传统民居，特别是在县城中，造房以砖木为主，墙壁、隔断、楼板都爱用木版，建筑材料轻便，层高多为两层。普通民居的井院中，都会有一个石水槽，洗衣、洗菜都在那里。厨房和餐厅连在一起，再通过木质楼梯上楼，通向卧室。从楼上俯视，青石板铺就的天井中，夏天花团锦簇，冬天孩子们就在那儿打雪仗。这是南方民居常见的格局，各家还会根据不同的地形和需求来设计房屋。南方民居中的院落不大，四周房屋相连，多采用穿斗式结构，灵活地组合房屋。

5. 审美意趣不同

一个地方的审美意识，是受当地的思想文化决定的。

北方受程朱理学文化的影响，注重社会伦理的表达，色彩作为古代表达身份、地位的一个要素，被充分应用到社会生活的各个方面。比如，地位尊贵的人可以用朱红色、明黄色，以显示其尊贵的地位，平民百姓只能用符合身份的黑色、素色。

说到南方民居，很多人脑海中会出现郁郁葱葱的苏州园林、小桥流水的江南水乡。这是因为，南方受自然环境影响，偏爱自然、和谐、轻灵的结构关系。苏州园林造景，自然气息浓厚，最得自然景趣。有条件的人家，就喜欢这种住房连着花园的园林，将小小的园林营造得如仙境一般，缥缈、浪漫。江南小镇，一条小河流淌而过，小河的两岸静静立着青灰色的小房子，颜色淡雅，加上形似马头的防火山墙，给人一种整齐、沉默、静谧的心理感受。南方水资源丰富，屋前、屋后的流水也是一种景致。

南方和北方的审美差异，充分体现在民居建造的各个方面，并给人带来不同的视觉感受。比如在民居建筑的雕刻艺术上，南北方均爱雕刻，但题材的选取方面就各不相同。南方民居多爱雕刻反映生活场景、戏曲场景、历史故事，让自然气息浓厚的园林景观中多出一分浪漫色彩。而北方民居多爱雕刻花卉草木等精巧的图案花纹，融合到端庄、质朴的庭院景观中，给人一种蕙质兰心、清明沉稳的大气感。

第二节 民居营建经验

1. 北方民居营造的特点

建房选址讲究"负阴抱阳"

"负阴抱阳"最典型的就是"背山面水"的格局。"背山",就是背部有所依靠,实现"负阴"的格局;"面水",就是前方地势低,常有流水,能够使屋开阔向阳,实现"负阴"的格局。如此,才能向阳取暖、避风避寒。这是传统民居选址的基本原则,也是打造美好人居环境的基本信条。"负阴抱阳"的房屋格局,能为建筑物获得良好的日照和通风系统。因此,山区民居错落分布,巧妙地利用地形,引导光线入室照射。

引入自然光,组织自然通风

北方传统民居多为封闭式院落,为了获取更多的日照,除了在院落布局和门窗上下功夫,引入自然光也是非常关键的。为了保暖,北方民居的门窗多是固定的。因此,北方民居喜爱造型通透、美观的大花窗。大花窗通风透气、透光照明的效果很好,大小通常在6平方米左右。在建筑形式上,多采用穿斗式,并且利用穿堂引导空气流动,形成自然通风系统。

利用绿植,有效避风

在与自然界的长期斗争中,北方人民知道怎样利用自然界对抗自然界中的灾害。北方风沙多,除了增加院墙的高度、利用地形来避风避沙之外,人们还会在建筑物周边竖起绿墙——树林,以降低风速,达到防风固沙的目的。这样,不仅将绿植融入民居建筑,成为民居功能、景观的一部分,还可以将其排列组合在近郊,成聚落的"卫兵",守卫聚落。而民居的院落中,或者栽种银杏、玉兰、槐树等乔木,或者设置藤架,栽种爬藤类植物,有的会种植丁香等灌木,利用植物的蒸腾作用为庭院打造良好的人居环境。北方庭院景观，多以中轴对称的形式展开，给人四平八稳的感觉，符合院落本身的空间气质。同时采用影壁、垂花门来增强院落的隐蔽性，用甬道、回廊来加强道路节奏感，达到曲径通幽、引人入胜的景观效果。有条件有地位的人家，还会堆叠假山、蓄小水池让来庭院舒爽宜人。

利用墙体结构，防寒避暑

北方喜欢在正房两侧加盖耳房，以防风避尘。北方厚实的墙体之所以能冬暖夏凉，是因为它在炎热的夏天可以阻挡太阳的过度烤灼，在寒冷的冬季又能降低室内热量的散失。北方喜爱使用的墙体大致有三种：生土墙，热系数小、热容性大；砖墙，墙体厚重（厚度在700~900毫米），冬暖夏凉；砖、土组合，既能抗震，又可以冬暖夏凉。

火炉与火炕相结合，有效采暖

让南方羡慕不来的，是北方的火炕。为了减少寒冬里室内外巨大的温差对居住环境的不利影响，北方民居发展出别具特色的围护结构。人们将炉灶与火炕相连，通过采暖通道，用提高局部温度的办法调节室内温度，以满足居住需求。比如山西的一些村落，就利用烟道调节室内温度。生火时，烟火经过烟道灌满全炕，让室内暖和起来，再从墙角的烟囱排出烟雾；夏天高温时，空气会通过烟道流通，带走室内的闷热。北方民居中这种控制室内温差的技术措施，是天然的空调，是劳动人民智慧的结晶。

2. 南方民居营造的特点

适应多变的气候

传统民居因为结构、形态、材料、装饰的不同，形成了不同的类型、风格，甚至派系。每一种民居类型的形成，是由许多因素共同决定的，是人类社会与自然融合发展的结果。南方传统民居类型多样，但看起来都显得和谐、宜居又自然，这些民居都很好地适应了南方当地复杂多变的气候的结果。

与北方相比，南方传统民居的建造环境要复杂得多。南方大多数地方，海拔高度、局部温差差异明显。一座山上，可能山脚令人热汗淋淋，山腰微风和煦，山顶则寒风冷雨；视线范围内，可能这边日光暴晒，那边大雨滂沱。一天之中，一分钟前晴天蔽日，一分钟后电闪雷鸣。很多山区，穿过一条隧道，气温天差地别。

人们就根据山形水势对民居灵活布局，提高其宜居程度。比如，浙江东南部黄南村的民居，就采用坐实向虚的排布方式，最大限度获取良好的风环境和视野景观。

制造风环境，对抗湿热气候

南方气候类型复杂多样，传统民居用不同的建筑形态和建筑方式来应对当地的气候，遵循天时、地利、人和的规则，营造出和谐的居住环境。

由于南方整体潮湿的气候环境，对人的身体健康会产生不良影响，建筑的设计和建造过程中，常常将庭院、廊道、门厅、窗户敞开，最大限度地营建风环境，达到除湿、降温的效果。为营建良好的风环境，南方民居会利用天井拔风、穿堂风、地形风，散掉建筑物内部的湿热之气。

这三种风的基本原理是这样的：当住宅内部的空气，因为灼热的天气受热膨胀之后，会沿着天井向上攀升，天井上空的冷空气则会下坠，形成空气对流，这种对流产生的风，叫作天井风；民居建筑中狭长的廊道、敞开的门厅和窗户，在闷热的天气里，热胀冷缩的空气会通过这些通道和风口，形成空气对流，产生穿堂风；南方多山，由于山脚、山腰、山顶接收的太阳辐射的量不同，由此产生的温差产生了气压梯度，挤压空气流动，形成了地形风。

这三种风都能实现冷热空气的交换，带走建筑物中的湿热气体，保证室内凉爽、干燥。

避开不利因素

底层架空、高筑台基，防潮防湿。南方的很多地区常年多雨，将建筑物的底层架空能减轻地表水汽对建筑的侵蚀，高筑台基可有效提高地面对雨水渗透的作用，让雨水不致堆积最大限度减小雨水对木结构房屋的腐蚀。

构建避风屏障，"藏风""抗风"。南方建筑多为竹木结构，非常轻巧，再加上有些地区，比如南部沿海地区，容易遭受台风等灾害性天气，为减弱大风对建筑的影响，在建造房屋住宅的时候，会利用建筑群以及山行地利构建避风屏障，增强房屋的稳定性，达到"藏风""抗风"的效果。比如：两湖地区普遍存在的"单元重复式合院"，当地人依据夏季风的走向设计街巷的走势。

利用建筑结构遮阳蔽日。南方日光充足，常常烈日暴晒，传统民居多设置深远的挑檐，来遮挡灼热的太阳光，并形成一个阴凉的区域，供人乘凉。街巷也会设置得比较狭窄，使两边的高墙能够有效遮阳，让街巷变得凉爽。

利用水体、植被等，调节局部气候。水升温慢、比热大，南方的许多村落、宅院都设置有水池和水井，在炎热的夏季能够有效地降温制凉，扩大冷空气的作用面，促使局部温度保持在清凉、舒适的状态下，提高住宅的舒适度。

第三节　各具特色的民居

在中国古代，南方和北方不论从气候环境、人口密集度、经济发展情况，还是民情、民风、民俗，都明显不同。所以，南、北民居的建造风格、营建经验和派系发展都有非常大的差异。这种差异，可以通过以下几个典型类别来深入了解和感受。

1. 高度和谐的皖南民居

皖南，指安徽长江以南的地区，是安徽重要的经济、文化中心，历史悠久，沿江工业蓬勃发展，人文景观丰富。皖南多丘陵，古代以徽商为代表商贾发家之后大兴土木，建造了许多风格独特、类型多样的建筑物，包括住宅、书院、庙宇、牌坊、桥梁、亭台等。

皖南民居外形简单，多为穿斗式砖木结构，空间分割精妙，庭院方方

第三章　形态迥异——南北民居

正正，通常有两到三层楼高。宅院外以白色的高墙合围，顶部设有阶梯状封火墙，以三合院、四合院呈日字形或目字形结构进行组合。建筑物内用高墙分隔出小天井，厅套厅、天井套天井，组合成一进、二进、三进或四进宅院。小天井中通风透亮，采用"四水归堂"的格局将雨水引入阴沟。前庭两旁设厢房，楼下设明堂。厢房开间小、进深浅，光线好。上层通廊环绕，多为"跑马楼"。木栏杆精雕细琢，或简洁秀丽，或复杂细致，并用隔扇进行装饰。房屋的外墙，用青石或水磨砖砌小窗，与白墙形成强烈的疏密对比。入口的门框多以青石为原料，再配上水磨砖砌成的门罩或重檐飞角的门楼。大门饰以山水人物的石雕砖刻，给人一种沉静、安闲的感觉。山区气候湿热，民居建筑上仍保留本地人"巢居"的遗风，所以楼上的房间相对宽敞，设有书房，清静、不受干扰。廊上有"美人靠"，读书倦息或内心苦闷时可凭栏远眺，慰藉心灵。

皖南民居这种极具实用性的艺术风格、高度和谐统一的感觉让人心悦诚服，给人带来视觉上和精神上的深层感受。皖南民居的艺术高峰在明朝中叶到明末这段时间，基本与当地的新安画派、徽派木刻版画的盛衰同步。这种盛衰，是由许多方面的因素共同决定的，比如人们的爱好、当地的经济发展状况、文化，以及工匠的技艺等。而清朝，因为雕刻风格逐渐精细、繁复，加深了层次的同时注重构图，也出现不少精雕细琢的佳作。

皖南的民居，多高墙大院，大的能有三十六天井、七十二窗、一百余门，而且具有强烈的、优美的韵律感。古村落中，有粗壮、苍劲的古木，绿林掩映着古老的凉亭、屋宇和牌坊。安静的石板路上，人们来来往往。方亭、小桥、流水，连通两岸，村民在溪边浣洗、小憩。一座座房屋，就这样矗立在山光水色之中，处处洋溢着浓厚的生活气息，品茶、听书、闲谈、欣赏街景，艺术就这样融到了生活中，涵养这一方人的心灵和精神。

在建造民居时，人们会千方百计寻

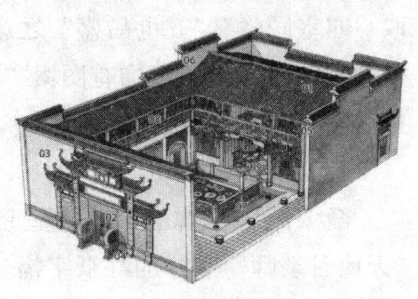

皖南民居创意图

找风水宝地——或依山或傍水，希望求得上苍赐福，子孙昌盛。皖南民居的建造，严守儒家的等级制度，讲究男女有别，长幼、尊卑有序，整体追求一种和谐、节律的人文美。这种特殊的人文情感、伦理关系和文化传承，通过建筑的各个方面表达出来。比如，典型的皖南徽派民居就有以下几个特点。

面北而居

我们知道，传统民居大多坐北朝南，人们向阳而居，但徽州有很多民居是朝北的。从我国古代的阴阳五行学说来看：商属金，南方属火，大门朝南，则火克金，不利于商，不吉利。自古有"商家门不宜南向"的说法，明清时期的皖南，商人发家致富，就回乡建宅，为图吉利，就面北而居。

双层屋檐

皖南的徽派民居有双层屋檐，它的来源和民间流传的一个故事有关。宋太祖赵匡胤发动陈桥兵变，建立宋朝后，亲征南唐后主李煜所在的歙州，到达宁县海阳城外时，大雨突至，为了不扰民，便到屋檐下避雨，可是屋檐太小，加上风大雨急，大家都被淋湿了。天气放晴，百姓开门才看到皇帝，惶恐不已。但赵匡胤并未问罪，只是问："屋檐为什么这么窄？"百姓说祖制如此。赵匡胤说："祖制不能改，但可以再修一个屋檐，方便行人避雨。"于是，徽州民居渐渐都修了双层屋檐。

满顶床

满顶床的床头、床顶、床两侧都用木板合围，床前挂帐幔，床柱取"四室同堂""五世昌盛"之意多用榧木制作。床的两侧通常饰有图案"丹凤朝阳"，上牙板饰有图案"双龙戏珠"，围床的木板饰有"凤凰戏牡丹""鸳鸯戏水"等图案。

压画桌

徽派民居厅堂正中的墙壁上常常挂有裱成卷轴的中堂画、对联或有"天地君亲师"字样的红纸字幅。卷轴下方放一张长桌，桌上放两个固定画脚的"马鞍"。做成卷轴的画幅垂下来，就固定在长桌的"马鞍"上。

这种长桌称为"压画桌"。

空心墙

空心砌筑墙体的方式是比较科学的,通常采用立式与平式交替砌筑的方法,立式砌筑的部分会在内部注土,造价低廉且隔音防潮。这种砌筑方式,实用又美观,今天我们如果从艺术角度去欣赏它,就能感受到它经历历史沧桑的沉淀之后带给灵魂的震颤。

马头墙

"青砖黛瓦马头墙,回廊挂落花格窗",简单、明了地概括了明清时期徽派民居的建筑风格。徽州地区,建筑密集,一家发生火灾,便连片成灾,为了有效防火,便将建筑物两侧的山墙建得高出屋面。这种山墙,沿屋顶的坡度呈阶梯状分布,错落有致,犹如万马奔腾,使沉静、呆板的主体建筑富有动感,因此被称为"马头墙"。如果发生火灾,马头墙就会像防火隔离带一样,起到隔断火源的作用。

2. 缥缈的水墨江南

江南地区,气候温润、地形平坦、土地肥沃,历史文化悠久,在六千年前就进入了农耕时代,孕育过灿烂的良渚文化、河姆渡文化,建筑形态也由干栏式逐渐过渡到穿斗式,对现代居民产生了很大的影响。在唐代,江南地区就已有具有一定规模的官宅区。南宋时期,赵构迁都杭州,江南地区凭借优越的自然条件,不仅把握住了经济发展的机会,民居建筑也获得了空前发展。随着江南地区政治、经济、文化等方面的发展,具有文化氛围的"江南"在明清时期甚至更早的时候已逐渐明确,它指的是太湖东南的大片平原地带,包括杭州、嘉兴、湖州、苏州、松江、常州六府。

选址、布局和形态

江南民居的风格迥异,有江南独特的韵味。因为处于亚热带季风气候区,雨热同期,降水充沛,人们说到江南,脱口而出的是"江南水乡"。

江南的传统民居,多倚靠山坡或沿河道,根据河流决定朝向,正面沿街、背靠河流进行建设。人们临水建屋、沿水铺路、遇河建桥，既适应了复杂的自然地形节约耕地，又创造了宜于居住的环境。江南民居的布局是门—院落—屋三段式空间结构，普遍采用合院、敞厅、天井、通廊等形式进行组建，街道与河道通过桥梁连通，布局开阔又通透，内外空间既有联系又相互分隔。

江南民居，多建成两层或三层的小楼，它合理地结合材料、结构和工艺，给人一种朴素、自然的感觉。底层平铺石条，石条大小不拘，上端平整即可。一楼以砖或石为建筑材料，二层以上主要用木料进行建造。建筑外挑的部分用石柱支撑，形成挑空的天窗、阳台或连廊。如果二楼设有卧室，就会搭斜屋顶天窗，跟现代建筑中的老虎窗一样，不同的是，它没有一个统一的样式，各家各地可能都不完全一致。檐口的长短也不统一，有的短，有的建得像翅膀一样。屋脊高，进深深，防热通风效果好。

江南的民居，或者是一进、二进的普通百姓住宅，或者是四进、五进的官僚大户宅院，虽然结构相对简洁，没有那么多烦琐的装饰。但一些大宅仍旧考究，尤其是厅堂的前后廊，形式多样，常常做成卷棚轩。室内悬以匾额，并用屏风根据不同的用途分隔成若干空间，呈现出复杂的空间层次，不仅合乎逻辑、讲究效能，在视觉上还浑然一体。毗邻而建的房屋大多建成骑楼，它们或两街夹一河，或一街一河，或有河无街。湖州南浔百间楼，就以上百间相连的临水骑楼著称。如果考虑商住两用，就要建廊桥。河边的台阶深入水中，除了洗衣洗菜，还用作乘船的渡口，形成商业氛围。所以，依水而建的廊桥，是一个时代商业的缩影，它不仅给人们的生活带来方便，还赋予河道空间上的变化。

建筑艺术

雨是江南文化中非常重要的一个点，它

江南水道

各式各样,有春之婉约、夏之不羁、秋之绵延、冬之寒凉。江南的风骨,通过江南烟雨尽情地表达着。江南民居没有马头墙,墙和窗都不爱雕饰,时间一久,白色的墙体中慢慢沁上墨色,与顶部融为一体,一眼看去,就像用了国画中的泼墨技巧。江南烟雨中的黑白两色,经过时间缓缓渗透、融合,形成了独特的风格。

徽派建筑

坚守持重是江南的底蕴。这里的人吃苦耐劳、性情坚韧,使江南民居得到了很好的保存和延续。江南民居轻灵、缥缈,棱角笔直,没有臃肿、笨拙的堆砌感,让它们能够踏破时空,永恒地留驻在静静的水面之上。这种建筑艺术,时至今日仍旧点染着我们的心神。我们可以安然地坐在漆黑的乌篷船里,看雨、听风,沿着水道,看着廊桥上来往的行人,老人们围坐道旁打牌,木匠师傅投入自己的世界中,酒馆也忙忙碌碌,一切都那么简单、自然、平静、平常。

现代意义

随着时代发展,江南以干净、朴素、淡雅为主的民居文化拥有越来越重要的现代意义。我国一些设计师,会将传统江南民居的风格和文化内涵与现代建筑设计相结合,包含现代科技家具设备的同时,还具有传统江南民居清幽、素雅的感觉,丰富和发展了当今建筑设计事业。

3.瑰丽的岭南民居

唐朝时期,岭南指的是岭南道,泛指中国南岭以南的地区,甚至包括越南红河一带,现在特指广西、广东、海南、香港、澳门、台湾等地区。岭南文化是中华文化的重要组成部分,由岭南地区特殊的气候环境、融农业文化和海洋

岭南民居屋顶

文化于一体的文化环境，不断汲取外来文化之后，慢慢地形成独树一帜的文化。岭南民居借鉴中原合院式建筑的营造经验，融合江南地区的建筑特征，同时根据自身地理位置、自然环境、文化习俗，经过各个朝代的传承和发展，形成了一套独特的营造法式，具有强烈的区域特征。

空间格局

"外封闭、内敞开"的空间特性。

岭南以院落为主的民居，局部齐正、铺砌整齐，通常为三间房的宽度，最多不超过五间，即便家族较大，房屋需求大，宁愿再建造一个院落，也要保证空间格局的向内性。另外，为了保证空间格局的封闭性，使所有空间都能连接到院落，房屋的进深大多为一间。无论如何扩展，都要求中轴对称、主次分明。

不管是从功能上，还是空间上，厅堂都处于核心位置。不管是日常待客、家庭休闲、亲友团聚，还是办红白喜事，都在厅堂进行。为适应岭南地区的湿热性气候，岭南民居的厅堂几乎都面向天井敞开着，附属建筑之间通过檐廊、连廊相连，能够防雨防晒。以"三座落"宅院为例：门厅会客，接待亲友；中厅举行各种仪式，里面摆设长案、桌椅，墙上挂有对联、书法、绘画；后进大厅供奉神龛，用来祭祀祖宗。从前进到后进、从门口到后厅，逐渐增高，俗称"步步高"，寄予了人们希望后代子孙一代胜过一代的心愿。

在古代，人们以家庭、家族为本，因此多以院落的形式，以家庭或族为单位共居。这种共居的最高原则是内部独立、完整，据此发展而来的伦理观念，反映在民居的空间格局上，有以下两个特征。

第一，空间格局"外封闭、内敞开"。民居建筑通常以天井为中心，四周建筑均敞开着面向此空间，形成一个外部封闭、内部敞开的空间。"外封闭"，是指外围的厝和围墙呈封闭式，外墙不开窗或开小窗，与外界隔绝开来。因为人们不希望受外界干扰，也不愿意去干扰他人，所以不管家庭、家族规模大小，均爱建造这种外封闭的建筑，独门独户居住。"内敞开"，是指民居建筑内部的厅、堂、房都向天井或花巷开窗户，进行通

第三章 形态迥异——南北民居

风采光,通过门、廊、小道,将原本相对独立的外埕、花巷、厅堂和天井连成一体,形成以天井为中心、完整有机的院落空间体系,实现了空间上的交流。这种"外封闭、内敞开"的空间特性,及其"外实内虚"的空间概念,具有较强的封闭性和私密性,能最大限度满足人们生活上、心理上和精神上的需求。

第二,空间布局的秩序性。秩序,是古人伦理教化的具体反映,通常指尊卑、长幼之序,反映在建筑上就是:内外分明,主从分明,正偏分明,向背分明。人们通常可以宅院的布局,判断房屋主人家庭成员居住的位置,也能从居所位置看出个人在家庭、家族中的地位。

前埕后厝的布局

岭南民居的风格、样式多种多样,除了前文讲过的围屋、土楼、碉楼,还有许多风格独特、特色鲜明的民居建筑。以潮汕民居为代表的岭南民居,多采用中轴线对称的格局分布,建成坐北朝南的方形院落。整体分割成前、后两部分,前半部分叫作"外埕",后半部分叫作"后厝",形成"前埕后厝"的总体布局。

前埕,也叫外埕,进身浅,大多用贝灰(蚌壳、蚝壳)和沙土为材料夯筑,少数用石材建造,有一定规模的民居都会设置。前埕一般有三面围墙:大门正对的围墙加高,叫作"照壁",左、右各设一座门楼——俗称"龙虎门",左侧的称为"龙门",右侧的称为"虎门"。围合起来便是前埕。前埕作为建筑的前奏,有的没有围墙,有的还会在正面设一座门楼。

后厝,位于前埕的后方,包括中轴线上的主座、左右对称的从厝及其他配套建筑。这种建筑布局在潮汕随处可见,如果各进的建筑从前往后逐步拔高,可以增强建筑物的气势。在一个建筑群中,如果因为地形或其他原因不能以中轴线一气贯通,还可以

前埕后厝

分几段来相互连接。

后厝是主建筑,所以它的井院是最大的。不管是三开间、五开间,还是更多开间的厝座,都由敦实的山墙及其木构承重。为了获得更大的使用空间,还在厝内的明间和次间之间按一定的秩序排列成梁架结构承重。

书斋庭园

在过去,书斋和庭园作为房屋主人学习、休闲的地方,私密、清静,可将其视为一片隐蔽的乐园。如果家中有一个书斋、庭园,主人在其间,可以放松精神,整合思想,提高学识,诗意地生活。岭南民居的庭园、住宅、书斋通常是一体的,规模一般不大,但具有地方特色。

檐　廊

岭南居民的书斋,布局通常不受限制,多为三开间,一般与起居室相邻。但有的自成院落,两侧设有天井小院,院中布置花草树木,所以书斋内光线充足、环境清雅,适合读书、学习,还可以做会客之用。书斋要安静,一般不会正对正屋厅堂,可由天井通过檐廊入内。

宗族祠堂

宗族祠堂,一般有三种形式:单落式(一院、三间房)、双落式(二厅、一天井),三落式(三厅、二天井)。多数宗族祠堂建筑都是在这几种形式上进一步变化的,有的横向发展,向两边延伸出从厝和花巷,有的纵向发展,在天井中增设拜亭。

单落式宗祠一般用于较小的祠堂或分祠,有三间正房,中间一间为厅堂,只有一进。厅堂靠后的地方设神龛,靠前的位置用来祭拜。正屋前有一小院,设有院墙或门楼。双落式祠堂最为普通,拜亭一般会设在大厅前的天井中。三落式祠堂的拜亭一般设在中厅,但也有前、中、后厅都设置拜亭的。

拜亭装饰华丽、精美,设置讲究,一般刚好处于祠堂的中心位置。如

■ 第三章 形态迥异——南北民居

果设立八根立柱，内部的四根采用四方柱，外部的四根会采用圆柱或八棱柱，内方外圆，表示方圆相济，是希望族人对内要讲规矩，堂堂正正做人，对外要圆滑处事。

祠堂的外部要求开阔，有的挖有池塘或种植榕树等乔木。三落式是祠堂最

祠 堂

经典的模式，厝座一般坐北朝南，一进与二进之间、二进与三进之间设有天井，左右有通廊，中厅一般用来接待客人或宗族议事。三进的大厅是祠堂的核心，是放置神龛、香案及列祖列宗牌位的地方，在正中还悬挂着堂匾。过年过节或者祖宗的忌日，儿孙就要前来祭拜。子孙远走他乡，如外出创业，也要在离开前来祭拜，向祖宗"告别"。子孙做了有损门庭的事要以家法处置，并在祠堂列祖列宗前认罪。祠堂承载着家族的精神和使命，是一族人聚会、议事、协调族内矛盾的场所。

乡村聚落

乡村聚落，大多是由血缘关系派生出来的空间关系，一般为了突出宗祠的核心地位，或者以宗祠为中心进行布局，或者将宗祠设在村落的最高处。整个聚落，由宅院连成巷街，再由街巷串联出村落，布局规整，尺度适当，特色鲜明，可以保持千百年不变。它在空间上注重邻里、亲缘关系，在布局上表现出一种亲和力。聚落前方通常有溪流或池塘，聚落中以巷道相通，入口在村头、村尾。聚落掩映在一棵棵榕树之中，四周青山绿水，人们出门就能相互碰面，巷头厝里书声琅琅，老人在树下驻足乘凉。这种向内团聚的空间结构，集结了人们的日常生活。在这里生活，邻里亲近，极易产生认同感和归属感，令人感到安稳、祥和，从而建立内部的秩序和邻里观念。

它的选址讲究"气""势"，需要勘察山脉、水流的走向，运用风水学中阴阳、五行、八卦理论学说推演出风水宝地。岭南地区通常将左有流水、右有道路、前有池塘、后有山丘的地方看作风水宝地。不管是从风水

角度,还是实际需要的角度出发,都要求靠近水源、靠近良田、交通便利。如果水源不足,人们就会挖池塘,引溪流造风水池。因此,水网密布、江河众多的岭南,大型乡村聚落几乎都沿江河分布,中小型乡村聚落也都要分布在溪流或池塘边。

五行墙

五行墙和内地的马头墙一样,也是封火墙,但它的设计概念、外形和装饰与马头墙完全不同。岭南人利用五行的生克原理,来设计风火墙的外形,寄予封火、防水的期望。

五行,指金、木、水、火、土。五行相生,指木生火、火生土、土生金、金生水、水生木;五行相克,指木克土、土克水、水克火、火克金、金克木。原始的五行学说,力图用五行来代表世界的本原物质,赋予它们阴、阳属性后,再利用阴、阳二气的此消彼长、五行的相生相克来解释世界万物的衍生。

五行学说影响深远,在我国古代历代相传。受汉朝"天人感应"思想的影响,五行被授予不同的人文含义,在很大程度上影响了传统风水理论。在风水学说中,五行不仅代表东(木)、南(火)、西(金)、北(水)、中(土)五个方位,还按照山峰的外形,将其划分为金、木、水、火、土五类,潮汕地区的工匠依据这些学说演变出金星、木星、水星、火星、土星五种形式的墙头。人们会根据建筑物的周围环境,及其所处的方位,再结合房主的生辰八字,按照五行学说选定山墙的样式、决定脊头的处理方式。有的民居也会按照五行相生原理,设置两种墙头,比如主座属金,按照金生水的原理,从厝(或"伸手")就建造成五行属水的造型,有的还能以"上"生"下"或"下"生"上"。这一切,务求相生、不相克,达到居宅平安、人丁兴旺的目的。

五行墙

作为封火墙的五行墙，因为高于建筑物，一般是艺术装饰的重点。它们造型丰富，最令人注目。

龙船屋脊

因为靠近河流，人们常常通过对船上生活的演绎，来表达内心的崇敬之情。这种感情，随着时间被延续到民居建筑的造型之上，刻画着这方水土之上的人们勇敢、直爽的性情。因此，岭南犄角般造型突出的龙船屋脊，与内地圆润、柔和的建筑风格不同，它飞檐峭壁，霸气外露，显得气势非凡。

龙船屋脊

不管是五行墙，还是龙船屋脊，主色调都是黑色、红色、白色。这种色彩搭配反差极大，是北方民居难以接受和使用的，那为什么会被岭南民居大规模地使用呢？其根本原因是两个地区的生活方式不同。南方船帮的颜色多为红色和黑色，人们爱用与自身生存和生活密切相关的事物，来营造生活氛围、慰藉心灵，获得心理上的归属感和安全感。这便是三种看似不和谐的色彩，不但能被接受，还被大规模使用的原因。岭南民居的五行墙、龙船屋脊、墙壁上有许多浮雕，工艺复杂、精巧，因为多采用蚝壳灰、石灰进行雕塑，当地多称其为"灰塑"。灰塑是岭南建筑特有的雕刻技艺，它与五行墙、龙船屋脊，是岭南不同于围屋的建筑特点，是岭南建筑独有的风格。

硬山顶

岭南民居的屋面采用悬山顶的不多，一般都采用硬山顶。潮汕位于沿海地区，抵御台风是民居的基本功能。想要抵御防风，就要求房屋低矮、坡度平缓。如果厝身低矮就会难以通风散热，因此只能降低屋顶的高度。但屋顶高度降低，屋面坡度减缓，不利于排水，容易导致漏雨。

能满足各方面需求的，只有硬山顶建筑了。硬山顶屋面为"人"字形，屋脊处，也就是屋顶两坡的交界处，通常用瓦片或砖铺砌而成，屋顶、正脊基本采用直线，比悬山顶更能抵御台风，防火性能也更好。而且，硬山顶屋面出檐不长，不易遭受风吹雨打，更适应雨多、台风多的地区。

硬山顶建筑的屋顶曲线少，多为直线形，外观硬朗，能产生一种刚健美，在造型上容易与山墙等构造相呼应。房屋两侧的山墙，通常与屋面齐平或略高于屋面，为了修饰和突出山墙，可沿山墙再设置垂脊。

潮汕名句注重屋面、屋脊和垂脊的处理。有的屋脊陶瓷压顶、中脊嵌瓷，屋面多用青瓦覆盖，少数用红瓦覆盖，瓦片抹灰成垄。一般家庭的屋面覆盖双层瓦，上层为压七留三，底层为压三留七；讲究人家的屋面会覆盖三层，压八留二，瓦片密集，之后再在两瓦之间压瓦，便于排水隔热，使屋面刚度和整体性都得到加强。为了突出门面，可以在大门、大厅开间的屋顶设置一对垂脊，还可以起歇山顶，形成门面。屋面的脊饰通常采用传统的嵌瓷灰塑，使其轮廓鲜明，富于变化。

柱

为有效地抵御台风和地震，檐柱、金柱、副点柱、石地、石础被大量使用，立柱与柱础之间以叠柱、坚柱或落地柱的方式结合，使地面构造与地下基础刚柔相济。立柱大多采用石柱，少数采用木柱。檐柱设在门楼和天井四周，打磨光滑、做工考究，明朝多用方形、海棠形或六棱形棱柱，清朝多用方形棱柱，民国年间开始使用花瓣形棱柱。金柱一般立于抬梁式梁架之下，是最粗壮、最重要的柱子。副点柱是分别设在前金柱之前、后金柱之后的立柱，一般采用圆形或八角形棱柱。圆形棱柱出现在明朝以前，八角形棱柱大致出现在清乾隆年间。对比明朝，清朝的立柱更精致，形体更流畅，细节更丰富，有的还用图案进行装饰。民国时期的立柱，柱身、柱头、柱础都饰有纹样，甚至是西洋纹样，形式和图样更为丰富。

直接落地、没有柱础（也称"柱珠"）的立柱叫作落地柱。但多数立柱是配有柱础的。立柱竖立在柱础上，可防虫防蛀。柱础与立柱紧密结合，圆的配圆的，方的配方的，八角形的配八角形的。柱础在明朝之前多为复盆础或鼓形础，形式简单，只有一层，之后造型就丰富起来了。

梁 架

潮汕民居的梁架一般采用人们熟知的抬梁式梁架或穿斗式梁架。

抬梁式梁架　　　　　　　　穿斗式梁架

除此之外，主梁架和檐廊梁架还有另一种形式——回字纹方曲梁架。回字纹方曲梁架，在传统夔龙方曲的基础上吸取了外来的装饰纹样，在金柱上设置一根横梁，横梁上方镂刻回字纹方曲，这种梁架装饰意味很浓，别具一格，很有研究价值。

回字纹方曲梁架

为了适应当地的气候环境，潮汕民居还有一种梁架——抬梁式与穿斗式相结合的梁架。这种梁架，梁、柱密集，柱与柱之间用横木穿连，将整个构架上下左右连成一个整体，可以将屋面的重量直接传递到地面或石基上，从而有效抵御台风和地震。大户人家这样的大型建筑，就经常采用这种梁架结构。有的民居，明间采用抬梁式梁架，次间采用抬梁式与穿斗式相结合的梁架，最大限度满足使用需求。

就遗存的实物来讲，明朝的梁架古朴无饰，不上漆，少用雕饰。清朝梁架的基本构架形式不变，变的是梁架上的配件和装饰，从简单向繁复

抬梁式与穿斗式相结合的梁架

变化，而这种变化也延续至民国年间。

装饰艺术的特征

岭南民居的装饰艺术，有雕刻（木雕、砖雕、石雕等），有塑造（灰塑、嵌瓷等），有彩绘（灰塑彩绘、描金漆画、平面彩绘等）。有以下几个特点。

装饰广泛。门窗户扇、墙头屋脊、外墙檐下、梁架下，无处不有。

题材丰富。岭南民居的装饰除了采用日常生活场景、民风民俗场景外，还大量采用与历史故事、神话传说、神佛仙道、仙禽瑞兽、奇花异草等相关的图案，根据不同的位置和用途，灵活运用，来表达人们对幸福安康的美好愿望。

色彩明艳、丰富又热闹。岭南民居装饰烦琐、细密，具有炫耀性。它们通过色彩充分展示自我，用色大胆、炫丽、涂以金漆、绘以朱红，密密层层地在墙头、廊下、屋脊、檐口等处进行装饰，表意丰富、涂料新颖，给人富丽、炫目的视觉效果。

岭南人营建民居时，用心纯正、细腻，不惜金钱和时间，力求尽善尽美，将"精致"二字发挥得淋漓尽致。在组织建造房屋时，房屋主人会请两班工匠斗工，嘉奖得胜的一方，不少工匠艺人都不遗余力地相互竞争。这种方式，在清光绪年间到民国年间非常盛行。我们现在看到的岭南民居丰富精美的建筑艺术，很大程度都源自这种斗技斗艺的竞争环境。这种斗工文化不仅激发了民间艺人的进取心，还出现一种有趣的现象，比如，同一民居，有时候甚至同一神龛的两扇门，是由两班工匠制作的。但这两班工匠所做的装饰，风格、内容迥异却又珠联璧合，可见当时匠人技艺之高深。

第三章 形态迥异——南北民居

前厅藻井金漆木雕

倒挂镂空石雕花篮

雕　饰

岭南民居饰有大量的木雕、砖雕、石雕等雕饰作品，兼具美观性与实用性。这些雕饰用途广泛，小到衣柜、饭桌，大到门窗、神龛，展示人们对生活的热爱，寄托人们的美好愿望。

通过漫长的发展，岭南特色鲜明的雕刻艺术以其独特的技艺、精湛的工艺流传至今。它们工艺细腻、色彩浓烈、气息古朴，将工艺和艺术完美地结合起来，既满足人们的物质需求，又满足人们的精神需求。建筑雕饰作为一种精神文化，岭南民居在不同的历史时期、地理环境、经济环境中，呈现出不同的风格，集中体现了各个时代社会的物质文化水平。

木　雕

由于地理位置和气候环境因素，岭南民居有通风散热的需求，因此面向天井的房屋要大面积开门开窗，这让木雕技术有了现实需求和发挥空间。岭南民居的木雕工艺，工艺种类繁多，有浮雕、透雕、圆雕、镂雕等，被大量地使用在门窗、隔扇、壁板、檐廊、梁架等木构上，常常多种雕刻手法联合使用，工艺精巧、细腻，雕刻生动、流畅，有类似晚清精雕细琢、装饰华丽的风格。

岭南的木雕工艺，大都采用具象手法，把实际物象加以变化、组合，造型古朴、洗练、画面饱满、厚实。它具有浓厚的伦理色彩，能够将美观性与实用性完美地结合在一起。它题材广泛，主要取材于当地的山川名胜、民俗风情等。它构图均衡，主要利用线条进行分割，使图案虚实相间、层次分明，画面结构严谨又富于变化。

木雕工艺，属于柔性造型艺术，线条流畅，讲究线、面结合，强调节奏感，根据雕刻位置、工艺类别的不同，选用不同的木料。岭南民居的木雕装饰，大多取材于樟木、椴木、楠木、黄杨木等。较硬的木材一般用于高浮雕装饰，雕刻后再抛光、染色、打蜡，增强光泽度。质地脆弱的木材，比如杉木，可以进行镂雕、线刻或薄雕。

岭南木雕中最出名的，是广东金漆木雕。金漆木雕，是在木材上进行雕刻之后再上漆贴金的一种工艺手法，木材一般是樟木。色泽艳丽的彩漆，不仅可以保护木质，还能起到美化作用，所以岭南地区的民居看起来金碧辉煌、富丽堂皇。贴金的题材主要为山水、人物、花鸟之类，工艺手法有五彩饰金、黑漆描金、全面贴金等，其中以黑漆描金最为精巧。金漆艺人要在狭小的版图上分布图案，展现丰富的内容和景观，3寸大小的木门窗格上就可以雕刻出10多个人物，有的戏曲人物所穿的衣服上还雕有复杂的花纹，衬上通雕背景，技艺可谓精美绝伦。金漆木雕与传统建筑紧密结合，不仅在民居建筑上使用，还在许多小件物品中使用，如屏风、神龛、茶柜、桌案等，能从视觉上扩大房屋的空间感，很适合从远处欣赏。

岭南传统民居的木雕装饰艺术，根植于中华民族的传统文化，是大陆文化与海洋文化兼容并蓄的结果，并为本地历史文化提供了研究资料。

石　雕

岭南潮湿、多雨，林木繁多，在建造民居的时候会非常注意防范雨水的侵蚀和虫蛀，所以台基、柱础等都会用石料建造，有的柱子、梁架、门厅的构架等都用石材建造，并对其进行精心雕饰，形成了岭南民居独特的石雕艺术。

宋代建筑文献《营造法式》按雕刻面的高低起伏，将石雕的雕刻手法分为素平（无花纹）、减地平钑、压地隐起（浅浮雕）、剔地起突（高浮雕，去地）等几种。岭南民居的建筑

岭南民居中的石雕

雕饰，基本是在"剔地起突"的基础上发展和演变出来的。它构图内容丰富，排布紧凑、有序，虚实相间，层层镂通，就像双面绣一样，两面都可以观赏。它的留空着眼于画眼，主体突出的同时显得空灵、通透。

大梁、立柱、柱础、斗拱、雀头、门窗等不同的构件，会采用不同的雕刻手法。随梁枋、牛腿、穿枋等承重构件，通常采用减地平钑和素平的手法进行雕刻。比较接近视线，但不承重的构件，则单层或多层镂通雕刻，力求精美、细腻，突出表现主体的艺术形象。

砖　雕

砖雕，既是精美的装饰艺术，又是建筑艺术的重要组成部分。它与百姓的生活密切相关，是岭南传统民居中非常常见的雕刻艺术。岭南地区砖雕的主要材料是水磨青砖，常见的雕刻手法有高浮雕、浅浮雕、透雕、阴刻、线刻等。一个作品中常常几种雕刻手法交叉使用，精细的有七八层，甚至有更多的层次，艺术效果强烈。

与北方的砖雕相比，岭南的砖雕小巧玲珑，也更加精致，不像北方砖雕那样粗犷雄浑。岭南古村落中的砖雕雕刻精细，有的细如发丝，因此被称为挂线砖雕。在工艺上，还可以采用翻模工艺、合成技巧、窑前成型（烧制前就塑造好形态）等方式，制作出可复制的砖雕外观。

砖雕的面积大小不拘，按照拼贴方式大致可以分为组合砖雕（把一个砖雕分为好几个部分，做好后再拼成一个完整体的图案）和单块砖雕。组合砖雕，有的需要上百块砖雕共同拼合，一般用在照壁、柱子或者墙头等面积大一些的地方。单块砖雕用途广泛，可以装饰神龛的边框、各种底座、窗台或阳台等。

有些砖雕集彩绘艺术、陶瓷艺术等于一体，依照花样图案雕刻后，一块块拼接、镶嵌到墙上，形成一个完整的作品。与传统雕刻相比，砖雕更加讲究气韵和灵动性。一件完整的砖雕作品上，工匠会塑造高山流水、林禽鸟兽或生活场景等相关图案，通常树木繁盛，花草秀丽，人物及其服饰清晰、明朗。更有趣的是，在不同的时间段，因为光线的差异，它能够呈现出黑、白、灰等不同的色彩效果，亮的位置通透玲珑，灰的位置层次丰富,黑的位置悠远静谧,画面流畅且富有节奏感。

通花嵌瓷

嵌瓷的主要原料是瓷片。陶瓷的产销地在烧制陶瓷时,会产生很多废弃的陶瓷,当地居民会将这些陶瓷剪成瓷片,用来装饰房屋的檐头、屋脊、照壁、山墙等。清朝后期,嵌瓷艺人会与陶瓷作坊合作,特地烧制较薄的低温陶瓷,并施以彩釉,专门用来剪贴,这个时期的嵌瓷色彩丰富、绚丽。

岭南濒海地区的人们发现,用沙子、水泥、红糖、纸混合制成糖水灰建造的墙体比普通墙体更能抵挡潮水洪涝的侵蚀,用这种糖水灰粘贴的瓷片也非常牢固,能够长久地暴露在风吹日晒之中。而且,糖水灰的黏性和可塑性,都比较适合用在人物的面部和手肘等比较精细的部位。

嵌瓷工艺主要分为平嵌、浮嵌、圆嵌(立体嵌)三种。嵌瓷的基本步骤是:先将糖水灰调匀成浆,然后塑形,再用钳子剪出需要的瓷片,将瓷片拼贴、镶嵌成需要的图案和造型,最后根据需要贴金、描银、勾线、描绘等。由于是纯手工制作,所有作品都无法翻模,每一件都需要花费时间用心创作,都是独一无二的。

明末清初,由于崇尚奢华的社会风气,嵌瓷工艺发展得精细、华丽,岭南各地乡镇活跃着不少嵌瓷制作队伍,潮州的沙溪、金石、凤塘等地还涌现出很多技艺精湛的嵌瓷世家。到了现代,国家级非物质文化遗产项目镶嵌代表性传承人卢芝高,坚守嵌瓷工艺40多年,借鉴我国其他传统艺术,带领自己的学生为福建许多古庙、祠堂、民宅先后创作了大量的嵌瓷壁画作品,将古老的嵌瓷艺术发扬光大。

嵌瓷民居

嵌瓷作为我国非物质文化遗产,经历上千年的发展。它与岭南民居交相辉映,完美地结合在一起,让我们能够更直观、更深入地了解岭南充满地域色彩的建筑装饰艺术。

■ 第三章 形态迥异——南北民居

灰 塑

灰塑,古时候又叫作灰批,是古代的祠堂、寺庙、道观、豪门大宅常见的室外装饰艺术,造型简洁、线条遒劲、色彩浓烈、清晰,多运用自然色彩,有浓厚的民间装饰风格。它以彩绘圆雕、漏空雕、高浮雕的形式沿墙或屋脊构型塑造,主

岭南灰塑

要材料是生石灰、稻草、纸筋、矿物质颜料、钢钉和钢线等耐碱、耐酸、抗高温的材料。所以岭南一些古村落的祠堂、寺庙至今还有灰塑作品遗存,其中保存最完好、规模最大、装饰又华丽的是岭南灰塑作品代表——陈家祠。

灰塑题材丰富,民间故事、花鸟鱼虫、传统吉祥物都会被用来创作,具有通俗性、故事性、教义性、寓意性。屋脊上的灰塑装饰造型夸张,人造的比屋子还大,树造得比山还高,带有浓厚的装饰性,但人物景象又相得益彰,人站在地面上看,感觉舒适自然。岭南灰塑结合国画的构图方式,书画结合,以建筑房顶为中轴线,两边对称装饰,显得稳定平衡。在具体塑造的时候,大致要经过以下几个步骤。

定骨架。灰塑装饰的形态、大小,及其摆放位置,不仅要考虑作品的透视关系,还要根据建筑的结构特点进行设计,所以灰塑艺人一般都现场设计草图进行创作。建筑与装饰的整体性强,造型层次丰富,突出了屋与屋、房与房的层次结构关系。灰塑装饰的景物之间会捕捉痕迹地进行镂空设计,这些镂空的地方同时也是风孔,能消散风力,减轻台风的侵袭。根据设计思路定骨架,定骨架的时候要用钢钉打入建筑定位,再用铜线固定,这样才能确保成品牢固,并使其能与建筑物融为一体。

塑形。塑形的每一道工序都是有工序和时间要求的。先要批底——用草根灰往定好的骨架上包灰,每次厚度不超过3厘米,隔1天包一次,每次包灰前都要把上次包的草根灰压紧实,层层包裹,直至成型。然后要用

颜料搅拌纸筋灰上色灰面，反复上两次才能使色泽长期保持。完成批灰后，就可以定型和修型了。

上色。定型和修型完成后，接下来就是上色。上色要按由浅到深的顺序进行，上好一层色，等三四个小时以后才再上第二层色，最后用黑色颜料勾线。上色和批灰要同时完成，颜料才能渗到灰塑里，灰塑与颜料一起氧化，颜色会更加鲜艳，上完色之后2天要使灰塑雕塑保持适当的湿度，让颜料被完全吸收，这样色彩才能保持长久、不褪色。

岭南地区的灰塑用色是在自然色的基础上加以调和的，具有鲜明的民族特征，这是因为多数民间艺人是农民出身，对大自然有较深的感触，所以作品设色大多来自大自然，比如花的红，树的绿。灰塑艺人协调色彩，将对生活和大自然的热爱反映到灰塑作品的色彩之中。岭南的灰塑作品，多用喜庆的暖色调，巧用补色，底色统一，每幅画面都有不同的主题和内容，画面色彩丰富、协调又统一。

勾边。岭南灰塑一般会用黑色、红色或白色等单色进行勾边，加强建筑轮廓立体感的同时，协调画面的统一性——这种手法经常被用在许多传统的图画性艺术作品中。

在分析了岭南灰塑的制作、构思、结构、造型和上色之后，我们不难发现：岭南灰塑作为中国优秀的传统文化，能在恶劣的室外环境中经受百年风雨仍保存完好，传承了中国传统文化内在精神的同时，对现代建筑装饰工艺也有重要的参考价值。

彩绘。我国的春秋时期的住宅已经使用彩绘进行装饰了。传统彩绘主要有三种：旋子彩绘、和玺彩绘和苏式彩绘。旋子彩绘，是古代官宦府邸的装饰彩绘，画法讲究，大多是象征牡丹花的旋子花纹；和玺彩绘，仅用在古代帝王宫殿中，以象征权威的龙凤为题材，大量使用金粉，庄重、华丽；苏式彩绘，多在江南等地的园林建筑中使用，以山水花鸟等为题材，构图灵秀，图样繁多。颜色的使用，在古代也是需要遵守等级制度的：《礼记》中有"楹天子丹，诸侯黑，大夫苍，士黈"的记载，明朝有"亲王宫饰朱红，室饰大青绿"的规定。

■ 第三章 形态迥异——南北民居

旋子彩绘

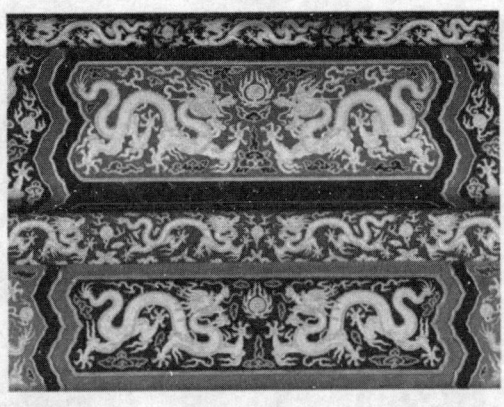
和玺彩绘

岭南民居的彩绘装饰以苏式彩绘为主,常常用花果草木、虫鱼鸟兽、山水风景、戏剧传奇等做主题彩绘,"郭子仪拜寿""穆桂英挂帅""水漫金山"等非常常见,色彩艳丽,无不反映着岭南的区域特色。

苏式彩绘

彩 绘

火车、轮船、西洋仕女在清末至民国年间也出现在民居建筑的装饰画中,一方面反映了海洋文化对岭南民居的影响,另一方面体现了岭南人紧跟时代步伐的思想文化意识。

古代的装饰彩绘,大多采用自然矿物颜料,有朱砂、石绿、石青等,即便日晒雨淋,色泽仍经久不褪,这一点是现代很多颜料无法比拟的。彩绘工匠匠心独运,一笔一画、一丝不苟地进行创作,所以它们不仅得到了社会应有的尊重,成为民居家中的座上宾,也设计创作了许多五彩纷呈的彩绘作品,为彩绘艺术做出了卓越的贡献。

中国古代民居

知识链接
"三合土"夯土筑墙

夯土建筑在殷商时期就有了,到汉朝更加普遍。烧砖技术成熟之后,夯土墙逐渐被砖砌墙淘汰,但潮汕民居不仅将中原地区的夯土技术沿用至今,还大量使用,主要的原因有二:一是肥沃的土壤稀缺,烧砖用的泥土是优质土壤,会影响农业发展;二是该地盛产灰沙、蕴藏大量贝灰原料,用灰沙土、贝灰合成的"三合土"夯筑墙体造价低廉,能历百年不坏。所以潮汕民居多用"三合土"夯筑土墙,与广府的青砖墙、潮汕周边的闽南红砖墙明显不同。根据文献记载,可以按3:1将贝灰与沙拌成三合土,有的还会掺秫米浆、红糖水,反复捣拌熟化之后再立模分层打夯。为了保证夯土墙的质量,打夯的时候要严格控制含水量。含水量小,黏性就不足;含水量大,虽然容易夯筑,夯土墙干燥收缩之后容易开裂。搅拌三合土的时候,如果能捏紧成团、抛下落地即散开为好,工匠一般根据经验结合这个方法拌和三合土。打夯时,为了使建筑更加牢固,外墙转角处或交界处会用竹片木条加固。用贝灰沙夯筑的土墙,质量好的连铁钉都无法钉入,可历经数百年风雨不倒。为防患水灾和火灾,只要有条件,都会在建筑物的外围夯筑封火墙。

4. 方方正正的云南"一颗印"

滇中附近,许多彝族人民和汉族人民杂居在一起,逐渐发展出一类风格鲜明的民居——"一颗印"。这种民居通常有三间正房、四间耳房,倒座深8尺,外观犹如一枚方方正正的印章,所以得名"一颗印"。"一颗印"在云南广泛分布,它的出现,在很大程度上是受到了四合院的启发。汉、彝两族人民根据当地的地理环境和气候环境,统筹人口情况等诸多因素,因地制宜地对普通的四合院进行了改造。

"一颗印"以小天井为中心,两侧设置耳房,前后为正房,通向外界的大门处设有倒座和走廊。滇中附近,因为地势高低不平,能够建造居宅的平整地块又小又稀少。因此,为了有效利用土地,天井通常设计得相对狭小，房屋会建成2层楼。

正房一般一排设三间房，中间是客厅，而两侧是卧室，多由家中长辈居住。正房二楼中间的大堂是祭拜先祖或拜佛的地方，其他两间房屋可以设置成卧室或做存放粮食的仓库。天井左、右两侧是耳房，可以设置厨房、杂物间，或者家中小辈的居所。从耳房通到正房有几级台阶，耳房也比正房略低，以示尊卑，这完全符合古代传统家庭生活中尊卑、长幼、内外有序的礼法要求。

云南高原地区多风、多雨，且多为山区，树林繁茂，为了防范野火和野兽，窗户一般设置得比较小。正房与耳房高低相错，互相之间并不相连，建筑外观美观，同时能有效避免墙壁上产生斜向裂缝，预防漏雨。屋顶设置为里长、外短的坡形屋顶，采用厚重的筒板瓦进行覆盖，外墙还增加了高度。这样，不仅有利于天井通风，还能有效缓解排水压力，而且能使人视野开阔，不会因为井院小就产生逼仄之感。

屋顶都有突出来的房檐是正房的房檐被称为大厦，耳房以及走廊的房檐被称为小厦。这些突出的房檐，可以遮雨，还可以遮挡强烈的太阳光线，方便人们雨天避雨通行或烈日下遮阳，帮助居民更好地适应低纬度、高海拔地区的特殊气候。

"一颗印"无论是山区、平坝、城镇，还是村寨，都宜修建，墙高、窗小，空间紧凑，体积不大但灵巧方便。它采用穿斗式梁架结构，没有固定的朝向，外部由土墙或土坯围着，能单幢建造，也能联幢建造，能豪华，也能简朴，实用性强，是多民族文化融合的产物。

这种民居的建筑构造，带有独特的地理特点，与北方的四合院有着明显的区别。因此，"一颗印"成为我国五大民居建筑形式之一。

5. 贵州布依族石板房

石板房存在的环境

贵州的少数民族布依族住的房子，通常只有檩、椽、构架用木材进行建造，其余屋顶、墙体等均由石板、石块建造，因此得名"石板房"，由石板房组成的村寨就叫"石头寨"。

贵州过去的生态环境恶劣、生产力落后，自古就有"天无三日晴，地无三尺平"的说法，所以人们通过架空而居的方法来防潮、通风、预防虫害。当地人就地取材，用竹子、石板、木材等建成布依族的石板房、苗寨的吊脚楼、侗族的鼓楼、彝族的杈杈房等，这些建筑物就像生长出来的一样，一户户聚在一起，形成几户到近千户不等的村寨。

据历史记载，布依族源自古代百越人的骆越一支，他们能够建造茅草房、石板房、夯土房、吊脚楼等不同类型的房屋。其中，石板房是非常独特的一种。贵州西部山势陡峻，山岩较多，居住在此处的布依族男子个个都是石匠，取石建房，墙高数米，不需要砂浆等胶粘剂就能建造出非常坚固的墙体。在一个村寨中，通常一家建房，全寨出工帮助，只有雕图刻字才需要老石匠出手。

贵阳附近隶属于贵阳的县以及安顺管辖的几个县是贵州石板房集中分布的两个地区。从梁架结构来看，贵阳附近的石板房通常建造成悬山式，安顺地区的石板房通常建造成硬山式。石板房，除了基本的梁架结构是木材之外，其余的基本由石块、石板建成——地面用石板铺就，楼板用石片垒建，水缸是大石板拼成的四方体，牲口槽是用石块凿成的，厕所也都由石板建造，等等。石桌、石凳、石缸、石臼、石磨、石灶台等家具用品，建筑的颜色在整体的灰调子中，呈现出白、蓝灰、浅土红等色相，充满一种原始、古朴的文化气息。

石板房的房屋格局

石板房的布局简单、实用，房屋格局多数按照一明一次或一明两次的方式配比建造。一明一次的房屋布局，通常前厅是生活空间，后部隔出一小间做厨房，右侧的次间分隔成前后两间用来居住。一明两次间的房屋布局，通常前厅是生活空间，后部隔出的小间用来居住或堆放杂物，两个次间也都前后分隔成两间，右侧后间用作卧室，左侧后间多做厨房，前间可分别设置成火塘和卧室。有些石板房会有更多的分隔方式，平面布局也略有不同。

建筑的结构和建筑材料

石板房虽然看上去是由石头建造的，其实四周的石板墙并不承重，承重结构是穿斗式木构房架，石料只是保护结构，以及屋面的防水材料。石板房以传统的立帖式屋架为主，单排屋架由柱、瓜柱、穿枋以卯榫结构组合。木构房架都包在石材墙体内部，所以柱子要粗一些，穿斗式的梁架部分的木料相对细一些。

用来建造墙体的石块，按照不同堆砌方法可分为乱毛石、平毛石、方整石等，外观自然、朴实又富于变化。

根据砌筑方法的不同，可以将墙体分为两种——壁头墙和砌墙。壁头墙，是在木构架的柱枋之间，将大约3厘米厚的长方形石板放入柱枋间的空当，然后在石板内外两侧的边缘处用铁钉入柱或枋，铁钉钉入一半，露出的一半能够将石板固定住。砌墙，就是用乱石片，像垒砖头一样砌出大约40厘米厚的墙体。在片石上下平整，砌筑横缝结构致密的时候，在光影下会呈现出细密的凹凸不平的纹理，能够给人一种朴素、轻巧的美感。

美丽的鳞状屋面

石板房的屋面非常特别，很多布依族人喜欢用裁切得比较工整的石块，每块石片大约2厘米厚，错落叠压，铺成鳞状屋面，在白天的光线下下，像是闪闪发光的鱼鳞一般，令人印象深刻。

大部分石板房的屋面均采用双坡排水，但不用像瓦片屋顶那样留出排水沟，这些乱石在屋面形成自然的弧线形排水通道。屋顶每个坡面边缘的石板都大一些，中间部分用的石板稍小一些，以便形成屋面曲线，牢固结实，不容易被风掀掉。可以把屋顶中间的几块石片换作玻璃，便于采光。因为石头容易风化，石板房的屋顶十年左右就要翻修一次。

屋脊处的屋面一侧石片压住另一侧的石片，然后砌上整齐的石片，形成一道突起的屋脊。

房　基

通常依山而建的石板房，台基较高；依坡而建的石板房，住宅前部的台基同时用作挡土墙，房屋的后部高出地面30~50厘米，四周用石块或石片砌筑，内部填土夯实找平。牲畜间与室外形成半地下关系，民居顺着石头路上的台阶直接进到室内。室内用石板铺砌，既平整又防潮。

门　窗

门洞较小，四周以整块石条砌成，门槛较高。窗的洞口也偏小，洞顶有的做成尖拱顶，有的做成圆拱顶，有的用石过梁等，有的是独立的洞口，有的是并列的洞口。少数人家的门以一侧的门轴为轴线，向内偏转45度角，能够有效地遮挡过往人群的视线，有类似四合院中影壁对视线的限定作用，使门内形成一个隐秘性强的私人空间。

装　饰

石板房的装饰重点是山墙挑檐处象征吉祥的"龙口"，其正立面精雕细琢。墙角的石柱也做了细致的雕刻，有整柱，有接柱，装饰花纹与挑出的龙口和墙面相互配合，整体给人自然、朴实，不见矫揉造作之感。

山房民居

6. 山东海草房

海草房可以说是世界上最具代表性的生态民居之一。以石为墙，海草为顶，冬暖夏凉，百年不腐。它主要分布在我国胶东半岛的威海、烟台、青岛等沿海地带，特别是荣成地区更为集中。据考证，海草房从秦、汉至宋、金逐步形成并在胶东半岛广为流传。到了元、明、清则进入繁荣时期。

荣成地处沿海，夏季多雨潮湿，冬季多雪寒冷，在这种特殊的地理位置和气候条件下，民居主要考虑冬天的保暖避寒，夏天的避雨防晒。于是，当地居民根据生活中长期积累起来的独特的房屋营建经验，以厚石砌墙，将海草晒干后作为材料苫盖屋顶，建造出海草房。

用于建造海草房的"海草"不是一般的海草，而是生长在5~10米浅海的大叶海苔等野生藻类。海草新鲜时为翠绿色，晒干后变为紫褐色，非常柔韧，当年荣成等地沿海生长着许多这样的海草。海草的质量也分好赖，据介绍，老的海草要比嫩的耐用，而冬、春两季的海草要比夏天的海草结实。一年四季海草春荣秋枯，长到一定高度后，遇到大风大浪，海潮就会将其成团地卷向岸边。沿海谁家要盖房子了，都会提前到海边收集海草。人们将这些海草打捞上来，晒干整理，等到盖房子时使用。由于生长在大海中的海草含有大量的卤盐和胶质，用它苫成厚厚的房顶，除了有防虫蛀、防霉烂、不易燃烧的特点外，还具有冬暖夏凉、居住舒适、百年不毁等优点，深得当地居民的喜爱。

盖海草房最关键的步骤就是往屋顶上苫海草了，因此当地人盖房又称"苫房"。苫房的原理其实跟建造瓦房安装瓦片有相通之处，只不过是用海草从下往上一层压一层地苫好。海草房苫房绝对是一门手艺，一栋海草房的好坏、使用时间的长短，主要取决于海草是否苫得严密。因为只要屋子不漏水，墙是很难倒的，可以一直住下去。为此，人们一般都请那些代代相传、具有经验丰富的"苫匠"来帮助建造海草房。据说苫一间海草房要三四个人花上十几天才能弄好。

苫屋顶的材料中除海草外，还掺有麦秸。苫房的时候，每苫一层海草要加一层麦秸，这样会更加结实。只是海草较长，将麦秸全部遮盖住了。为了抵御大风，海草房的屋顶还要特地覆盖一层更厚的海草，也有个别的再盖上一层瓦，在当地被称为"压脊"。根据原理，只要最上面一层没有被风吹掉，下面一层压一层，也不会被吹掉的。屋脊的建造左右倾斜50度角，苫盖的海草最厚处达4米，建造一座海草房所用的海草常常在5000公斤以上。

海草房的平面布局与胶东的地理气候条件、当地的民俗，以及当地人的生活习惯密切相关。胶东半岛为多山、多丘陵地区，沿海的居民多选择面海、地形较平缓的阳坡建房。由于能用作地基的地块不多，村落中海草房的密度较大，院落狭小，街道较窄。村落多沿山坡横向展开，呈条状布置。

海草房有三合院、四合院、正厢院等样式。每户农舍多为一进三合院或四合院布局，三合院由北侧的正房、东西两侧的厢房和南侧的院墙组成。四合院其他部分和三合院相同，只是改院墙为倒座（倒房）。

海草房有"人"字形的两面屋顶，也有垒垛形的三角形屋顶。冬天的雪融化后，雪水可以顺着这个垒垛形的三角形屋顶迅速地向下流去，减轻雪水对房顶的压力；夏天的雨水可以从这个垒垛三角形迅速地流下来，不会漏入屋内。为防止大风将房顶上的海草刮跑，朝向大海的那一面通常还罩上渔网，用石块等小件重物做坠子垂脚。

海草房的墙面一般都用天然石块或砖石混合砌成。显得朴素又别具风格。海草房依地势而建，连靠在一起的海草房，俗称"接山"。"接山"形成的门洞走廊，颇具农家大院色彩。海草房的迎门正房一般为3间，山墙上还镶有"拴马石"。

海草房给人们留下深刻的印象，许多文人墨客不吝笔墨对它进行赞美。我国著名画家吴冠中在荣成为海草房写生之后，还留下不少精彩的赞美性文字："那松软的草质感，调和了坚硬的石头，又令房顶略具缓缓的弧线身段。有的人家将废渔网套在草顶上，大概是防风吧，仿佛妇女的发网，却也添几分俏丽。看一眼那渔家院子，立即给你方稳、厚重的感觉。大块石头砌成粗犷的墙，选材时随方就圆，因之墙面纹样规则中还具灵活性，寓朴于美，谱出了方、圆、横、斜、大、小、曲、直石头的交响乐。三角形的大山墙，在方形院子的整体基调中画出了丰富的几何形变化，它肩负着房盖上外覆的一层厚厚的草顶。"

胶东的海草房，亦如它独具特色的样式和悠久的历史，也蕴含着丰富的地域文化，承载着当地人在建设家园时的风俗习惯、思维方式、行为规范、祭祀信仰等。据当地老一辈居民讲，在建造海草房之前，要选定基地，择吉日动工。砌墙基时也很有讲究，在地基槽的四个角要压上元宝或象征元宝的东西，叫作"压宝"，以求富裕、吉祥。在这一天，还要煮一锅热腾腾的饺子吃，饺子也如同元宝一样，充满了吉祥与喜庆。海草房建成后，要举行"支锅""祭祀""拉席上炕""糊窗、贴窗花、挂门帘"等一系列活动。所有这些，无不渗透着胶东浓厚的风土人情，有的民俗一直沿袭至今。住过海草房的那些老人，提起这些习俗，仍旧充满向往。

7. 门比窗多的朝鲜族民居

早在1700多年前的《三国志》里，就记载了早期生活在东北的朝鲜族人民的居住方式:"居处作草居土室,形如冢,其户在上,举家共在中,无长幼男女别。"约一千多年前,朝鲜族已经形成了自己特有的建筑形式,并且根据屋顶形状、所用建筑材料、屋内结构划分出不同的类型。在突兀秀拔的长白山下,延边居住着朝鲜族同胞。他们依傍山势,开发了大量水田,世代在这里繁衍生息。

朝鲜族民居保持了我国唐代以前的民居风格,日本民居的形式也与之相近。屋顶常为四坡水,实际上就是官式建筑中的庑殿顶,只不过没有正脊上的螭吻和戗脊上的神兽罢了。居室则是白天做起居室,夜间做卧室。室内处处可以席地坐卧。

自古以来,朝鲜族人民喜欢选择在背风朝阳、依山傍水、环境幽雅的地方建房。房屋呈大屋顶形状,外观上中间平如行舟,两头翘立如飞鹤。组成大屋顶的线、面均为缓慢的曲线和曲面,屋脊等主要轮廓线均涂为粗白线。稳重、质朴的曲线和曲面以及椽子以外的大白轮廓线条,正是朝鲜族大屋顶与汉族、日本大屋顶的区别。朝鲜族民居常见的一般有草房和瓦房两种形式。传统的瓦饰有绳纹、网纹和吉祥的文字。圆形或半圆形的莲花纹瓦垄。整齐黑色的瓦垄、耸立的屋脊、雪白的墙壁,给人一种清新、舒适、整洁的美感。多面向南、东南或西南,有院落。屋顶多由四个斜面构成,主室上多为"人"字形,两翼斜坡较小,用谷草或灰瓦片覆盖。每套房屋正面开一扇或四扇门,同时开窗。后面一般也设门和窗。室内分设寝室、厨房等。有的盖有厢房,作为住房或仓库室,地面用土砖或片石铺成平炕,进屋脱鞋,席炕而坐。室外屋基离地60~70厘米,外有台阶。朝鲜族民居的屋内结构主要有单排和双排两种。单排式结构的房间排列如同"月"字,房间之间只有横向间隔而无纵向间壁。双排结构的又叫双筒子,房间排列如同"用"字,房间之间既有横向间壁又有纵向间壁。而无论单排结构还是双排结构,都会分割出许多房间——原因是朝鲜族在历史上深受"男女有别"等观念的影响,孩子们长大了,男女各自都有单独的房间。

无论什么类型的朝鲜族传统民居,只要走进房屋,第一个感觉就是有很大一个炕。炕，是朝鲜族人在室内的主要活动区。有的炕上，亲友们在围桌对饮；有的炕上，妇女们在做活计；还有的炕上，孩子们在玩耍。炕大，散热面积就大，到了冬天屋里就会特别暖和。在延边地区的朝鲜族房屋内，灶坑更是别具一格，它下陷于地下，底部低于地面，上部还有盖板，盖板和锅台、炕面形成一个平面。据说，这种灶坑既好烧又卫生。

唐代住宅朴素自然，在质朴平淡中蕴含着丰富隽永的诗情。真正的唐代民居现在已经看不到了，但吉林延边的朝鲜族民居，却保持了浓厚的唐代风格。在这里，我们仍然可以领略到唐代以前我国人民盘膝而坐的生活方式。

朝鲜族民居的前面一般都有偏廊。廊板的来源能远溯到我国古代建筑，在建造宫殿时，常常采用短桩台基，用成组的小短柱作为台基与基础，这样既可以通风，又可以防潮。朝鲜族民居在房前设置廊子的原因，是室内全部为火炕。进门时，必定要有脱鞋的地方，廊内还可以乘凉、休息、放置杂物。

朝鲜族民居给人的第一感觉是门比窗多，各室用拉门相隔，前后门和拉门较多，出入很方便。廊内为双扇拉门，窗棂极密。很多时候门窗不分，门当作窗子用，窗子也可作为门通行。

门窗多为直棂，横棂的较少，在内部糊白纸。在东北寒冷地区，一般住宅做以厚砖墙、土坯墙以防寒冷。而朝鲜族民居则用薄墙、大面积火炕的做法来御寒，这是很有特色的。到了夏季，就显示它的适用性了。不论门还是窗户，都带有纵横交错的细木格子，并贴上窗纸。对窗格子的形状十分讲究，花格种类多，长短结合，方圆照应，疏密相间，力求整齐、大方、鲜艳，为东北亚地区所罕见。

朝鲜族民居不设厢房，为独栋单体房，绝大多数没有院落和围墙，人与人之间的关系亲善和睦，如同一家人。

8. 依山建筑的彝族土掌房

土掌房，又名土库房，是土墙土顶泥巴房，为彝族先民的传统民居，距今已有500多年的历史，后期彝、汉混居，融合了部分汉族民居的特

■第三章 形态迥异——南北民居

点,逐步形成具有地方特色的民居建筑,堪称民居建筑文化与建造技术发展史上的"活化石"。土掌房多半被建在斜山坡上,尤其是那些人口比较集中的大村寨,远远望去,高低错落的平顶房,像阶梯一样一级级向上,显得十分整齐美观。

土掌房一般为长方形平房,一列三间,正中为厅堂,入门右上方设一火塘,称为"锅庄",由三块石头支撑,为全家的生活中心,进食、取暖、照明、会客、议事等都围着火塘进行。入门左侧为牲畜圈,上面搭有放置饲料的木桁条,右侧为卧室或储物间。富庶人家还会修筑三合院或四合院,院内有天井,屋内有厅房、厢房、上房,人畜分居,装饰完整,门帘格扇,精雕细琢。外部有高大的围墙和二三层高的碉楼。居室外墙不开窗,有的开个小方洞,用木条纵格或竹笆遮蔽,也有用椽子与墙交接的空隙透光,或利用大门作为直接采光口,因此室内黑暗,这主要是为了抵御风沙。正面的大门通常设置两道:一道为板门,往里开;一道为栅门,向外开。门下有高门槛,以防家禽牲畜出入。滇南土掌房分为前、后两层,后一层有楼,一般上、下各设三间房。下平房做厨房并堆放柴物家什,后层堂屋设置火塘,用于会客,两边为住房,楼上堆放粮食。滇西三房、一照壁的布局一般上方为主房,两旁为耳房,下方为面房,面房多为两层,下边是畜厩,上边住人。屋子中部设置高约一米的火塘。

土掌房大部分建筑材料是竹、木、沙土、块石、山草等,过去用砖瓦者甚少,近来渐多。一般河谷与高山地区略有区别。河谷地区多用土墙、板瓦,内部门户隔板都用木板,梁柱及椽子的连接全部用木榫。高山地区多用竹墙、板瓦,内部间隔亦用竹墙,梁柱、椽子多用竹材或竹木混合,多用竹篾、山藤绑扎,板瓦上用石块压实,地坪一般夯土填平。

土掌房大门入口和屋檐是装饰的重点,常常在大门上做各种拱形图案并常有门楣。门楣刻有日、月、鸟兽等图案,封檐板刻有粗糙的锯齿形和简单的连续图案;屋脊中部及两端有简单的起翘及起拱,山墙的悬鱼、屋檐的挑拱、垂花柱、屋内的梁枋、拱架等也雕刻着牛头、羊头、鸟兽、花草等线脚装饰和连续的浮雕图案;室内锅庄石上及石础、石门槛上雕刻怪兽神鸟、卷草花木等彝族传统图案；门窗隔扇及室内木隔板上刻有对称、均匀、连续的四方雷纹及圆形花饰、动植物木雕花纹、小花格窗等，极富建筑装饰效果，体现了彝族人民的审美情趣和建造艺术。

　　土掌房之所以冬暖夏凉，是因为这种房屋的建筑结构与众不同。它以石块为墙基，用土坯砌墙或以土筑墙。有的房屋大梁架在木柱上，镶上垫木，铺上茅草和稻草，草上覆盖一层稀泥，再放上细土夯实而成。有的大梁架放在土墙上，梁架上铺木板、木条、树枝或竹子，上面再铺一层土，洒水抿捶后形成平台屋面。由于土掌房均为土墙、土屋顶，冬季冷空气不易侵入，房内热量又不易外散，能够起到保温的作用；夏季虽然烈日高照，但土房传热很慢，房内温度就比外面低。这便是土掌房冬暖夏凉的主要原因。

　　土掌房还有其他优点。第一，房屋顶是平面的，可用来晒粮食和其他食物，免受家禽牲畜糟蹋。第二，防水性能好。只要注意保护平顶屋面，不必担心漏雨，一般可使用几十年上百年，而且翻修也比其他类型的房屋省事得多。

第四章

经典特色民居

第一节 名宅、名院、名园

1. 最大的四合院——恭王府

恭王府始建于清乾隆四十一年（1776年），是清朝规模最大的一座王府，占地面积100多亩。恭王府最初为和珅的私宅，清嘉庆四年（1799年），和珅倒台，此宅归其胞弟庆僖亲王永璘所有。清咸丰元年（1851年），咸丰皇帝又将它赐给恭亲王奕䜣，奕䜣成为这所宅子的第三代主人之后将其改名恭王府，恭王府之名由此沿用至今。奕䜣死后，恭亲王的孙子溥伟继承该宅，成为恭王府最后一任的主人。"一座恭王府，半部清朝史"是历史地理学家侯仁之对恭王府的评价。

民国初年，这座王府被恭亲王的孙子溥伟以40万块大洋卖给教会，之后由辅仁大学用108根金条赎回，并用作女子学堂。新中国成立以后，恭王府曾作为公安部宿舍、风机厂、音乐学院等使用。

恭王府由府邸和花园两部分组成，府邸建筑分东、中、西三路，每路由南自北都以严格的中轴线贯穿着多进四合院的院落组成。中路最主要的建筑是银安殿和嘉乐堂，殿堂屋顶采用绿色琉璃瓦，显示了中路的威严气派，同时也是亲王身份的象征。东路的前院正房名为多福轩，厅前有一架两百多年的藤萝，至今仍长势良好，极为罕见。东路的后进院落正房名为"乐道堂"，是当年恭亲王奕䜣的起居处。西路的四合院院落小巧精致，主体建筑为葆光室和锡晋斋。精品之作当数高大气派的锡晋斋，大厅内有雕饰精美的楠木隔段，为和珅仿紫禁城宁寿宫式样。府邸最深处横着一座两层楼的后罩楼，东、西长达156米，后墙共开88扇窗户，内有108间房，俗称"99间半"，取道教"届满即盈"之意。花园名为"朗润园"或"萃锦园"，花园与府邸呼应，也有东、中、西三路。中路以一座西洋建筑风格的汉白玉拱形石门为入口，以康熙皇帝御书"福"字碑为中心，前有独乐峰、蝠池，后有绿天小隐、蝠厅，布局精妙。东路的大戏楼厅装饰清新、秀丽，缠枝藤萝紫花盛开，恍惚间，人们仿佛感觉自己回到那个时代，在藤萝架下观戏。戏楼南端的明道斋与"曲径通幽""垂青樾""吟香醉月""流杯亭"等构成园中之园。花园内古木参天，怪石林立，环山衔水，亭台楼榭，廊回路转。月色下的花园景致更是变化万千，别有洞天。诸多中外游客慕名而至，寻觅着翠山碧水、曲径幽台诉说的如烟往事。

2. 绿竹猗猗——上海古猗园

古猗园，位于现在的上海市嘉定区南翔镇沪宜公路218号，是五大古典园林中规模最大的一个。它由明朝擅长竹刻、书画、叠石的朱三松以"十亩之园，五亩之宅"的规模精心设计营建，园中设有亭、台、楼、阁、水榭、长廊等，椽、柱、长廊上雕刻了千姿百态的竹景，显得生动典雅，又因园内广植绿竹，于是以《诗经》中"绿竹猗猗"之意取名"猗园"。

上海古猗园

第四章 经典特色民居

猗园约在万历末被转让给翰林李名芳之子李宜之，明末清初又先后为陆、李两姓所有。清乾隆十一年（1746年），叶锦买下猗园，次年大兴土木，进行了重修并扩建，更名"古猗园"。

重修后，园南围墙外有河，船可由此入园，园门位于园北，向西而开。园中以戏鹅池、逸野堂为中心进行布景：有小云兜山、小松岗和两座无名土山；有泛春渠和通园外的河道；有梅花亭、幽赏亭、怡翠亭、孕清亭、仿雪亭、孤山香雪亭、嘉树亭、荷风竹露亭；有绘月廊、承香廊和一无名曲廊；有听雨轩、鸢飞鱼跃轩、西水轩、柳带轩；有岭香阁、环碧楼、翠霭楼、浮筠阁；有浮玉桥、磬折渡桥；有春藻堂、坐花斋、清馨山房、书画舫、蝶庵、药栏等建筑。园内广植竹，还专门开辟了一个竹圃，展现"绿竹猗猗"的意境。

清乾隆五十三年（1788年），由嘉定地方人士捐款，购买了古猗园做城隍庙，香客均入内游园。清嘉庆十一年（1806年），再次对古猗园募捐整修。清咸丰十年至同治元年（1860—1862年），太平军动乱，古猗园中的一部分建筑被毁。之后，南翔各行业公所陆续修复了一些可用的建筑，同时增建了一些行业集中议事的场所，之后又在园内开设酒楼、茶肆、照相馆等。此时的城隍庙已名存实亡。

民国二十一年（1932年），一·二八事变之后，园内残垣断壁，假山倾倒，花草树木枯败断折。次年4月，当地爱国人士朱寿朋、陈少芸、王荃士、李梁才等60人署名成立古猗园整理委员会，募集6000银圆进行局部修复，并新建补阙亭，全园面积为27亩（1.8万平方米）。民国二十六年（1937年），八一三事变，南翔遭受战火，园内大部建筑被毁。

抗日战争胜利之后，古猗园以公园形式对外开放，当地人又集议修复古猗园，先后筹款重修了缺角亭、不系舟（书画舫），新建了微音阁、南厅、白鹤亭，并种植了一批树木花草，但景色已远不如前了。

中华人民共和国成立之后，经过多次修复和扩建，达到现在146亩的规模。

现在的古猗园，全园可以划分为逸野堂、戏鹅池、松鹤园、青清园、鸳鸯湖、南翔壁6个景区。园中有紫竹、佛肚竹、龟甲竹、方竹、凤尾竹等数十个名贵品种，翠竹或端庄挺拔或婀娜多姿，夹道三五成群地矗立着。园中碧水潋滟，有典雅的亭台楼阁，有韵味隽永的楹联字画，花石小道依景绕行，显得古朴、清雅、洗练，引人入胜，形成了古猗园独特的造园艺术。

文明悠悠传载千年，历史兴衰沿革古猗园。从明朝就传承发展到今天，有着江南苏杭园林特色的古猗园，仍旧熠熠生辉，为上海这颗明珠镶上了一颗绿宝石。

3. 民间故宫——山西王家大院

王家大院的历史兴衰

山西有很多大院，其中规模最大、最具代表性的当数王家大院了。王家大院依山而建，院落错杂相套，拥有"五堡""五巷""五祠堂"，最初的总面积达到15万平方米以上，建筑规模宏大，是清朝民居建筑的集大成者。经过清末几十年的战火，大院多有损坏，保留的王家大院分东、西两片区域，还留存大约4.5万平方米。所以，王家大院被誉为"华夏民居第一宅""民间的故宫"。

王氏家族，源出太原，由于生活艰难，先祖王实带着家人向南迁徙到静升。到达静升的王实一家在这里边耕地边经营豆腐坊，起家后，逐渐投资各种生意，通过边贸把中原特产贩卖到少数民族地区，逐渐发展成一方巨贾。康熙、乾隆、嘉庆年间，是王氏家族的鼎盛时期，除了营造住宅、祠堂、坟茔和开设店铺、作坊外，还在当地开义学、设义仓、修桥筑路、蓄水开渠、赈灾济贫等。清道光年间，王氏逐渐衰败，族中之人有的不再以耕读为本，有的不再经商，有的满足于一官半职，有的安乐于锦衣玉食，几乎无人承继先祖之志，亦无固本守成之心，因此家族凋零，大院内再无人居住。

王家由农及商，由商到官，家资丰厚，大兴土木，经过数百年的陆续扩建，如今留下一座王家大院，作为民族文化瑰宝供后人凭吊。

王家大院的建筑格局

王家大院的建筑格局，继承了我国西周时期前堂后寝的庭院风格，既能满足对外交往，又满足内部的私密性要求，起居功能一应俱全，体现出内外有别，尊卑、长幼有序的宗法礼制。

大院中有五座古堡院落，分别以"龙""凤""龟""麟""虎"五瑞兽寓意建造。红门堡（龙）、高家崖（凤）、崇宁堡（虎）三大建筑群，现作为"中国民居艺术馆""中华王氏博物馆""力群美术馆"开放。这些建筑群规模宏大，是在不同的时期陆续建造起来的。比如：建于清乾隆年间的红门堡建筑群，依山而建，一关辖三门、三门通四院，既像堡，又像城，由左右对称的四排院落组成，三条横巷与中间主巷组成一个"王"字。在保持贵气和官气之外，借鉴江南园林的设计风格，内设九曲回廊，给人曲径通幽之感。

建于清嘉庆年间的高家崖建筑群，包括35座大小院落、342间房屋。主院的敦厚宅、凝瑞居都是三进的四合院。每院都设有祭祖堂，两旁设绣楼，设有厨院、家塾院，有共用的书院、花院、长工院和围院。大小院落，上下左右相通，又相对独立，周边院墙紧围，择地设置四门。

王家大院的建筑艺术

王家大院的建筑，恢宏、大气，但又凝练了朴实、典雅、明丽的气息。

"三雕艺术"（木雕、石雕和砖雕）是王家大院最具艺术特色的，各种石质、木质和砖质构件上多有装饰性雕刻。雕刻技艺上从浮雕、圆雕，到阴刻、阳刻，能数得出的古代雕刻技法在王家大院里都有。雕刻的内容丰富，动物图案有大象、猴子、龙、凤、狮子、麒麟、鹿、鹤、喜鹊、蝙蝠等，植物图案有牡丹、莲花、梅花、兰花、松树、竹子、菊花、石榴等，还有山水舟桥，神话传说、传奇戏曲相关的人物，以及日常生活场景。这些雕刻，充分展现了清朝精美、繁密、纤细的装饰风格，传载着宅院主人对富贵、健康、清正廉洁等的美好愿望和期许。这种美好的期许和愿望，在历史的长河中慢慢变成可以感受和触摸的以王氏为代表的人文历史

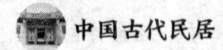

文化。

4. 石砌墙体——牟氏庄园

牟氏庄园，位于胶东半岛的栖霞市北端的古镇都村，是清朝大地主牟墨林（1789—1870年）的族人聚居的地方，是我国保存最完整、规模最大的封建地主庄园，是国家级重点文物保护单位。它怀抱月牙河，背靠凤采山，符合风水学前朱雀、后玄武、左青龙、右白虎的地理特征，被认为是"六百年旺气之所在"的风水宝地。

牟氏的发迹是从牟墨林及其父亲开始的。牟墨林父子早年逐渐发展起来之后，在大灾之年，开仓用粮换地，到土地改革前，已有6万多亩土地、12万亩山岚、155个佃户村、粮仓23处，年收地租660万斤，一度富甲胶东，名扬齐鲁，成为赫赫有名的大地主。

经过200多年的不断扩建，曾占地2万多平方米，陆续建成5500多间房屋，现存480余间厅、堂、楼、厢，三组六院，呈"品"字形布局。主体建筑按中轴线从南到北依次排列，主楼、大厅结构严谨，古朴凝重。北群房及东西厢房构成多进四合院，各院沿南北中轴线依次建大门、前庭、厅堂、寝楼。石砌墙体，堪称中国一绝。

牟氏庄园三组六院的建筑形式都是四合院结构，各院四至六进不等，以中门相通、甬道相连。大厅供奉祖先，主人住楼阁，妻妾子女居住平房，用人住厢房。内部有粮仓、布坊、酿酒坊、油坊、磨坊等不同的功能区，成了一个自给自足的社会体系。四合院重重叠叠，房舍井然有序、疏密有致，既融合了北方传统民居的特性，又展示出牟氏的家族特征，是清朝晚期封建社会的一个缩影。

从美学角度看，牟氏庄园表现出一种朴实的建筑艺术，构件不施重彩，大面积统一在一种朴素的色调之中，兼容了北方建筑的粗犷和南方的细腻，最有特色的装饰是三雕——石雕、砖雕和木雕。它的石雕，精致典雅、卓尔不群，代表作有石鼓、石毯、斗谷墙、六福盼圆石照壁以及色彩斑斓的"虎皮墙"。

"文鼓武狮"：先人是做文官的，家宅中就会摆放石鼓；先人是做武官的，家宅中就会摆放石狮。"西忠来"大门两侧的抱鼓石高1.5米，鼓托、鼓座呈莲花状，鼓面分别雕刻"麒麟呈祥""姜太公钓鱼""福禄寿禧""刘海戏金蟾"4幅图案。这个抱鼓石的石料是玄武岩，含微量的金，在阳光照射下来，石鼓会有良好的光反射效果，显得大门庄重、贵气，使人见之生爱。

进入"西忠来"的正门，迎面就能看到一方造型独特、用石块拼砌的石毯，石毯长6米、宽3米，由566块石头拼成。这块石毯又称吉祥毯。吉祥毯四角均有一蝙蝠图案，中间有3枚相连的石钱，正中间那枚石钱的四角分别刻着一个繁体"寿"字，寓意只要踏福踩钱，便能百福俱臻、好运常伴。

还有建于清同治年间的天然彩石花墙，又名虎皮墙。这道花墙，是牟墨林之孙牟宗朴建造的"宝善堂"外墙，牟宗朴当过栖霞商会会长，他建造的宅邸极尽奢华。花墙长100米、宽2米，由数千块形状各异、大小不等的彩色石块拼花造景，画面乱中有序，远远望去，整个墙体如同一块色彩斑斓的虎皮。

建造牟氏庄园的青砖是牟氏自家砖窑烧制的，都用豆汁浸泡过，能够防止风化和褪色，所以古老的庄园历经百年风雨仍屹立不倒。木雕在牟氏庄园中也随处可见，有蝶恋花、双钱串贯、"卍"字纹、狮子滚绣球等，均精雕细琢，彰显着望族富贵。

牟氏庄园内楼阁耸峙、甬道悠长，以方砖铺就屋笆，以柞木炭衬瓦坡，保暖防潮。梁柱都用上好的木材，根据梁肥柱瘦的原则，房梁粗、柱子细，符合力学原理。

牟氏庄园的老宅，也就是牟墨林的故居，两边突出、中间凹进，就像一把铜锁，锁住风水灵气。院中粗大的紫薇树生命力极旺盛，有100多年的历史了，一到夏季，满树花开，艳如华

牟氏庄园老墙

盖。院中的牡丹也有 100 多年了，芳香四溢的紫藤则有 300 年左右的历史了。整个庄园绿腾绕墙、翠竹掩映、群芳争艳。走进院落中，让人感觉神清气爽。

牟氏庄园，传载的不仅仅是建筑艺术，还传载着人文精神，是百年庄园的活化石，也是传统建筑的瑰宝。单看牟墨林满腹经纶的堂兄牟庭所题、六院之一的"西忠来"大门上雕刻着的"耕读世业，勤俭家风"，它反映的是牟氏家族崇尚的耕读文化和勤俭持家的家训。可见，牟氏庄园是旧封建社会的一个缩影，是中国几千年文化凝聚出来的精华，现在的它承载的是我们几千年的文化和精神。

5. 金龟探水——康百万庄园

康百万庄园位于巩义市康店镇，距市区 3 千米，始建于明末清初。由于它背靠邙山、面临洛水，因而有"金龟探水"的美称。

1963 年被定为省级文物保护单位，2001 年定为国家级文物保护单位，2005 年被授予国家 AAAA 级旅游景区，是全国三大庄园（刘氏庄园、牟氏庄园和康百万庄园）之一，比山西乔家大院大 19 倍。

"康百万"的由来，是当时的庄园主康应魁两次悬挂"良田千顷"的金字招牌，土地商铺遍及山东、陕西、河南三省八县，被称为"百万富翁"。

后来，慈禧太后逃难西安，回銮北京时，路过康庄，康家出钱监工修造黑石关、县城、行宫和"龙窑"，花费了 100 多万两银子，又向清廷捐赠白银 100 万两，慈禧说不知此地还有一个康百万富翁。从此，"康百万"这个皇封就广泛地传开了。

康百万庄园临街建楼房，靠崖筑窑洞，四周修寨墙，濒河设码头，集官、农、商风格为一体，布局严谨，规模宏大。总建筑面积 64300 平方米，有 33 个院落，53 座楼房，1300 多间房舍和 73 孔窑洞。分为寨上住宅区、寨下住宅区、南大院、祠堂区、作坊区、菜园区、龙窝沟、金谷寨、花园区、栈房区等十余部分，庭院建筑基本属于豫西地区典型的两进式四合院，具有园林、官府的一些特点，各类砖雕、木雕、石雕华丽典

第四章 经典特色民居

雅,造型优美,是华北地区黄土高原封建堡垒式建筑的代表。展室摆放的有名人字画和古玩珍宝,其中《留余》匾被选为《中国名匾》之一,是康家教育子弟的家训匾,由清朝翰林牛暄撰写。其中一张楠木顶子床,耗工1700多个,从上到下、从里到外采用各种技艺雕刻,共雕有"麒麟送子""双猩舞绳"等三十六幅图案,由十七个部分组成,拆开可以搬运,结合在一起可以使用,不仅有供主人休息的地方,也有供丫鬟伺候主人的地方,是顶子床中的精品。康百万庄园为我们提供了研究封建社会地主阶级的发家史料,也给我们提供了古代建筑的实物资料,它的砖雕、木雕、石雕艺术,备受各界青睐。

第二节 独具特色——古村寨

1. 安徽宏村——中国古代水利教材

画里的乡村

宏村位于安徽黟县东北部,距黟县县城11千米,占地面积9.17公顷(300多亩)。这是一座经过严谨规划的古村落,它的选址、布局、景致都和水有直接的关系。村内、村外人工水系规划设计得相当精妙,专家评价宏村:人文景观、自然景观相得益彰,是世界上少有的古代有详细规划的村落。被中外建筑专家誉为"中国传统文化中的一颗明珠""研究中国古代水利史的活教材"。

宏村被誉为"国画里的乡村",联合国专家称赞它是"举

宏村民居

世无双的小城镇水街景观"。它背倚黄山余脉羊栈岭、雷岗山,地势较高,有时云蒸雾绕,好似写意泼墨画;四周的山色与粉墙青瓦倒映在湖中,人、古建筑与大自然融为一体,好似一幅徐徐展开的山水画卷。

相传宏村的汪氏祖先先后在歙县唐模、黟县奇墅湖村居住,都曾遭遇火灾。后来,汪氏举家迁居雷岗山下,最初建十三楼。鉴于以往教训,宏村在规划时十分注重水利系统,提高预防火灾的能力,历经400余年、几代人的努力,特别是明永乐年间宏村76世祖汪思齐请风水先生勘定环境,对建筑设计、构造,宏村的整体布局才最终定下来。

在科学的村落布局中,水起着重要的作用。整个宏村采用仿生学,以牛的形象为原型进行布局——以雷岗山为牛头,村口的两株古树为牛角,月沼为牛胃,南湖为牛肚,蜿蜒的水圳(人工修建用来灌溉的水利体系,也兼有泄洪的功能)为牛肠,民居的整体建筑为牛身,四座古桥为牛脚,说"山为牛头树为角,桥为四蹄屋为身",整个村落就像一头悠闲的水牛,静卧在青山绿水之中。

所以说,水系是宏村的灵魂。半月形的月沼,潺潺流水沿人工水圳进入月沼,与地下涌泉汇合后或者环屋绕堂,或者形成水池,然后淌进南湖净化后返回泾溪。这种结合自然和人的力量打造出来的水循环体系,将宏村打造成家家溪流过、户户涌清泉的恬静水宅聚落。

行走在古朴淳厚的巷道中,跨过古老雅致的石拱桥,能清晰地感受到它承载的历史印记和人文精神。书院宽敞、庄重、明亮,院内有百年松柏,一泓碧水之间,置假造景、设亭建阁,是古徽州书香庭院的经典布局。当年汪氏家族南迁,将先进的耕读文化和儒家义理一并带入,几百年间,严谨治学,孕育出读书积善的家学风尚,一批优秀汪氏子弟也在这里成长为栋梁之材。

咸丰五年(1855年)开始建造的成志堂,是宏村徽派建筑的巅峰之作。成志堂采用砖木结构,沿中轴线设置三进院落,有7处楼宇、60间房、9个天井,立136根柱,建筑面积有3000平方米。堂院中飞檐流阁,亭台水榭,回廊相接,气势非常壮观。石雕、木雕、砖雕作品,由20个雕刻工匠用4年的时间精雕细琢，皆栩栩如生、精妙如神。

流金岁月融进了一座座住宅和花园，徽派建筑的浪漫雅俊和艺术风采，在建筑中的每一个地方展现得淋漓尽致。一代代宏村儿女，用如水般平静、轻灵的精神，精心呵护着这片美丽的土地，为后世留下了这个千古称绝的画里乡村。

多姿多彩的宏村

梓路寺位于宏村西南方向3000米的梓岭山弯，原建于唐会昌三年（843年），曾经香火旺盛，游人如织，宋代杭州灵隐寺据载就是依此而建的。梓路寺背靠象鼻峰，左面山脉似青龙，右面山脉似白虎，正前方的山脉有四层屏峰和两座卧佛峰，俯视着脚下3000亩奇墅湖，湖面波光如镜。这里视野开阔，风景秀丽，周围群峰起伏，环境清新幽雅，与奇墅湖休闲度假景区隔湖相望，是一处禅修的胜地。

水圳建于明永乐年间（1403—1423年），至今已有500多年历史，总长1200多米，绕过家家户户，长年清水不断。宏村人的祖先很会利用自然溪水来做文章，他们在宏村上首的池溪河上拦河建石坝，用石块砌成数米宽的人工水渠，利用地势的高低落差，把一泓碧水引入村中。水圳九曲十弯，穿堂过屋，经月沼，最后注入南湖。奇特的是，这"牛肠"的水位，无论天晴还是下雨，总保持在一定的高度——水位总是不多不少低于小桥一点。

敬修堂是宏村清朝民居的典型代表，坐落在月沼北侧西首，始建于清朝道光年间，距今已有180年的历史。它占地面积达286平方米，建筑面积452平方米，屋基高出"月沼"近1米。房屋坐北朝南，正厅前为庭院。与其他民居不同的是，院门外留有10平方米的空地，是夏日纳凉，或冬天晒太阳、小憩、聚会之处，俗称"厅坦"。

敬德堂整幢建筑装饰简朴，屋柱为方形，是宏村明末清初民居的代表作。通过它，我们可以了解古代普通商人的生活情况，以及明、清时期徽州的建筑格局。敬德堂位于宏村牛肠（水圳）下游转弯处，建于清顺治三年（1646年），为"H"形民居。厅堂背向排列，前后厅均有天井，采光性能好。两侧为厢房,南侧为前院,北侧为厨房。厨房里还有一个小天井,东侧还有一座面西朝东的小偏厅和大花园。

树人堂,系清敕授奉政大夫、诰赠朝仪大夫汪星聚于清同治元年(1862年)所建,全屋宅基呈六边形,取六合大顺之意,现在是房主汪升95代孙汪森强的私人收藏馆。为弘扬徽州的历史文化,房屋主人多年来从民间及博物馆收集了明清时期民间老作坊的机械、石质器具、徽州版画、民俗用品、徽商书信用具、宏村族谱等,再现当年徽州社会生活侧影。

桃园居建于清咸丰十年(1860年),因院内种植一棵品种稀有的桃树而得名。桃园居虽说规模不大,但门楼的砖雕和室内的木雕堪称精品。

2. 江西婺源思溪村——书斋庭院

思溪村,位于江西婺源思口乡境内,建于南宋庆元五年(1199年)。思溪村的村民大部分姓俞,据说是从婺源另一个古村落汪口搬迁而来的,俞氏客馆的门扇上还刻有96个不同字体的"寿"字,工艺精美绝伦。

思溪村背山面水,与自然环境相互融合。村口有明朝"通济桥""如来佛柱",是古代村落水口组合建筑的标志。村中有清朝商宅承德堂、振源堂、承裕堂等。这些建筑的砖雕、石雕、木雕,工艺非常精湛。

思溪村现在保存下来的民居中,明清民居有30多幢。其中,建于清朝的敬序堂,共有六个天井,总面积664平方米,是保存完美的商宅。"敬序堂"的大门朝北,紧临思溪,门前开阔。正厅门头高悬"敬序堂"镏金匾额,下挂中堂画,两边是楹联。厅内设长方形藻井,楼外有回廊护栏,客馆雕刻精细,书斋面向庭园,简朴幽静。走进大门,迎面看到的是仪门(俗称"中堂门")。在古代,仪门平时都是关闭的,只有在贵客到来时候才会打开通行。走过这道门,井院阔大,厅堂宽敞,楼上走马回廊环绕。厅堂内的陈设是典型的清朝模式,条桌上摆放着长鸣钟、花瓶、镜子,这叫"东瓶西镜",取"东平西静"谐音,寓意"不论走东闯西,都会平安宁静",这是家中

思溪村民居

人对出门的亲人的祝愿,长鸣钟更有终身平静的意思。花厅精巧玲珑,下铺青石金砖,上覆斗拱藻井,木雕精美。穿行在这样的一栋老宅里,以便欣赏古徽州建筑的美学艺术,以便体会博大精深的徽州文化,实在是一种享受。

敬序堂

思溪村背山面水,嵌于青山绿水之间,山水互为点缀,建筑群与自然环境巧妙结合。村中,鸡鸣犬吠之声偶尔传来,幽深的小巷,石板缝间绿茸茸的青苔,给这个古老的村落增添了几分沧桑感。但每年三月春来,房前屋后的油菜花遍地金黄。阳光灼照,雪白的马头墙,在油菜花的簇拥下美如诗画。

3. 诸葛八卦村——民居排布八阵图

八卦村,又名诸葛八卦村。这个村子原名高隆村,位于浙江省兰溪市西部,是迄今发现的诸葛亮后裔最大的聚居地。诸葛八卦村的神奇之处,在于村中的建筑格局按"八阵图"的样式进行排布。它保存了大量明清时期的民居,是国内仅有古文化村落。

这个村子的地形中间低平、四周渐高,有如一个池塘。所以池是诸葛八卦村的核心,也是布列"八阵图"的基点。中间的池塘名叫钟池,并不大,但它半边为水塘、半边为陆地,形如太极阴阳图,奇妙无比。以钟池为中心,有八条小巷向周围的八个方向延伸,直接通到村外八座高高的土岗上,俯瞰的话,酷似一个八卦图。小巷又派生出许多纵横交错、连环相套的窄弄堂,弄堂间千门万户。星罗棋布着许多古老的民居。接近钟池的小巷较为笔直,越往外延伸就越曲折,许多小巷又纵横相连,似通非通,犹如迷宫一般。外人进入小巷,往往易进难出,容易迷失方向。有意思的是,数百年来,村中居住的诸葛亮后裔并没有意识到村中布局的奇妙之处,身在"八阵图"中不知八卦形。直到近年,因为一本旧书中的相关记载,这个奥秘才大白于天下。如今,只要登上镇外的土岗向下俯视,仔细辨别,整个村落的九宫八卦之形就会完整地展现在眼前。其布局之奇妙,令人赞叹不已。1993年,国家文物局专家组组长、著名古建筑学家罗哲文先生实地考察诸葛镇后说,中国传统的村落和城郭布局,有的不规则地依山傍水,有的中轴对称,像诸葛镇这种围绕一个中心呈放射状九宫八卦形的布局,在中国古建筑史上只有一个,其价值不言而喻。

诸葛镇为何如此布局,迄今说法不一。有人认为这种布局是诸葛亮"八阵图"的翻版,是诸葛后人根据诸葛亮阵法的精髓而设计的,这既是对祖先的一种特殊纪念,也是对诸葛亮"八阵图"的变相保存。还有人认为,如此布局,是出于消防的考虑——以钟池为核心四周扩散,不管哪家发生火灾,取水救火的距离都是一条直线,对扑救十分有利。还有人说,诸葛镇地处杭州外围交通要道,有重要的战略意义。诸葛后人虽然不好争强斗狠,但防范意识很强,如此布局,有利于防范来犯之敌。

诸葛镇不仅布局奇特,镇中的传统民居也非常珍贵。据史料记载,此镇始建于宋元时期,后代屡有续建、改造,至清康乾年间盛极一时。目前,全镇保存明清古建筑200余间,散布于镇中的小巷弄堂,仍旧原汁原味,古风犹存。这其中,最具代表性的是镇中的祠堂建筑。据说,极盛之时,镇中有各类祠堂18处,大多雕梁画栋,工艺精湛。现存的大公堂、丞相祠堂是其中的佼佼者。大公堂位于钟池北侧,始建于明朝,据说是江南地区仅存的诸葛亮纪念堂。祠堂前后五进,建筑面积700平方米,里间十分开阔,可供数千人举行活动。大公堂建筑用材十分讲究,明间金柱腹部周长2米以上,是典型的"肥梁胖柱"式建筑。细部雕刻十分精美,各种质料、各种雕刻技法一应俱全,堪称杰作。堂的内壁上绘有三顾茅庐、舌战群儒、草船借箭、白帝托孤等有关诸葛亮故事的壁画。堂外围墙旁现存六株龙柏,喻示诸葛后人六族繁衍,人丁兴旺。门庭飞阁重檐,高约10米,上悬一块写有"敕旌尚义之门"的横匾。顶层有明英宗于正统四年(1439年)所赐盘龙圣旨立匾一方,表彰诸葛彦祥赈灾捐谷千余石的义举。门两旁分别书有"忠""武"二字。整座建筑古朴典雅,气势恢宏,保存完好。

丞相祠堂、大公堂相距百米,面积1400平方米,坐东朝西,按"回"

字形进行布局,有52间房屋,由门厅、中庭、庑廊、钟鼓楼和享堂组成,古朴浑厚,气势非凡。祠堂雕梁画栋,门窗栏杆等部件均精雕细刻,美不胜收。中庭是祠堂最出彩的部分,中间4根合抱大柱,选用松、柏、桐、椿4种上好的木料制成,取"松柏同春"之意,祈求家族世代兴旺。中庭两边各有7间庑廊,塑有诸葛后裔中的杰出人士,用以激励诸葛子孙们奋发向上,成就一番事业。从庑廊拾级而上,两旁分列钟、鼓二楼。祠堂的最后部是享堂,塑有诸葛亮的像,高2米余,两侧分侍诸葛瞻、诸葛尚、关兴、张苞几人的像,气韵生动,呼之欲出。除了上述二堂,诸葛镇内还保存着许多明清古建筑,鳞次栉比,错落有致,仿佛颗颗璀璨的珍珠散落于镇中的每个角落。像这样布局奇、规模大、年代早、数量多、种类繁、建筑精、保存好的古民居群落,不仅在江南,就是全国也不多见,具有极高的考古价值和人文价值。

  长期以来,诸葛后人聚居在诸葛镇中,形成了一些与众不同的生活方式,朴实又妙趣横生。走在镇中,细心一点的人都会发现,窄巷中相对的两家人家的门却并不相对,而是错着开的,全镇无一例外。当地人管这种做法叫"门不当,户不对"。诸葛后裔们说,这种建筑格局有利于处理邻里关系。如果"门当户对",两家人家每天进进出出,交往过多,难免发生矛盾。发生矛盾仍要每日面对,积怨更深,难以解决。如果"门不当户不对",问题就会迎刃而解。另外,诸葛镇民居多为四合院式建筑,四面封闭,中间留空。而房屋的前沿比后沿高,每到下雨,几乎所有的雨水都聚集在自家院内——这种做法叫"肥水不外流"。

  诸葛后裔多以经营药材为生,青壮年长年在外,家里防火、防水、防盗显得格外重要。因此,在房屋建筑设计上设置了许多附属设施,加强应急保护。民居大门多用铁皮包制,上钉铁钉,里面用"米"字形铁条加固,非常结实。山墙大部分是马头墙,高出正常墙体1米左右。这样,即使邻居起火,也不至于蔓延过来。院内普遍设有水缸、水池等救火设施,一旦起火,可立即实施扑救。为防水灾,院中普遍有较完善的排水设施,精密而实用。

中国古代民居

诸葛后裔们继承了先祖诸葛亮的优良传统,勤于学,精于业,因此人才辈出。据传,诸葛亮当年曾有"不为良相,便为良医"的古训,而诸葛亮是千古第一良相,后人不可逾越,于是诸葛子孙们便不问仕途,一心学医。因此,诸葛后裔从医或经营药材生意的非常多。自明朝起,诸葛镇便成为浙西南中草药的集散地。现在,这一传统仍是诸葛子孙谋生的重要手段。

> **知识链接**
>
> ### 新疆有个八卦城
>
> 新疆的特克斯县,因为按照八卦进行布局而闻名于世。传说,特克斯八卦城最早是由南宋道教全真七子之一的丘处机设计的。当时,长春真人丘处机应成吉思汗的邀请前往西域,当他经过特克斯河谷时,被这里的山川形势打动,就设置了这座八卦城。八卦城呈放射状,街道有如迷宫一般,路路相通、街街相连。同时,八卦城具有浓郁的民俗风情、厚重的历史文化和秀美的自然风光。目前,特克斯是世界上最大、最完整的八卦城,是世界上唯一的乌孙文化与易经文化交织的地方,是中国最西边的八卦城和易经文化所在地,是中国道教文化传播的最西端,是中国西北部最大游牧古国——乌孙国的所在地,是中国现存乌孙古墓最多的地方,是中国古代有史记载远嫁公主最多的地方,是中国古代有史记载第一位公主远嫁的地方,是中国古代最大的赛马场——"汗草原"的所在地,是中国古代游牧民族驻扎"牙帐"最多的地方,是中国古代汉王朝与西域游牧古国和亲时间最长、来往最密切的地方。

4. 黄山石家村——棋盘村

石家村地处黄山东麓,因全村居民皆姓石,故名石家村,又因地处旺山麓,也称旺山村。村内道路分为3条经线、5条纬线,错落有致,道道相通,整个村庄的布局就像一个棋盘,因此这里也被称为"棋盘村"。

隐藏的棋盘村

石家村，村后正中的石氏宗祠象征"帅府"，村前的桃花溪象征"楚河汉界"，山水明净，一幢幢民居犹如一枚枚棋子散落其间。人游行其间，犹如过河兵马，运筹帷幄于心。

当绩溪的山水风光——被渲染成诗画，当徽商、徽菜、徽墨、徽剧大放异彩，当砖、木、石徽派三雕艺术缤纷耀眼之时，石家村却悄然地隐秘于山林，摆下了一张千古棋盘，在600多年的遐想中，无声无息地书写着它的历史与沧桑。

风水棋盘村

徽州古村落选址十分讲究风水龙脉，注意人居与自然的和谐，谋求"天人合一"，祈望子孙后代人财两旺，安居乐业。在古代风水学中，水口是一个村落的命脉，棋盘村的水口位于村的西端，石山对峙，由桃花溪、古石桥、魁星阁构成，称"狮象守门"。水口石山有天灯柱，村后南山有祖墓，墓旁有古松一株，名"抱祖松"。村落以石氏宗祠——"帅府"为中轴线，左右对称。"帅府"与一幢幢象征着"士""相""马""车"的民居，一字排列在棋盘底端边线上。"帅府"的对面是半亩方形池塘，池塘里有一个按照石守信帅印比例扩筑的长2丈、高宽各1丈的印墩，印墩上的古柏象征着印柄。

棋盘村的民居大多是明清时期典型的徽派民宅，外观为石库门、小青瓦、白粉墙、马头墙等，石库门的门盖上置有门楼。门楼和门盖中间用青砖嵌白粉线条和砖雕做装饰。屋内分上、下两堂，上堂和下堂两边是厢房，中间是客厅，上堂和下堂中间隔一天井，天井的地面用精加工的花岗岩石铺就，地下置下水道，地面至檐口装有落水管。天井又称明堂，是传统徽派建筑用来采光的，同时又是屋面雨水排泄，俗称"四水归明堂"，象征财源不外流。天井两边为厢房阁楼。上、下堂还各置有两个"经巷"，一般是通向隔壁居室或厨房的通道。"经巷"各置落地花楹门两扇，门上雕有人物、花草等图案，屋内有立4根柱，用料十分讲究，大多为银杏和香椿树制成。上下客堂各有大梁一根，大梁两端雕有人物图案，支撑大梁的立柱上装有雕刻精致的狮撑，每个狮撑都刻有母狮一头、幼狮数头，母狮脚踏雕空的圆球呈"狮子滚球"状。厢房的窗门均有一块栏板，这是整个居室木雕艺术的精华。上面雕有古代故事中的人物、山水、交通工具等，充分体现出绩溪"三雕"中木雕的艺术魅力。

一盘完整的棋

棋盘村村内有3条横街，是棋盘中的3条"横线"。流经村中的"楚河汉界"——桃花溪，隐喻石守信当年常与赵匡胤对弈。桃花溪一侧的远堤岩是红方棋盘"河界"的边线，南北向的纵向街巷是红方棋盘上的九条"直线"。为了棋盘的完整，每条街巷的两端均筑有闸门，巷路尽头皆设弄门，夜晚关闭，宛若一座城堡。村中下水道有明有暗，石板道路有5尺宽，防盗用的上下闸门及马头墙均为典型的徽派建筑样式。街巷一半是水圳，一半是路面，路面用长条麻石横向铺设，条石伸出水面而悬空，夜深人静时若有人行走，便会发出"咚咚"的响声。而水圳更明显的用处，在于就近提供水源，预防失火。

棋盘村始建于明朝，是北宋开国元勋石守信的后裔到此落户建的村。当年，石守信与赵匡胤交情很深，二人经常在一起下棋。所以后人在建村时就以房屋、街道、溪流为元素组成纵横有序、方正整齐的棋盘式村庄，并在《石氏宗谱》上告诫后人："村如棋盘，建房屋不得阻塞街道。"因为石家在清朝失去曾经的地位，所以村口的魁星阁在建造时还蕴含了"反清复明"的意义。

因为石家村远祖石守信原籍是河南开封，而河南石姓发祥地是甘肃武威，均在棋盘村以北，所以全村所有房舍和宗祠、厅屋均坐南向北。虽然向北的建筑走向与中国传统民居大多坐北向南的习惯相背悖，但为了纪念祖辈、思怀故土，同时也为了让石姓子孙后代立于不败之地（按照风水理论，棋盘村位于旺山北麓，而绕村河流桃花溪在北面，向西流去，依据古代"枕山面水"的风水理论，屋房舍门户理应向北）。向北既是一种怀念，同时也是一种希冀与期盼。

在棋盘村的古文物中有一轴被石氏族人视为镇村之宝的图画——《石

■第四章 经典特色民居

守信报功图》。此图全称"威石氏源流世家朝代忠良报功图",画面高 5.6 尺,宽 8 尺,是一幅巨型版画。它的制作工艺是将整个画面分割成数十块,再由工匠逐块刻制成版印,最后按画面顺序排列制成。画面四边刻有龙纹。画面中的主要内容是石守信及其祖先如何英勇作战,建立功业的故事。图中各种人物达千人以上,军旗军马不计其数,是名副其实的千军万马图。

5. 安徽歙县棠樾村——牌坊之乡

棠樾村位于安徽南部歙县城西南 7.5 千米处,北枕龙山及其支脉后头山,南临徽州盆地,远处有富亭山为屏,中间开阔之地有源于黄山的丰乐河自西向东穿村而过,符合传统风水说关于"枕山、环水、面屏"的选址模式。

棠樾村华贵的功德牌坊

封建社会,为了表彰在忠、孝、节、义等各方面表现杰出的官员,当朝政府常常批准在这些人的故里村头修建功德牌坊,号召人们以此为榜样报效朝廷。

棠樾牌坊群是明清时期建筑艺术的代表作,建筑风格浑然一体,虽然时间跨度长达几百年,但形同一气呵成。歙县棠樾牌坊群一改以往木质结构为主的特点,几乎全部采用石料,且以质地优良的歙县青石料为主。这种青石牌坊不仅坚实,而且显得高大挺拔、恢宏华贵、气宇轩昂。建筑专家们认为,棠樾牌坊对研究明清时代的政治、经济、文化及建筑艺术和徽商的形成和发展,甚至民居民俗都有极其重要价值。

棠樾牌坊群坐落在歙县城西的棠樾村头大道上,共 7 座牌坊(明朝 3 座,清朝 4 座)依次排列,勾勒出封建社会忠孝节义伦理道德的概貌。在歙县众多的牌坊之中,这种"以商入仕,以仕保商"、政治与经济相融的密切关系可见一斑。棠樾牌坊群雄伟壮观,全国罕见,被列为全国重点文物保护单位。

棠樾村的演变

棠樾村的建设主要开始于明朝,历经明清两代的建设扩展,形成了今天看到的规模。其实，棠樾村的建设，最早可以上溯到南宋建炎年间（1127—1130年）。当时，一位住在徽州府邑（今歙县县城）西门以文著称的产业界人士鲍荣，在踏遍府邑四周山水后，发现棠樾村所在地绿林荫翳、山环水绕，是造园的理想之地，遂在此建造别墅一座，成为棠樾村最早的建造者，鲍荣也因此被棠樾人尊为始祖公。棠樾村名的由来，鲍氏族谱中无明确说明，只引用有元朝咏棠樾诗句"遥想棠阴清昼永"一句，而"棠阴"一词出自《诗经》，后被比作"德政"。"樾"字在《玉篇》中的解释是"楚谓两树交阴之下曰樾"，也就是说，浓浓的树荫之下就是"樾"，说明当时此地树木葱郁，环境幽静，甘棠林立，是理想的居住之所。

鲍荣之后，棠樾很长时间都只作为园林别墅使用，没有再建造其他建筑物。到他的四世曾孙鲍居美时，因"察此处山川之胜，原田之宽，足以立子孙百世大业"，携家人自府邑迁往此处。此后800多年里，棠樾村便营造不止，成为鲍氏家族长久聚居之地。

棠樾村历来以"孝"闻名，建筑布局也充分体现了这一思想。而"孝"的起因与宋末元初鲍氏八世孙鲍宗岩、鲍寿松父子被盗贼抓后相互争死有关。相传，鲍氏父子被盗贼追赶，被抓到后盗贼须杀死其中一个人泄恨。儿子以尊老戴父为由愿替父死，父亲则以香火延续须赖儿子为由争着赴死，父子争执不下，感动了盗贼，结果把父子二人都放了。此事符合儒家伦理"父慈子孝"的思想，相继被收入《宋史·孝义传》、《明史·孝顺事实》、清《钦定古今图书集成》等书中，并广为流传。后来，鲍寿松做了官，朝廷特给棠樾村鲍氏御制"慈孝里"石坊一座。元至正年间（1341—1368年），鲍元康在龙山之巅特建慈孝堂，记刻父子争死一事。乾隆皇帝听到"父慈子孝"的故事后也很是感动，专门为鲍家祠堂亲笔题写了"慈孝天下无双里，锦绣江南第一乡"的对联。

元明时期，棠樾人从村落的总体规划出发，对水道进行了大规模的改造，使原有的两股水流改变河道：一条入村后，沿村子南面环绕，呈环抱状；另一条，原仅注入东北的横路塘，改造后从横路塘引出绕村东而出。两股水在东南方的马总步亭附近汇合，再流经七星墩附近的水口，然后再缓缓流走。

棠樾村的水口处是一组标志性水口园林。按风水学中的说法，棠樾的水口处在吉利的东南巽卦之位，乃生气之方。为了弥补此处缺乏锁气之山的缺陷，便在水口附近人工砌筑了7个高大的土墩，称之为七星墩，墩上植有大树加强关锁之势。水尾处跨水建有石桥一座，桥上原有义善亭。整个水口园林基本保存至今。

棠樾村的大发展时期是在明朝，这个时期是徽商发展的重要时期，大批徽商在外致富后纷纷回乡购置田产，修造屋宇、祠堂，兴建学堂。嘉靖至万历年间（1529—1578年），棠樾村出了一个大官——工部尚书鲍象贤，于是棠樾便在明中后期出现了营建村舍的高峰期。

明后期的棠樾村已具相当规模。村内有一条以青石板铺成的名叫"前街"的街道，向东西延伸。前街中段的北面，工部尚书鲍象贤建有宣忠堂一座。其宅制经皇帝特许，门屋为五开间，檐下悬挂"宣忠匾"，门前竖有一对旗杆。宅深纵向为五进，是村内规格最高的建筑。鲍象贤去世后，前面作为尚书公家庙，作祭祀用，后面仍作住宅，同时在村东大道边建了一座尚书坊，并为鲍象贤祖父鲍灿建了一座"孝子坊"，为鲍象贤之父建了一座"监察御史坊"。鲍氏祖孙三代的三座宅坊，成为该时期棠樾村的主要标志物。

清朝的棠樾村，建设较之明朝又进一步。大致在清乾隆至嘉庆年间（1736—1820年）再一次出现建设高峰期，这一时期棠樾鲍氏一家三代出了3个大盐商，即鲍志道、鲍濑芳、鲍均。目前村内遗存的古建筑，大部分是这一家人的义举：街道由原有的一横道扩展为前后二横道格局，两街之间有数条南北向的小巷相通；大批的建筑、牌坊、祠堂、书院以及豪华住宅得到兴建。在明朝已有的尚书坊、慈孝坊、孝子坊之间，又陆续加建了四座石坊，形成按"忠""孝""节""义"排列的七座牌坊群。坊下以一道长堤贯通，堤侧遍植古梅，间辅紫荆，具有极强的标志性和识别性，形成独具特色的村口景观。

6. 湖北襄阳南漳古寨——襄西屏障

南漳古寨是湖北省襄阳市南漳县东巩镇及周边地区大大小小几百处古山寨的总称，它其实是一个山寨式古建筑群。古寨的建筑大多系民用避难设施，也有部分是军事设施。

南漳古村落

巴蜀咽喉地的古山寨

地处鄂西北秦巴山系余脉的湖北省南漳县，是楚文化的发祥地之一，自古为"襄西之屏障，巴蜀之咽喉"，境内崇山峻岭，山高谷深，有"八山半水分半田"之说。南漳多古寨，南漳县曾被湖北省确定为第三次文物普查试点县。古山寨群距南漳县城约80千米，坐落在东巩镇。一进入这个镇的地界，沿途就可看到远山上有不少石寨。在杜家坪村，远处高山上有一座石寨耸立在山顶的绿荫丛中，若隐若现。山岭下的一个小山峰上，另一座古寨的高耸寨门清晰可见。在这些山寨中，处于山顶的大山寨叫老寨，从山脚攀登到老寨最少得4个半小时，因为没有路，外人一般需要带着镰刀砍出一条小路上去，老寨很大，里面建有庙。处于半山腰的山寨叫新寨，其规模小于老寨。

据说南漳县共发现大大小小古山寨500多处，被文物部门收录了380多处。最大的山寨是东巩镇卧牛山上的古山寨，被专家称为"华夏第一大山寨"，据初步考证，卧牛山寨始建于东汉末年，三国将领周仓曾在此筑寨屯兵，明末李自成部下郝摇旗在此继续筑寨。卧牛山寨依山势而建，跨越3个山头，面积1.1平方千米，分设5个寨门，沿寨墙垒筑掩体85个，瞭望台7个，炮台20个，寺庙建筑和石垒房屋375间，规模之大令人惊叹。

南漳为何有这么多古山寨？考古工作者的解释是，由于历史上这里战事频仍，匪患猖獗，尤其是明清以来农民战争、流民起义以及民间土匪在这一带活动，山寨便是这个时期的产物。经初步考证，这些山寨多数是民间自行出资修建。少数山寨是军事设施，多数山寨实际上是当地村民的避难所，遇到战火或匪盗来袭，当地村民就搬入山寨避难。

遗世独立的古山寨

在南漳县的古山寨群中，最具有代表性的古山寨的是春秋寨。远远望去，山寨建在一座呈南北走向的山脊上，宛如一段长城横亘于山顶。一条河绕山而流，使这座山东、西、北三面环水，犹如一个半岛，只留下南面与陆地接壤。山的西面是斧削一般的悬崖绝壁，直入河中，形成一道天然屏障。春秋寨依山就势，建在这个易守难攻的山脊上。由于人迹罕至，通往山寨的羊肠小路没几天就被丛生的灌木湮没。

上到山顶，就会发现这座南北纵向而卧的山脉，顶部东西间最宽处仅50米左右，山寨沿这个东西窄南北长的山脊呈"一"字形布局。山寨只有南门和北门两个门，西面寨墙直接依绝壁而建，东、北面在寨外垒起了高高的石墙。有敌来犯时，只要派人扼守住南门和北门两个进口，便可一夫当关，万夫莫开。进入山寨，穿行于山脊上南北两排石屋中间的街巷式通道，大大小小150多间石屋赫然矗立，高高的炮台、瞭望台煞是阴森威严。石屋已经没有屋顶，地上到处是破碎的石块，石缝里荒草丛生，很多石屋四壁已残缺不全。站在西面寨墙上往下看，六七十米高的石崖犹如刀削斧劈，令人不寒而栗。整个山寨南北长1200米，东西宽20米至40米不等，建筑面积3万多平方米。山寨的寨墙全部由当地特有的片石砌成，厚度40到60厘米。

春秋寨又称"邓家寨"，是邓家一个名叫邓九公的祖先为防匪患修建的。

因传说三国时关羽曾在此夜读《春秋》，该寨又名春秋寨。目前，山寨主体结构保存较好，具有极高的研究和观赏价值。据说中华人民共和国成立前，在这个山寨中最多时住了100多户人家，中华人民共和国成立后，他们慢慢搬下山来。

古山寨群中，另一个具代表性的是樊家寨。樊家寨是一个城堡式的古山寨，位于板桥镇，与春秋寨风格迥异。山寨建在群峰中一个位置较高的山峰顶部，峰顶已被削平，地势不及春秋寨险峻。但登临此寨有"一览众山小"之感。

樊家寨坐西朝东，呈长方形布局，南北长约百米，东西宽约 60 米，总面积近 6000 平方米，可容纳数千人。全部用当地片石砌成的围墙上东、西面各有一道大门，是这个寨子仅有的两个进出口。寨墙厚实，高耸峙立，寨中有堡，寨外有廊，多重防护，十分严密。沿镶嵌在寨墙内的石梯攀上 5 米多高的墙顶，只见山寨西南和西北两角分别建有堡楼，呈"八"字形向外伸出，堡楼下部两侧建有瞭望孔或射击孔，形成犄角之势。除了东面大门，寨墙西、南、北三面有外廊环绕，是山寨遇袭时的第一道防线。廊现大都毁损，只剩下孤零零的墙脚。

20 世纪 70 年代，樊家寨曾被作为村部办公场所，后来村部搬出，辟为农田，现在山寨内长满了绿油油的庄稼。据说当年村民拆山寨石头盖房子时，曾发现一块石碑，上面记载了山寨的修建过程。

板桥镇的青龙寨以布局巧妙闻名，板桥距离东巩不远。周围有小漳河静静流淌，在小漳河至北峰前，一条古道蜿蜒在崇山峻岭之中，古老的山道是板桥通向西南山区的唯一途径。在湍急的猛洞河上，一座颤巍巍的小桥就像是古道的咽喉。小桥对面，在身披浓荫的山巅，有一圆一方的两个寨子，那就是青龙寨。它背靠大山，除了面对猛洞河的这一侧，三面均为悬崖峭壁，绝难攀登。它就这样扼守着古道，扼守着小木桥，可谓是"一夫当关，万夫莫开"。它的建筑也别具一格，实际上由两座山寨组成。两寨一圆一方，象征着天地合一，阴阳相配；间距仅 3 米，高低错落有致；有一大一小，大寨为长方形，东西分设寨门；小寨建筑为圆形，南北分设寨门。据说青龙寨是按照阴阳八卦设计的，寨的长度、宽度、房屋间数、门窗等有关数据均与八卦相符。大寨保存有大部分寨墙，石屋和箭堡、寨门也完好无损。不过，青龙寨的规模远不及卧牛寨、春秋寨等，其大小寨内石屋总共不过 32 间。今天，小北公路就从青龙山的半腰通过，在数里之外就可以看到青龙两寨的雄姿。沿着山间小径漫步五六百米，经过一座近年修复的山神庙，青龙的大寨便呈现在眼前了。大寨西墙高 4 米，寨门高 2 米、宽 1 米、墙厚 1 米，寨门上方有 3 米高的箭楼。门后为指挥台，正方设有一排炮孔。

青龙寨建于清嘉庆元年（1796年），是因白莲教而建的。那时候政府组建地方团练武装，把百姓赶到寨堡，坚壁清野，对白莲教实行分割包围的战略。当时，还筑有徐总兵驻扎板桥的总兵寨（位于新集）。徐总兵组织地方联防，共筑有山寨48座，现在仍有包括青龙寨在内的36座山寨在风雨中屹立。

7. 湘西凤凰都罗寨——水云仙境

都罗寨古称"小都罗"，又名"苑箩"，是一个土家族民族山寨，位于湖南省凤凰县林峰乡，总面积达4平方千米。地形复杂，峰峦迭起，林深谷幽，沟壑纵横，溪河交错，山清水秀，景色迷人，以奇、秀、险、幽而独居一方，是理想的旅游佳境。

林峰腹地小都罗

都罗是个山清水秀的山村，特殊的地质结构造就了丰富多彩的地貌，使这个弹丸小村，竟然将千里之秀熔于一炉，就像一颗璀璨的明珠镶嵌在游螺江（白泥江）畔。都罗境内高山峡谷，悬崖峭壁，峰盘路转，星罗棋布，这里的山不仅形态峻峭、多姿，而且山峦起伏，群峰竞秀，大山环抱着小山，小山簇拥着大山，两者有机结合，奇妙无比，野趣横生。由于都罗多为石灰岩、页层岩，易受溶融、风化，从而造就了许多石柱、石峰，这些石头不仅险峻，而且形态各异，巧奇天工。都罗境内溪河一般位于高山峡谷中，飞泉流瀑，溪水织山伴石，九曲迂回，流水轻重缓急，河面时宽时窄，阔处碧潭列罗，绿洲醉迷江心，窄处石砥江中，水流湍急，水花回溅，拐弯处，岸上铺满遍地月牙形的金色沙滩，如诗如画。都罗的山高低不一，形成多级阶梯，有的瀑水依山倾泻而下，构成叠状瀑布群，和谐统一；有的瀑布上部依山下泻，下部则凌空飘落，气势雄伟。在瀑布之下，必有深潭，地处幽谷深涧之中，奇峰怪岩。斜峙潭上，潭水清澈碧透，宛如无瑕翡翠。天光山影，倒立潭中，绮丽无比，妙不可言，山得水而秀，水得山而媚。

都罗的山不高，但灵秀峻峭，包罗万象，玲珑多姿。都罗寨现存明清时期民居建筑43栋，建筑面积4830平方米，保存全面的在80%以上。其中明朝建筑15栋，清朝建筑28栋，保家楼5栋，三合院7座，四合院4座。其中抗日救亡夜校旧址三合院1座，沈从文童年生活过的四合院1座；明朝军事构筑物古屯堡2座，石碉1座，现存状况有80%以上；石碉遗址2座，保存程度在40%以上；明朝官田、屯堡驻兵碉田各20亩，现仍为良田耕种；明清官塘5口，驿站（官亭）遗址1个，明朝水碾3座，保存程度在60%以上。那排排古香古色瓦房、吊脚楼、茅屋、农家小院，别具民族风格和地方特色。古寨条条古朴、典雅的石板路，斑驳陆离，曲径通幽，至今景色依旧，古韵犹存。村子周围古树参天，翠竹如云，池水澄清，更为古寨增添了几分生机与魅力，充满了诗情画意。

都罗具有土家族生产、生活习俗和民族风味。有悠久的手工艺传统技术，如印染、雕刻、刺绣、纺织、竹器编织等民间工艺；有独特的土家族山歌、情歌、哭嫁歌、伴嫁歌、佛歌、丧堂歌、打油歌。有古老的文化傩堂戏、打溜子、霸王鞭和特别的木匠鲁班文字。

妖娆的山寨风情

都罗寨的习俗丰富多彩，平时的衣食住行、待人接物，都带有浓郁的土家特色。而又以出嫁、葬丧、祭祀三者为最，出嫁时的哭嫁歌、葬丧时的丧堂歌、祭祀时的傩堂戏，都是本地的大特色。通过这些活动，可以探索到土家族的文化渊源，感受到此地人的淳朴善良。

清晨，牧童木叶悠扬，清脆悦耳。劳作时，山歌连绵，相互呼应。晚上，锣鼓一响，便上演傩堂戏、阳戏，村民们自娱自乐。还有逢年过节的祭祀活动，和一些民俗活动，村民的生活过的既简单又充实。在都罗寨如果游人走累了，可随便到哪一家歇一下脚，主人会热情地接待你；吃饭时间，主人会热情的拉客人入席，简简单单吃一餐。没有什么好菜，没有太多的言语，那份真诚和热情却难以让人忘怀。

都罗的云海也是著名景观之一。这里的云海呈白、厚状，随着太阳越升越高，阳光一层层穿透云海，云海慢慢地变薄、透明。待云海消失后，整个都罗寨尽收眼底。都罗寨的云宁静、参差错落，淡淡的山影为云海增添了层次。云雾下隐约可见几座缥缈的山峰，若隐若现。这是光与影的旋律，也是鬼斧神工的技巧。

都罗地区有很多新奇的景观，其中就有岗水洞。岗水洞地势十分险峻、雄奇，洞上、下均为悬崖，且有一泓如带似涟的清泉从石壁上凌空而下，烟雨朦胧，幻如"水云仙境"。洞口左侧有一奇峰翘出，半掩半遮着洞口，远望去，真有种神秘莫测的感觉。奇峰旁边有一道人工开凿的栈道与山下相连，宽尺余，此处势如刀削，光滑无比，下临深渊，易守难攻。岗水洞分为三层，第二层洞隐藏山中，第三层又名"牛鼻洞"，三层均有小洞串联相通。一层为主洞，长约300米，洞口高、宽约8米，前厅宽敞，可容千人。由于过去是藏匪老巢，如今还有两道残垣断壁。三层牛鼻洞是个"U"形圆洞，直径一米余，拐弯处有一洞与二层相通，是个"一夫当关，万夫莫开"的地方，岗水洞既有溶洞之美，又有山川之秀，是来都罗寨必游之处。

都罗境内山多，故山洞无处不有，无处不生。有的位于溪涧瀑布里，有的位于高山之巅，有的位于悬崖峭壁上，有的位于深山峡谷中，洞内景致奇幻无比，五光十色，妙趣横生。

第三节　时代缩影——古镇

1. 丝绸之府——浙江乌镇

乌镇，古时候又叫"乌墩"，但何以称"乌"有很多种说法。一说是"越王诸子争君长海上分封于此，遂为乌余氏，故曰乌墩"；一说是"因土地神乌将军而名乌"；一说是"乌有乌陀古迹，青有昭明青锁"，故有乌、青之名。几种说法，或以无法考证，或以牵强附会，或以不符合历史常识被人提出异议，卢学博编修《乌青镇志》时也已详加批驳。卢学博提出过一个较为合理的说法，这个说法是在清康熙二十七年（1688年）乡贤在《乌青文献》中提出的："乌墩、青墩之名，其从来远矣……大都江山自开辟以来，何有其名字？皆世谛流布相承耳，如'齐鲁青未了'，'澄江静如练'，是为山水传神写照语也。乌青之义盖类此。"

乌镇是一个有1300年建镇史的江南古镇，地处浙北水陆交通要冲，因水成市，傍河成埠，自古商贾云集，遂以弹丸小镇而具万家烟火，宛然城府气象。它地势平坦，十字形内河水系将全镇划分为东、南、西、北四个区块，当地人分别称之为"东栅""南栅""西栅""北栅"。由于气候温润，河流纵横，因此物产丰富，素有"鱼米之乡、丝绸之府"的称号。

在江南水乡，有不少像乌镇这样的古镇，美丽宁静得像一颗颗珍珠。但乌镇，除了拥有江南小镇都具备的"小桥流水人家"的水乡风情和精巧雅致的民居建筑之外，更多地飘逸着一股浓郁的历史和文化气息——这可能是因为它悠久的历史和文化的蓬勃发展。乌镇历史悠久。镇东"谭家湾古文化遗址"出土的陶器、石器、骨器、兽骨等，根据的鉴定是新石器时代的东西，属于马家浜文化类型。可见，六千多年前，人类的祖先就在这里繁衍生息了。

在秦朝，乌镇属会稽郡，以车溪（今市河）为界，西为乌墩，东为青墩，分而治之。至于青墩之"青"的来由，王雨舟在《二溪编》中指"恐与乌接壤故以青为别"。唐时，乌镇隶属苏州府，唐咸通十三年（872年）的《索靖明王庙碑》首次出现"乌镇"的称呼（此前无据）。同一时期的另一块碑——《光福教寺碑》中则有"乌青镇"的称呼。当时，镇地置有镇遏使的官职，乌镇称镇的历史可能从此开始。

北宋元丰元年（1078年），有"乌墩镇""青墩镇"的记载，后为避光宗讳，改称"乌镇""青镇"。1950年5月，乌、青两镇合并，称乌镇，属桐乡县，隶嘉兴，直到今天。

李乐在《乌青镇志》中说："镇，周属吴，吴成兵备越名为戍。""乌镇古谓之乌墩，后因吴越钱谬王戍兵于此，称乌戍，今名乌镇。"但他显然将钱谬王之"吴越"与春秋之"吴越"弄混淆了。在正式的行政建制称谓中，自唐之后，乌镇没有再称"乌戍"的史实。且钱镠王之吴越国的北方疆界远在常熟，乌镇地处内陆，此说明显说不通。

乌镇至今仍完整地保存着晚清和民国时期水乡古镇的风貌和格局，和许多江南水乡小镇一样，具有江南水乡的特征——以河成街，街桥相连，依河筑屋，水镇一体。沿河的民居建筑部分延伸至河面，下面用木桩或石柱打在河床上，上方架横梁，然后搁上木板，人称"水阁"。这种水阁三面有窗，凭窗可观沿河风光，是乌镇特有的风貌。

乌镇居民就这样世代伴水而生，枕水而眠，虽历经2000多年沧桑，梁、柱、门、窗上的木雕和石雕工艺精湛，仍完整地保存着水乡古镇原有的风貌和格局。镇上有修真观、昭明太子读书处、唐代古银杏、转船湾、双桥等景点。西栅老街有中国保存最完好的明清建筑群，它钟灵毓秀，文人荟萃，人才辈出，自宋至清出过64名进士、161名举人，还是中国现代文学巨匠茅盾故里。镇上的茅盾故居是茅盾的出生地，现为国家级重点文物保护单位。东侧的立志书院是茅盾少年读书处，现辟为茅盾纪念馆。正因为这种浓厚的文化底蕴，才有了乌镇江南水乡古镇之首的地位。

乌镇最早开放的是东栅景区，西栅则是经过修葺后对外开放的。用"和谐"来形容西栅是最贴切的，它由12座小岛组成，70多座小桥将这些小岛串联在一起，河流密度和石桥数量均为全国古镇之最。

进价桥和仁济桥呈直角相邻，不管站在哪一座桥边，都可以看到一个桥洞里的另一座桥，故有"桥里桥"之称。"桥里桥"堪称桥景一绝，是乌镇最美的古桥风景。

江南百床馆，是中国第一家专门收藏、展出江南古床的博物馆，坐落在乌镇东大街210号，又称赵家厅，面积约1200多平方米，内收数十张明、清、以及近代的江南古床精品。从富商大贾到平民百姓的各式木床无不具备，从一床一室到一床多室（床内备有化妆间、卫生间、仆人间等）。既有贵胄们的奢华，也有普通百姓的俭朴，此展览是中国床文化的集大成者。

东栅的金家曾是这里的富户，他们的居所现为节俗厅，展示了晚清至民国时期乌镇民间有关寿庆礼仪、婚育习俗和岁时节令等相关的民俗习惯。节俗厅中，用五彩蜡像塑出有关婚丧嫁娶的一幕幕话剧，处处融入人们对美好生活的期盼，还通过一年不同节气中乌镇人不同的生活习俗，比如春节拜年、元宵走桥、清明香市、立夏秤人、端午吃粽、水龙大会、天赐晒虫、中元河灯、中秋赏月、重阳登高、冬至祭祖等，生动地展示了一幅江南水乡风情长卷。婚俗厅以喜堂拜堂为中心，通过新人、媒婆、父母等人物，以及花轿、嫁妆等实物，展示婚庆的热闹场景。寿俗厅以老人祝寿为主题，通过厅堂的吉庆实景和字画、寿幛、寿桃、寿面等特有的做寿物品，展示了敬老尊老的中华传统。衣俗厅以实物、蜡像、照片等不同手段展示百余年前江南民间的穿着习俗，可以从中西合璧的风格中窥视历史的缩影。

江南木雕陈列馆原是东栅徐家的豪宅，又名百花厅，以其木雕精美而闻名。它雕梁画栋，尤其是门楣窗棂上的人物、飞禽、走兽，通过圆雕、平雕、透雕、镂空雕等表现手法表现得出神入化。它的正室偏房内，如今更陈列着丰富的中国古代木雕精品。

修真观是位于乌镇观前街的一处道观，始建于北宋咸平元年（998年）。修真观的戏台是道观的附属建筑，建于清乾隆十四年（1749年），与修真观一样屡遭毁损，但1919年修缮后，便一直保持到今天。戏台占地204平方米，北隔观前街与修真观相对，南临东市河，东倚兴华桥。戏台为歇山式屋顶，飞檐翘角，庄重中透着秀逸。梁柱之间的雀替均为精致的木雕，艺术价值极高。戏台为两层，底层用砖石围砌，进出有边门和前门。边门通向河埠，底层后部有小梯通楼台，亦可通过翻板门从河埠下到船里。楼台分前后两部分：后部是化妆室，雕花矮窗，宽敞明亮；前部是戏台，正对广场。

旧时，戏台两边的台柱都有对联，这个戏台也有一副："锣鼓一场，唤醒人间春梦；宫商两音，传来天上神仙。"正中上方悬一横额"以古为鉴"。在过去，正月初五的迎财神会、三月廿八迎东岳庙会、五月十五迎瘟元帅会等，都要在戏台演神戏，招待修真观中的诸神。平时，还会演出一些"罚戏"。罚戏是乌镇一种传统的解决纠纷的方法——凡有人损害公益，犯了众怒，当事人得出钱请戏班子在神前演戏，以示忏悔。

在应家桥和南花桥之间是五开间的门面，楼上、楼下，再加汇源当铺1.8米高的柜台，煞是气派。据《乌青镇志》记载，乌镇典当行最多的时候达13家，太平天国时期前还有7家，到1931年只有汇源当1家还支撑着，在日寇入侵之前，典屋也只出不进，不久即告停业。自汇源当关门大吉后，乌镇典当行的历史便画上了句号。今天，汇源当的位置还是在当年的老地方。汇源当是徐东号第九世孙徐焕藻（茗香）于道光年间创办的。徐东号资金雄厚，又好做善事，从以下两点可以看出他开典当不单是为了赚钱：一是不设高柜台和木栅栏，交易时双方可以平等议价；二是每年农历的十二月（初一到月底）千文以下的典户不计息，而且典值也放得比较宽，连石臼都可以入典。此举完全是为了照顾贫苦百姓。因此在乌镇徐东号无人不知。

2. 明清民居博物馆——西递古镇

有900多年历史的西递是一个有着深厚历史文化背景的古村镇。西递古村镇坐落在安徽省黄山南麓，距黄山风景区仅40千米，古村镇占地0.16平方千米，平面图呈船形。2000年11月30日在澳大利亚凯恩斯召开的联合国教科文组织第24届世界遗产委员会会议上，西递被正式列入世界文化遗产名录。

东水西递说渊源

西递古镇有着深厚的历史底蕴。西递始建于宋元丰年间（1078—1085年），原名西川，又称西溪。根据史料记载，西川之名是因为有河水向西流经此地，所以被当地人称为"西川"。"西川"之所以改称现在的"西递"，有两种不同的解释。其一是在宋朝时，西递曾是皖地东、西方交通要道，朝廷在此地设有周转的驿站，用于传递重要公文以及提供住处给来往官员暂时休息。古代驿站就被称为"递铺"，所以后来西川又被称为"西递铺"。另一种说法是，在中国境内的河流一般都是自西向东流去，但西递所在地周围的河水却是向西流的，有"东水西递"之意，所以"西川"也就被称为"西递"了。

据史料记载，这个有着900多年历史的古镇与唐王朝李氏一脉有着难解的渊源，据说唐昭宗李晔之子是西递的始祖。据称，唐朝末年，朱全忠占据洛阳，昭宗皇帝李晔也被胁迫迁都洛阳。当皇帝一行到达河南的陕州时，皇后何氏生下了一个儿子。喜获龙儿的昭宗既喜又悲，喜的是李氏的血脉可以得到延续，悲的是李晔自知这个孩子到洛阳后一定会性命难保，一心谋朝篡位的朱全忠一定会将斩草除根，杀害这个孩子。于是昭宗皇帝决定将这个孩子藏到民间。刚好有一位叫胡三的婺源人在陕州做官，这个胡三算是一个忠心卫主之士。他为了这个皇子，宁愿舍弃官职，带着这个幼小的孩子秘密回到了婺源的家乡——考水。他怕人知道这个孩子的来历，便让这个小皇子冒充自己的儿子，然后改姓胡，取名"昌翼"，是"翅膀长成，飞出虎口"之意。后来昭宗李晔一家果然全被朱全忠杀害，而这个幸存的小皇子就在胡家长大成人。时光荏苒，1077年，胡昌翼的五世孙胡士良去南京办事路过西递，一时之间被西递的山水风光吸引，便决定举家从考水迁往此处定居。此后的900年间，胡家人在西递繁衍生息，发展壮大。

俗话说"徽州十家九贾"，在中国更有"无徽不成镇"之说，徽商在中国历史上是比较有名的，甚至在明清时期，徽商就一度成为中国十大商帮之首。西递的胡家人是从1465年开始踏上经商之路的，1662—1850年是胡氏宗族最繁荣鼎盛的时期。这段时期，胡家人在经商和仕途上一帆风顺。24世祖胡贯三一人就经营了36家当铺和20余家钱庄，他的商业触角几乎遍布长江中下游各大商埠，资产折合白银达500余万两，是江南六大富豪之一。非但如此，他还与当时的宰相曹振镛结成儿女亲家。据说，当时为迎接曹振镛，他更是斥巨资修建了今天的历史文化遗迹走马楼。正是靠着这种姻亲关系和巨大的财力，外加处世有方、注重读书，胡家的官运也亨通起来，25世祖胡元熙当了杭州知府，26世祖胡积成任了礼部员外郎。到清末时局动乱之时，胡家也逐渐衰败，并最终退出了历史的舞台，西递也随着胡家的衰落渐渐隐没。

厚重的历史风味

有着几百年历史的西递历史韵味厚重,退避一隅更显安宁祥和。西递有着桃花源的美誉,却从来没有真正与世隔绝过。因为它曾经随着徽商的脚步辉煌过,浸润了徽商圆滑的风骨,及至没落时,这种儒家的风骨依然保存着,隐藏在那些小巷里、楼牌中,甚至是那一砖一瓦之上。因为这份历史的风韵,西递也被誉为"中国传统文化的缩影""中国明清民居博物馆"。

西递四面环山,东西长约800米。村镇中以一条纵向的街道和两条沿溪的道路为主要骨架,构成了以东向为主、向南北延伸的村落街巷系统。宽约3米的4条街道——正街、横路街、前边溪街、后边溪街,构成村落的主要道路,40多条保存完好的古巷辐射全村,所有街巷均以青石铺地。西递至今还保存着古朴典雅的明清民居200幢,住宅大多临水而建,有高耸的马头山墙,精雕细琢的八字大门楼,曲折的墙面,形状各异的石雕漏窗及街头巷尾的石凳、石板桥、水井,这些建筑和物件都保持着明清时期的风貌。整个村落的整体轮廓与所在的地形、地貌、山水等自然风光和谐统一,具有很高的审美情趣,体现出皖南古村落特有的风貌。西递古镇的房屋多采用黑色大理石修建。99条深巷错综缠绕,各具特色的古民居遍布其中,行走在这里,如同置身于迷宫之中。西递民居外表简朴,多以黟县青石镂空雕成花卉和几何图案进行装饰。大门均用黟县青石做框,上部镶嵌门罩,多用砖石雕刻,以花鸟虫鱼或历史场景为题材,寓意深刻,极为精美。特别引人注目的是房间的梁、枋、斗横、雀替、隔扇和凭空窗上的雕刻,雕工细腻,异常精美。

西递村整体呈船形,村中鳞次栉比的古民居建筑群宛如一间间船舱,最终组合成大船的船体,昔日村头高大的乔木和13座牌楼,好比船上的桅杆和风帆。村周围连绵起伏的山峦,宛如大海的波涛。村前的月湖和上百亩良田簇拥着村子,恰似一艘远航的巨轮停泊在宁静的港湾里。

在这里,有一座兴建于明万历六年(1578年)的"胡文光牌坊",俗称"西递牌楼",是明朝徽派石坊的代表作。这个牌楼三间、四柱、五楼,整体结构精巧,巍峨气派,牌坊东、西两面分别刻有"荆藩首相"和"胶州刺史"8个大字——据说当时是由皇帝直接恩准敕建的。这在当地是唯一的一座,可见胡氏家族在当时地位之显赫。

徽派艺术的典范

一进村口,顺着胡文光牌坊向西,就会看见西递最著名的"走马楼"。整个走马楼建造得恢宏典雅,不落俗套,在当时既能彰显胡氏家族的身份地位,又保有徽派艺术的文化精髓。

现今保存的走马楼,是依据当年的布局重新进行修复的,与相邻的七忠祠遗迹一起,成了一个旅游景点。走马楼共分为上、下两层,楼体粉墙黛瓦,飞檐翘角,既庄重又古朴,可以想见当年的繁华。在走马楼的楼下有一座黟县青石铺就的单孔石拱桥,名为梧离古桥。古桥之下,西溪流水潆绕走马楼穿桥而过,在此处,你可以领略到"西递八景"之———"梧桥夜月"的美景。

七忠祠位于西门里高都司巷以东路北胡同内,据说是为了纪念宋元年间胡氏的7位经学名家所修建的,历史要比走马楼更为久远。在一定程度上,七忠祠已经不是一般意义的祠堂了,而是有表彰先贤的意味了。据说,胡氏的后人中,只有那些进士及第的族人,死后才可以进这座祠堂。

在明清两代,西递共建有34座祠堂,其中比较著名的还有明经祠堂。明经祠堂本来是胡氏家族的公祠,最开始叫本始堂,初建于清乾隆五十三年(1788年)。明经祠堂门额上书有"明经胡氏宗祠"几个大字,据说是当时权倾一时的户部尚书、歙县人曹文植所题写。原先在祠堂的台阶下有一对石狮子,无形中加强了这座祠堂的威严感。明经祠堂用八字砖雕刻着门墙,是一座典型的翘角式门楼。在祠堂的廊前设有三元门,与祠堂大门口的三元门呈现遥遥相对之势。旧时每逢庆典,胡氏族人便在明经祠堂张灯结彩,到时六门齐开,层落之间富丽堂皇。

在西递还有另一座著名的祠堂,名叫追慕堂。曾经的徽商首富胡贯三和西递著名的文人胡积堂,都出自这一祠。追慕堂飞檐翘角,八字形门楼为两块完整的、打磨光滑的黟县大理石雕制而成，堪称当地一绝。檐下三元门外设有木栏，整体建筑风格独特，极为精美壮观。追慕堂前的石狮子也十分威武，由于祠堂两边都是以高屋作为衬托，白色屋墙高耸，旧日巷道幽深，使它越发显现出恢宏之势。在祠堂后厅的享堂之中还供奉着唐朝皇帝李世民的画像，旨在追慕先祖，使后人牢牢记住自己的本根。

西递现存最大的祠堂——敬爱堂，是一座宗祠，原为西递胡氏14世祖仕亨公的住宅，始建于明万历年间，后毁于火灾。清乾隆年间重建时，因胡氏子孙渐趋昌盛，扩建为宗祠，面积达1800多平方米。敬爱堂如今被辟为"西递民俗展览馆"。

可见，西递不但是一座充满历史风味的古镇，也是徽派艺术的典范。西递保存近乎完整的明清建筑有几百座，这些历史遗迹是人类不可多得的文化瑰宝。纵观整个西递古镇，不论是在建筑布局、营造技术还是装饰工艺上的成就都是极其巨大的，它代表着中国唐宋以来住宅和人居环境建设方面的最高水平。西递是中国封建社会后期文化——徽州文化的载体，是明清时期达到鼎盛的徽州文化的产物。西递保存完整的古老建筑包括凌云阁、刺史牌楼、瑞玉庭、桃李园、东园、西园、大夫第、敬爱堂、履福堂、青云轩、膺福堂等，都原汁原味地保留着，成了今天人们凭吊历史的最佳选择。

充满人文色彩的民居建筑

除了那些古朴的祠堂外，西递还有很多带着人文色彩的民居建筑，旷古斋、桃李园、西园、东园、大夫第以及绣楼等古遗迹最负盛名。

沿着西递的青石板路一路前行，就会到达旷古斋。旷古斋的名称是当代人取的，寓广博古徽文化之意，由当代著名书法家刘炳森手书。旷古斋堂前两侧厢房的陈设古香古色：左侧为书房，内悬陶渊明《桃花源记》字画横轴，书案上有文房四宝；右侧为居室，家具上薄敷轻尘，古老的彩绘雕花木床静置一隅。旷古斋建于清康熙年间，是一幢清朝时期典型的徽派庭院式私家宅院。院内的砖雕、木雕、石雕基本保持原样，正厅堂前摆放有西递全景大沙盘，形象地再现了古村落的整个布局和山形地貌。

在西递的横街上还依次有瑞玉庭、桃李园、西园、东园、大夫第等民居建筑。瑞玉庭位于横路街口，是一座具有代表性的徽商住宅，由商人胡时虎始建于清咸丰年间。瑞玉庭古宅为前后背向、三间、二楼建筑，从上而下整体看来好似"商"字形。

出瑞玉庭前行数步，便是桃李园。据史料记载，桃李园也建于清咸丰四年（1854年），整个建筑由正屋与庭院共同组成，是西递徽商胡元熙的旧居兼私塾蒙馆。正屋整体是三间三进二楼的结构，整体的木雕楼裙嵌着"福""禄""寿""喜"四个大字，风雅别致。宅院内有一处很有名的内建筑，被称为绣楼，又名"彩楼"，建于清康熙三十年（1691年）。绣楼为一小巧玲珑、古朴典雅的亭阁式建筑，悬空挑出，檐角飞翘，三面有栏杆、排窗，显得突兀又别致。

位于中路横街之上的西园建于清道光四年（1824年），是河南开封知府四品官胡文照的私宅。整个西园是徽州古民居中一座较为典型的徽派园林式建筑，房屋的整体与庭院相呼应，庭院与自然相融。

3. 小桥流水——昆山周庄

周庄在苏州管辖的昆山西南，是中国江南一个具有900多年历史的水乡古镇，而正式定名为周庄镇，却是在清康熙初年。若要在中国选一个最具代表性的水乡古镇，毫无疑问，它就是中国第一水乡——周庄。千百年历史沧桑和浓郁吴地文化孕育的周庄，以其灵秀的水乡风貌、独特的人文景观、质朴的民俗风情，成为东方文化的瑰宝。作为中国优秀传统文化的杰出代表，周庄成为吴地文化的摇篮、江南水乡的典范。

"烟雨江南，碧玉周庄"，始建于1086年的古镇周庄是一个典型的江南水乡小镇。它环境幽静，建筑古朴，至今仍保存着水乡集镇的风貌，全镇60%以上的民居仍为明清建筑。同时，周庄还保存14座各具特色的古桥，形成一幅"小桥流水人家"的水乡风情画。

周庄，旧称"贞丰里"，但那时的贞丰里只是集镇的雏形，与村落相差无几。周庄的历史最早可以追溯到春秋时期，它曾是吴王幼子摇的封地，称"摇城"。北宋元祐年间（1086—1904年），周迪功郎信奉佛教，将庄田200亩捐赠给全福寺作为庙产，百姓感其恩德，这些庙产被命名为"周庄"。1127年，金二十相公跟随宋高宗南渡，迁居于此，人烟逐渐稠密。元朝中叶，颇有传奇色彩的江南富豪沈万三之父沈佑，由湖州南浔迁徙至周庄东面的东宅村（元末又迁至银子浜附近），经商发迹后使贞丰里出现了繁荣景象，形成了南北市河两岸以富安桥为中心的旧集镇。到明朝，该镇的规模扩大，向西发展至后港街福洪桥和中市街普庆桥一带，并迁肆于后港街。清朝，这里的居民更加稠密，西栅一带渐成列肆，商业中心又从后港街迁至中市街。这时俨然是江南大镇了，但仍叫贞丰里，直到康熙初年才正式更名为周庄。

周庄在元朝时隶属苏州府长洲县，明朝中期隶属松江府华亭县，清初复归长洲县。清雍正三年（1725年），周庄镇因元和县一分为二，约五分之四属元和县（今吴中区），五分之一属吴江县（今吴江区）。清乾隆二十六年（1761年），江苏巡抚陈文恭将原驻吴县角直镇的巡检司署移驻周庄，管辖澄湖、黄天荡、独墅湖、尹山湖和白吉湖地区，几乎有半个县的范围。周庄由原来的小集迅速发展为商业大镇，与江南富豪沈万三的发迹有很大关系。沈万三利用白蚬江（东江）西接京杭大运河、东北接浏河的优势，出海贸易，将周庄变成一个粮食、丝绸，以及多种手工业品的集散地和交易中心，促使周庄的手工业和商业得到了迅猛的发展，最突出的产品有丝绸、刺绣、竹器、脚炉、白酒等。

周庄环境幽静，建筑古朴，全镇60%以上的民居仍为明清建筑，仅有0.47平方千米的古镇有近百座古典宅院和60多个砖雕门楼，还有一些过街骑楼和水墙门，是江南水乡的代表性建筑。在这些建筑中，最具有代表性的当数沈厅。

沈厅，原名"敬业堂"，清末改为松茂堂，由沈万三后裔沈本仁于清乾隆七年（1742年）建成，位于富安桥东南侧的南市街上，坐北朝南，七进五门楼，大小房屋共有一百余间，分布在100米长的中轴线两旁，占地2000多平方米，为江苏省重点文物保护单位。沈厅共有三部分组成。前部是水墙门和河埠，专门供家人停靠船只、洗涤衣物之用，为江南水乡的特有建筑；中部是墙门楼、茶厅、正厅，是接送宾客，办理婚丧大事和议事的地方；后部是大堂楼、小堂楼和后厅屋，是生活起居之处所。整个厅堂是典型的"前厅后堂"的建筑格局。前后楼之间均由过街楼和过道阁连接，形成一个环通的走马楼，为同类建筑物所罕见。张厅，原名"怡顺堂"，是周庄镇仅存的少数明朝建筑之一，为江苏省重点文物保护单位，相传为明朝中山王徐达之弟徐逵后裔于明正统年间所建，清初卖给了张姓人家，改名"玉燕堂"。

作为富庶人家的宅第，张厅历经五百多年沧桑，但气派依旧。走过沿街的门厅，面前是一个绿意盎然的天井。两侧是低矮的厢房楼，上下都设蠡壳窗户。虽然经历了漫长的岁月，但通过遭到损害的砖雕门楼、坚实的石柱、细腻精良的雕饰，不难看出张厅昔日的风采。它的大厅轩敞明亮，一抱粗的庭柱下是张厅玉燕堂罕见的木鼓墩（柱础）——这是明朝建筑的显著标志。厅堂内张灯结彩，布置着明式红木家具。墙上悬挂着字画，一副对联尤其引人注目，上联是"轿从门前进"，下联是"船自家中过"，十分贴切地写出了张厅的建筑特色。

张厅的后院是一个娴静、素洁的小花园，四周拥着粉墙黛瓦的民居。高高的风火墙下，翠竹摇曳，月季芬芳，书带草点缀着弯曲的小道。还有一柱显眼的太湖石，高峰处有一峦状如飞燕，洁白如雪，玲珑剔透，于是人们将它称为"玉燕峰"，为这个小巧的花园增添了几分灵秀之气。

江南水乡自然少不了桥，周庄至今仍保存着建自元明清时代的石桥14座。双桥、富安桥、贞丰桥、福洪桥和新建的急水港大桥，都是周庄桥的代表。

始建于明万历年间（1573—1619年）的双桥，位于周庄镇东北方，因为桥一横一竖，桥洞一方一圆，很像古时候的钥匙，当地人便称之为"钥匙桥"。两座桥，一座是石拱桥，一座是石梁桥。石拱桥横跨南北市河，桥东端有石阶引桥伸入街巷；石梁桥平架在银子浜口，桥洞仅能容小船通过，桥栏由麻条石建成。双桥联袂矗立，别致非常，最能体现古镇神韵。双桥——一名世德桥，长16米、宽3米、跨度5.9米，由里人徐松泉、徐竹溪建造；一名永安桥，长13.3米、宽2.4米、跨度3.5米，由里人徐正吾建造。二桥都在清乾隆三十年（1765年）进行了重修，清道光二十三年（1843年）又由乡里捐资重建。1957年，永安桥再次进行修缮。

富安桥，位于中市街东端，横跨南北市河，通南北市街，相传桥旁有总管庙，原名总管桥，为江南水乡仅存的、桥楼合璧的立体建筑。元至正十五年（1355年），由里人杨钟建造。桥长17.4米，宽3.8米，跨度6.6米。初系青石面无级，明成化十四年（1478年）、明嘉靖元年（1522年）两次重修为单孔拱桥。清咸丰五年（1855年）再次重修时易成花岗石，东、西有阶梯，中间为平面，刻有浮雕，桥身四角有桥楼，临波拔起，遥遥相对。据说沈万三的弟弟沈万四，因不愿重蹈其哥哥与朱元璋作对最终被发配充军的覆辙，而主动捐钱为乡里做好事，曾捐钱修建过富安桥。富安桥的名字，就是表达他"富了以后，祈求安康"的心愿。富安桥历史悠久，桥上有五块江南一带罕见的武康石：较长的一块在桥东，作为给行人坐下歇脚的栏杆石；一块用作桥阶；较短的三块铺在西桥堍。武康石采自浙江德清县的山崖间，石面布有细小的蜂窝眼，颜色呈深赭色，不易磨损。富安桥几百年来不知被多少脚步踏过，仍基本保持原状，雨雪天也不打滑。

贞丰桥，位于中市河西口，是一座单孔石拱桥，由于周庄古名贞丰里，以里得名，为贞丰桥。贞丰桥连通贞丰弄和西湾街，桥长12.2米、宽2.8米、跨径4.4米。明崇祯七年（1634年）重修，清雍正四年（1726年）再次重建。该桥如今拱洞完整，磨石斑驳，石隙间伸出枸杞枝，风貌如初，整修后傲然跨河而立，呈现一派古风意韵。桥北西侧，曾开设德记酒店。此处地处桥旁闹市，有桥有楼，桥楼互衬，顾客临窗把酒，看窗外波光桥影、舟楫往来，风光美不胜收。因此，南社成员柳亚子、陈去病、王大觉、费公直等人常在这里聚会，这楼也被人称为"迷楼"。贞丰桥和迷楼现仍保存如初，一桥一楼，相得益彰。

全福讲寺是远近闻名的古刹。宋元祐元年（1086年），里人周迪功郎舍宅为寺，在西北部的白蚬湖畔建全福讲寺。经历代不断扩建，梵宫重叠，楼阁林立，碧水环绕，香火鼎盛，成为江南以经忏为主、沐佛恩光的名寺。全寺共有五进，主体建筑为大雄宝殿，步入殿内，三丈余的如来大佛盘膝而坐，佛掌中可卧一人。据清《周庄镇志》载：如来大佛，本苏州虎丘海涌峰云岩寺世尊像。清顺治五年（1648年），总兵杨承祖兵驻白蚬湖边，迎于寺内。大佛左右屹立文殊菩萨、普贤菩萨的佛像，两侧的十八罗汉神态各异，栩栩如生。清初书法家李仙根寻访全福寺，看到寺院置身湖光山色之中，题刻巨匾"水中佛国"悬于山门之上。

每年元宵节，在东诧村牛郎庙的广场上，都会竖立起一根桅杆，杆上横一根小竹竿，两端悬挂串串彩灯。桅杆顶端缚一圈圈稻草，内藏鞭炮，敷以易燃物品，再糊上一层黄色的纸张，呈元宝状，这就是"田财"。到了夜晚，月亮洒下清辉，人们从四面八方携带鞭炮、爆竹和各色烟花火筒来到广场上，欢度良宵。当桅杆上彩灯内的蜡烛燃尽时，人们立即鸣放鞭炮、爆竹，点燃烟花火筒，用"月炮""九龙抢珠""五百鞭""一千鞭"对着杆上悬挂的金黄色"田财"轮番射击。一时间，爆竹烟花在夜空呼啸，五彩焰火缤纷绚丽，围观群众欢声雷动，广场上洋溢着喜洋洋的气氛。燃烧的"田财"从桅杆顶上落地，人们争先恐后地拿着束束稻草上去点火，然后一边当空挥舞，一边去田间地角焚烧。广袤的田野里，火光似流星，祈祷声高亢悠长："炭炭（烧烧）田角落，牵袭三石六……"人们用这种带有道教文化色彩的活动，祈求五谷丰登、国泰民安。

周庄人吃茶历史悠久，很难考证始于哪一年，历来有吃阿婆茶、讲茶，喝喜茶、春茶、满月茶等习俗，名目繁多，被称为江南水乡的茶道。周庄的阿婆茶在江南水乡颇有名气。到周庄，未吃阿婆茶，算不得真正到过周庄。在周庄，吃阿婆茶，能够真正品出水乡古镇的味道来。

4. 中西合璧——南浔古镇

南浔位于浙江省湖州市东北，在江南古镇中建镇相对较晚，初建于南宋淳祐十二年（1252年），在明万历年间至清朝中叶成为江南最为富有的小镇。明万历年间至清中叶，随着蚕丝业的兴起和商品经济的发展，南浔经济空前繁荣，清朝末年已成为全国蚕丝贸易的中心，民间有"湖州一个城，不及南浔半个镇"之说，南浔由此一跃成为江浙大镇，富豪之家多达数百。

第四章 经典特色民居

南浔素有"湖丝之源、院士乡里、鱼米之乡、丝绸之府、文化之邦"的美誉，是"马家浜文化""良渚文化""马桥文化"的重要发祥地之一，汇聚了丝绸文化、蚕桑文化、湖笔文化、渔文化、儒商文化、园林文化、民俗文化等丰富多彩的地方文化。南浔历来名人辈出，有着"九里三阁老，十里两尚书"之称，并且是中国近代民营经济的发祥地，在近现代涌现出以"四象八牛七十二墩狗"为代表的丝商巨贾、民国奇人张静江、报告文学家徐迟、两弹一星元勋屠守锷、飞机设计之父徐舜寿等名人巨匠。

南浔古镇环境秀美，历史上园林众多，自南宋至清朝，镇上大小园林达27处，至今幸存的有刘氏小莲庄、嘉业堂藏书楼、陈氏颖园和张氏适园等。南浔自古以来崇文重教，文化昌盛，人才辈出，仅宋、明、清三朝，南浔籍进士41名、京官56名、州县官57名。近代、现代在全国有影响的专家学者有80多名。南浔还有保存完整、号称"江南第一古民宅"的张石铭旧宅，有民国奇人张静江故居，有湖州市首家丝商建立的公所丝业会馆，有江南至今罕见的沿河民居建筑群百间楼，有记载着动人传说的"南浔三古桥"（通津桥、洪济桥、广惠桥）。

小莲庄，又称"刘园"，位于镇南的鹧鸪溪畔，是晚清光禄大夫刘镛的私家花园及家庙所在。庄园始建于清光绪十一年（1885年），前后费时四十年，于1924年建成。因主人仰慕元朝书画家赵孟頫所建莲花庄之名，得名"小莲庄"。小莲庄占地1.7万平方米，主要分外园和内园两部分，外园以荷池为中心，而内园的主体是太湖石堆砌的假山群。整个园林构思精妙，各处建筑分别成景，内园、外园错落有致、似隔非隔、妙趣横生。

嘉业堂藏书楼与小莲庄隔溪相望，有小桥通连。此楼的创始人是号称"江浙巨富"的晚清秀才刘承干。刘承干在清末曾捐巨资助修光绪帝陵墓，宣统帝曾赠予匾额"钦若嘉业"。他以此为荣，故以"嘉业"为藏书楼命名。

嘉业堂藏书楼掩映在一座花园之中，为一座回廊式的两层建筑，共有书库52间，中间有大天井。在藏书楼全盛时期，即1925年至1932年，楼中藏的各种珍本、善本近万种，堪称中国历史上规模最宏大、藏书最丰富的私人藏书楼。

颖园位于南浔古镇便民街的皇御河畔，是俗称南浔"八牛"之一的清朝富商陈熊的私家住宅花园，占地11.07亩，始建于清同治元年（1862年），于清光绪六年（1875年）落成，系南浔镇文物保护单位。颖园以玲珑剔透、紧凑多姿、清幽雅致见胜。中华人民共和国成立后，颖园几经修缮，主要建筑保存完好，著名古园林专家陈从周教授在《水乡闹得》一文中曾说颖园是："陈园环池筑一阁一楼，倒影清澈，极紧凑多姿，具有苏州狮子林的风韵。"每当傍晚，百鸟汇聚在园中，成为奇观。

张石铭旧居，又称"懿德堂"，位于南浔镇南西街，占地4792平方米，有五落四进和中西各式楼房150间，风格奇特、气势恢宏，众多精美生动的木雕、砖雕、石雕以及从法国进口的玻璃刻花都具有很高的艺术欣赏、民俗建筑和文物价值，号称江南第一巨宅。

百间楼位于南浔古镇的东北侧，相传是明朝的礼部尚书董份为家中保姆、仆人居家而建，始建时约有百间楼房，故称"百间楼"。百间楼沿河蜿蜒而建，长约400米，又架长板石桥连接两岸。百间楼的山墙高低错落。沿河石砌护岸整齐，且有河埠，方便行人上岸、下船、搬运货物，又便于汲水。百间楼保持了明朝的建筑风格——白墙、青瓦、回廊、水埠、花墙、券门，具有浓郁的江南水乡风味。

南浔"四象八牛七十二墩狗"

所谓"四象八牛七十二墩狗"，是指或自为丝通事，或有近亲为丝通事之资本雄厚者。财产达百万以上者曰"象"，五十万以上不过百万者曰"牛"，二十万以上不达五十万者则曰"狗"。所谓"象""牛""狗"，皆以其身躯之大小，象征丝商财产之巨细。南浔"四象八牛"之说，属于民间说法，根本无正规的统计和详细记载，"七十二墩狗"仅仅是泛指。

"四象"包括刘镛、张颂贤、庞云错、顾福昌。刘镛（1825—1889年），字贯经，因排行第三，人称"刘三东家"，以丝盐起家，被誉为四象中的"刘家的银子"，为"四象"之首。张颂贤（1817—1892年），字竹斋，祖籍徽州休宁。据传他的财富仅次于刘家，占四象之第二位。经营蚕丝发家后，又着眼于盐务，为盐业界巨头。庞云错（1833—1889年），字芸皋，原籍浙江绍兴。在合伙做蚕丝生意的同时，还与胡雪岩同做军火生意。顾福昌（1796—1868年），字成之，号春池，因排行第六，创业后，被称为顾六公公。经营蚕丝致富后，又经营了当时上海滩上唯一的外洋轮船码头——金利源码头，并成为怡和洋行买办和怡和打包公司经理，还大做房地产生意。南浔民谣云："刘家的银子，张家的才子，庞家的面子，顾家的房子。"

"八牛"是指邢庚星、周昌大、邱仙搓、陈煦元、金桐、张佩绅、梅鸿吉、邵易森八人。邢庚星，南浔"八牛"之首，开设邢正茂丝经行，后易名为恒顺丝经行。同时还开设典当，为南浔开设当铺最多的一家。周昌大，一名味诗，字乐耆。祖籍浙江余姚，乾隆中迁浔，开设申泰丝号和申昌丝号，镇人都以周申泰称呼他家。邱仙搓，字其深，开设启昌丝经行。陈煦元，原名熊，字竹坪。是一位有名的丝事通，外设裕昌纪经行。金桐，字竹庭。早年弃学就商于上海，成为丝事通，营丝发家。他的大儿子金寿亦，号称"小金山"。张佩绅，开设源泰丝行，曾在上海商业银行总行任营业部主任。梅鸿吉，字月栏，开设恒裕丝经行，其子梅展中开设南浔最早的用机器生产的丝厂。邵易森，开设森大丝经行，在上海设有邵月记丝号，出品青狮牌丝经，乡里称其为邵森大。

南浔的"七十二墩狗"，遍布南浔四乡。在镇上的有邱茂泰、邱盖茂、邱义昌、邱德升、沈涂记、沈永昌、沈永丰、沈天长、李恒德、李万顺、李德茂、吴晋昌、吴其昌、吴永记、朱宠茂、朱广隆、庄恒庆、邢丰记、卜同昌、韩怡昌、桂致和、潘泳记、潘大顺、张丰泰、张恒丰、徐世兴、徐惠和、许仁昌、谢森元、刘通德、庞同顺、丁昌记等，多数是开设丝经行致富的。在四像的有北小圩张家、桥下张家、吴楼张家、斜桥（土斗）金家、五家亭盛家、石匠（土斗）邱家、七里村温家、藏谷桥王家等。

5. 河流如网——苏州甪直

甪直镇位于江苏省苏州城东25千米，古称"甫里"，又名"六直"。后因镇东有直港，通向六处，水流形状很像"甪"字，故改名为"甪直"。甪直镇建于南朝梁天监二年（503年），至今已有1500多年的历史，被誉为"神州水乡第一镇"。

甪直古镇上现有主街道9条,街面都以卵石及花岗石铺成,街坊临河而筑,前街后河,街道两旁店铺林立。不论临街的住宅还是临河的民房均为粉墙黛瓦、木门木窗、青砖翘脊,墙壁上还带有花纹,大多为明清时代的房子。镇中还有58条古巷,最深的巷子长达150米。

甪直镇最火的特色就是水多、桥多,甪直也因此历来享有江南"桥都"的美称。在一平方千米的古镇区内原有宋、元、明、清时代的石拱桥70多座,现存41座,造型各异,各具特色,古色古香,素称"中国古桥博物馆"。甪直的石桥包括多孔的大石桥、独孔的小石桥、宽敞的拱形桥、狭窄的平顶桥,也有两桥相连成直角的双桥,以及左右相邻的姊妹桥和方便居民的平桥。

保圣寺建于南朝梁天监二年(503年),是一座著名的千年古刹,被誉为江南四大寺院之一。甪直镇的兴起与保圣寺的建造与繁盛有着密切的关系,可以说甪直的繁华是"以庙兴市"。当时的梁武帝萧衍笃信佛教,大兴寺庙,保圣寺就是当年建造的大寺之一。最盛时保圣寺有殿宇5000多间,僧众近千人,范围覆盖半个甪直镇。如今,保圣寺保存着唐代著名雕塑家杨惠之所塑的9尊泥塑罗汉,虽历经千年沧桑,却仍然完好。

沈宅位于保圣寺以东,建于清同治九年(1870年),是甪直教育家沈柏寒的故居,建筑布局精巧,画栋雕梁,具有清朝建筑特点。沈家原为甪直富豪,拥有众多的产业和财富,当时有"沈半镇"之称。沈宅的正厅乐善堂是沈宅的精华部分,也是镇上最豪华的建筑,高大宽敞,雕饰遍布,东暖夏凉,四季皆宜。堂内有两副抱柱联,其一:经济有成,事业俱自苦志起,读书最乐,俊彦都由名教来;其二:和气祥光,清声美行,尊德乐义,合泽戴仁。前一副是教育子孙的话,后一副则是跟堂名有关,是希望由"乐善"而达到的至高境界。

萧宅位于和丰桥(中美桥)南约30米,中市上塘6号。建于清光绪十五年(1889年),占地一千多平方米,是保存较好的清朝民宅。此宅原系清朝武举人杨姓所建,后售于里中望族萧冰黎,故称萧宅。萧冰黎在"五高"任教,为地方公益做出过贡献。其子萧乃震留学德国,其孙女萧芳芳是香港电影演员。现萧宅内设为萧芳芳演艺馆。整宅五进，结构紧凑，布局巧妙，宅基一进比一进高，寓意"步步高升"，充分体现了苏派建筑独特的艺术风格，可谓江南私家住宅建筑的精品。

王韬纪念馆在甪直中市下塘街6号，为一座具有清朝建筑风格的住宅，占地800平方米。坐东朝西，共分王韬生平事迹陈列室、王韬故居和韬园三部分。门楼上书有钱君陶先生题写的馆名，宅中为面阔三间的鸳鸯厅，上悬匾额"蕾花馆"，大厅正中竖有高大的木雕屏风，屏风前置有王韬半身铜像，厅柱上分别镌刻着王韬自撰的对联："短衣匹马随李广，纸阁芦帘着孟光。"还有当年康有为题赠给王韬的对联："结想在霄汉，即事高华嵩。"最后是一个小花园，名为韬园。

每当谈及改良，人们必然会联想到"康梁"。而早于"康梁"力主变法自强的王韬，则鲜为人知。其实，王韬的思想、主张在当时是颇有影响的，他曾提出"富强即治国之本"，提倡学习西方的科学技术，要求发展工商业和新式交通事业，主张改革封建的科举考试制度、学校制度，为戊戌变法做了舆论准备，只不过当局"用其言而仍弃其人"而已。王韬（1828—1897年），近代著名思想家，清末改良主义政论家。江苏人，初名利宾，字紫诠，号仲弢，又号天南遁叟。

知识链接

沈柏寒简介

沈柏寒（1884—1953年），名长慰，又字伯安。原吴县甪直人。同盟会会员、教育家。光绪年间重建甪里书院的沈宽夫就是他的祖父，他7岁丧父，由母亲抚养长大，因沈柏寒是沈家长子，其祖父特别疼爱他，从小就得到名师的指点，打下了旧学根底。21岁时东渡日本，入早稻田大学教育系攻读，在日本，他学到了新知识，接受了新思想，并且开阔了视野。23岁，沈宅大家庭内部发生了严重纠纷，沈柏寒只得辍学回家，回到家乡，他痛感古镇风气的闭塞，认为必须启迪民智，于是确立了教育救国的思想，把甪里书院改为甪里小学，从事教育事业。

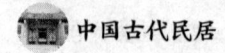

6. 水乡公园——常熟市沙家浜

沙家浜镇位于江苏省常熟市东南隅,地处风光旖旎的阳澄湖畔,是一个具有五百多年历史的江南古镇,交通便捷,苏嘉杭高速公路在境内设有互通,锡太公路穿越全镇。沙家浜镇总面积80平方千米,人口四万有余,下辖11个行政村,2个社区居委会,一个办事处,已成功获得国家卫生镇、中国环境优美镇、中国重点镇、中国休闲服装名镇等国家桂冠,综合实力名列常熟市乡镇前茅。

沙家浜以其浩荡的芦苇、宽阔的水域和茂密的绿色构成江南水乡富有自然情趣的绿色生态主调;沙家浜的历史人文积淀更赋予了景区深厚的内涵和生命活力;水、渔、米、耕、戏的江南特色更是常常让游客融入其间,乐此不疲。

沙家浜镇自然风光独一无二,南面是烟波浩渺的阳澄湖,北面是清明如镜的昆承湖。这两湖之间曲径逶迤,成了名副其实的转水墩、活络圩。这千亩芦苇荡,构成了一道迷人的风景线。岸边的良田,春绿秋黄,一望无垠,田中的农舍,粉墙黛瓦,星罗棋布,看不尽烟柳春燕图,吟不完秋韵菊花诗,令人心旷怡,浮想联翩。真是"阳澄湖畔沙家浜,芦苇荡里好风光"。

"阳澄湖畔沙家浜,大闸蟹的屋里乡。"("屋里乡"意为家乡、房间里)沙家浜地区河湖密布,水质洁净,水草丰茂,食饵充裕,水底泥质坚硬,是螃蟹栖息的理想场所。盛产有"蟹中之王"美称的阳澄湖大闸蟹。

以全国爱国主义教育示范基地沙家浜革命历史纪念馆为中心的革命传统教育区是全国"红色教育游"著名景点。以水生植物观赏、民俗文化展示、芦苇特色景观为主的湿地公园成为"绿色生态游"的区域热点。以无公害大米、鱼类和阳澄湖大闸蟹等沙家浜的"鱼米三宝"和特色食品为主的美食系列成为"金色美食游"的显著亮点。以拍摄影视作品近百部的影视基地和8个特色店铺为中心的横泾老街成为"影视文化游"的重要看点。沙家浜芦荡湿地公园,还原了江南水乡典型的古镇村落,展现原汁原味的传统江南水乡渔民特有的生产、生活状况与民风民俗,湿地内的芦苇、芦竹、蒲苇、朴树、女贞等当地原生的湿地植物与耐水湿植物,构成了具有江南水乡特征的湿地植物群落。粉墙黛瓦、小桥流水的芦荡人家，飞鸟闲逸、游鱼戏水的湿地渔乐园，莘莘参差、苇叶摇曳的湿地植物园。"绿波不尽尘难染，芦苇深处浮人家"，描绘了沙家浜惬意田园的诗意画境，展现了沙家浜非同寻常的自然乐趣和人文情怀。

7. 文化名镇——开封朱仙镇

朱仙镇位于河南省开封市西南，自唐宋以来，一直是水陆交通要道和商埠之地。明朝时，作为开封唯一的水陆转运码头，朱仙镇迅速繁荣起来，到明末，朱仙镇已名列全国四大名镇，镇中民商有4万余户，人口达20多万人。贾鲁河从镇南北穿过，把全镇分为东西两部分，河上的大石桥和二板桥又把全镇连成一体。镇内保留着不少古色古香的旧式建筑，整个集镇显得幽雅、别致。

朱仙镇岳飞庙是中国三大岳王庙之一，始建于明成化十四年（1476年）。南宋初年，名将岳飞曾率兵在此抗击金兵，大败敌将金兀术，深受后人敬仰。

岳飞庙坐北向南，为三进院落，外廊呈长方形，整个殿堂恢宏庄严，碑亭林立，刻绘塑铸作品丰富多彩。大殿中有岳飞及其家人的塑像供人景仰、祭拜，同时院中还有秦桧夫妇和奸臣的跪像，供人唾骂。岳飞庙历经明清两代多次整修，香火十分旺盛。

明清时期，一些中外的穆斯林商贾来到朱仙镇进行商品贸易，在此地修建了7座清真寺，其中的北寺（朱仙镇清真寺）保存最完好。朱仙镇清真寺初建于北宋太宗年间，扩建于明嘉靖十年（1531年），重修于清乾隆九年（1744年），距今已有千年历史，整个寺院占地9000余平方米，在全国百大清真寺中，其建筑风格和装饰均属罕见，据说，岳飞大战金兵时元帅府就设在寺内。当时岳飞在寺里乘凉的槐树，被群众称为"相思槐"的国槐树，在寺里保存，寺里尚保留一座清嘉庆十年的阿拉伯文碑，记载当时朱仙镇穆斯林朝拜真主的盛况，是河南省保存最完整的阿拉伯文碑。

朱仙镇木版年画是中国四大木版年画之一，历来为国内外美术界所敬慕。朱仙镇年画起源于唐代，兴于宋代，鼎盛于明清，历史悠久，其制作采用木版与镂版相结合，水印套色，种类繁多。年画的题材和内容大多取材于历史戏剧、演义小说、神话故事和民间传说,构图饱满,线条简练,造型古朴,色彩艳丽,人物普遍头大身子小,既有喜剧效果又显得匀称,具有浓郁的乡土气息和地方色彩。

8. 千年历史——江西景德镇

景德镇坐落于江西省东北部,素有"江南雄镇"之称。景德镇制瓷历史悠久,所制瓷器质地精良,是中外著名的瓷都。

景德镇所在的地方在春秋时期属于楚国东境,秦时为九江郡番县地,汉时属豫章郡鄱阳县,东晋称新平镇。唐武德四年(621年)置新平县,景德镇属新平镇管辖范围。景德镇因为位于昌江之南,又称昌南镇。唐开元四年(716年)复置,治所在新昌江口,唐天宝元年(742年)改名浮梁,先后隶于新昌、浮梁县。宋景德元年(1004年)因镇产青白瓷质地优良,遂以皇帝年号为名景德镇,沿用至今。元朝,浮梁县一度升为州,明朝州又改称为县,此后景德镇在行政上一直属县辖区。

清乾隆之后,由于各种社会原因,景德镇瓷器生产开始走下坡路,产量、器质、品种、造型等都明显呈萎缩状态。特别是鸦片战争之后,战事频繁,政局动荡,外贸入侵,市场缩小,景德镇的瓷器生产也受到了严重摧残,延续500多年之久的御器厂也寿终正寝。1916年,浮梁县治从旧城(今浮梁县)迁至景德镇。1927年至1929年,景德镇一度建市,称景德市。1930年至1934年,中国共产党曾在景德镇建立苏维埃政权和组织。1935年,江西省第五行政区督察专员公署从鄱阳县迁至景德镇,景德镇成为赣东北的政治、经济、文化、军事的中心。抗日战争爆发后,中国共产党于1938年在景德镇设新四军办事处,北部山区的瑶里设有留守处。

1953年6月,景德镇市为江西省辖市。2009年,景德镇市辖乐平市、浮梁县和珠山、昌江两区。

瓷都御窑

景德镇从汉朝开始烧制陶器,东晋始制瓷器,距今已有1600多年的历史。景德镇瓷器造型优美、品种繁多、纹饰丰富、风格独特,以"白如玉,明如镜,薄如纸,声如磬"的独特风格蜚声海内外。青花瓷、玲珑瓷、粉彩瓷、颜色釉瓷,合称景德镇四大传统名瓷。

景德镇御窑遗址博物馆位于原御窑厂遗址内。御窑厂是明清时期专为宫廷生产御用瓷器的所在地,始建于1369年。它是我国历史上烧造时间最长、规模最大、工艺最为精湛的官办瓷厂,海内外拍卖价格最高的瓷器大多出于此。

景德镇瓷器的主要原料——高岭土,来自瑶里附近的高岭山。瑶里,古名"窑里",因瓷器得名,远在唐代中叶,这里就有生产陶瓷的手工业作坊。

"留人茶"与"起手茶"

景德镇自古以"一瓷二茶"闻名,在长期形成的瓷业习俗中,瓷与茶也紧密联系一起。

旧时,景德镇制瓷做坯分圆器和琢器。圆器是指器型为圆形的瓷器,如盘、碗、杯、碟等;琢器是指不能完全依靠陶车制成的瓷器,如瓶、缸、钵、盆、汤匙、镶器等。琢器坯房的工人最艰辛,工作也不稳定。老板便想出一套决定第二年工人去留的办法:每年年底(农历十二月间),老板要请留下的工人去喝茶,没被请去喝茶的工人就意味着第二年被辞退失业。后来,就把老板年底请去喝茶的茶叫作"留人茶"。

过去陶瓷行业开工生产叫"起手",开工后不久,约在4月间,老板要请工人喝一次"起手茶",或吃"起手面",希望工人拼命干活。"留人茶""起手茶"不知是哪朝哪代开始用来约束瓷业工人的,但它却在陶瓷行业中逐渐形成一种约定俗成的规矩。

第四节 历史剪影——古城

1. 石头的史书——湘西凤凰古城

凤凰古城位于湖南省西部的湘西自治州凤凰县，紧邻沱江而建。这里自古以来就是苗族和土家族的聚居地，以境内的凤凰山得名，城始建于清康熙四十三年（1704年），历经300多年的风雨沧桑，古貌犹存。城内的青石板街道、江边的木结构吊脚楼，以及朝阳宫、杨家祠堂、天王庙、大成殿、万寿宫等建筑，无一不具有古城特色。

凤凰古城分为新、旧两个城区，老城依山傍水，清浅的沱江穿城而过，红色的砂岩城墙矗立在岸边。北城门下宽宽的河面上横着一条窄窄的木桥，以石为墩，两人撞面要侧身而过，这也是当年出城的唯一通道。

凤凰古城在明朝为五寨长官司的治所，建有土城。明嘉靖三十五年（1556年），土城改建为砖城，开设四大门，并各自建有城楼。到了清朝，古城的军事地位日益重要，古城的建设也得到加强。清康熙五十四年（1715年），砖城改建为石城。古城墙气势宏伟，既有军事防御作用，又有城市防洪功能，虽几经战火，仍耸立于沱江河岸，成为古城一道坚固的屏障。古城墙北门的城楼高约11米，名为"壁辉门"，采用本地产的红砂岩石条筑砌，工艺考究。砌墙的紫红砂石最重的达1200斤，轻的也有几百斤，拌以糯米粥、石灰浆砌墙，结构严密。城门呈半月的拱形，有两扇铁皮包裹，其上有密密麻麻的圆头大铁钉。城楼对外一面开有两层枪眼，每层4个，能防御城门外180度平面的范围。

虹桥又名"风雨楼"，是一座桥上有楼的火石桥，始建于明洪武七年（1374年），最初是由于沱江改道留下缺口而建的。清康熙九年（1670年），虹桥重建，设计成两台、两墩、三孔的形式，因两个桥墩呈船形，好像雨后的彩虹横卧在沱江河上,故命名为"卧虹桥"。当时桥上两侧各建有12间悬出桥外的吊脚楼廊房,开设有各种商店。1914年,沱江发生特大洪水,卧虹桥受到严重创伤。后来,凤凰人将此桥按原样整修,更名为"虹桥"。

杨家祠堂始建于清道光十六年(1836年),木结构四合院,分上、下两层,占地770平方米,由大门、戏台、过厅、廊房、正厅组成,呈长方形。戏台为单檐歇山顶,檐下饰如意斗拱,高16米,四根台柱雕龙刻凤,戏台为穿斗式结构,正殿为抬梁式结构,整个建筑做工精细,极富民族特色,属县重点文物保护单位。杨家祠堂坐落在县城东北部的古城墙边。

祠堂由大门、戏台、过亭、廊房、正厅、厢房组成,是典型的四合院建筑,占地770平方米。戏台为单檐歇山顶、穿斗式结构,高16米,面阔7米,进深8米;檐下如斗拱,台柱雕龙刻凤。正殿为抬梁式建筑,山墙为猫背拱,分为一明、二暗、三间。两边配有厢房。杨家祠堂设计精巧,雕饰精细——窗户、门、檐饰件均系镂空雕花,整体建筑具有鲜明的民族特色和很高的建筑艺术价值。

万寿宫又叫江西会馆,坐落在风景秀丽的凤凰东门外沙湾,始建于明末清初,大规模建筑于清乾隆二十年(1755年)。清咸丰四年(1854年),江西人杨泗在西侧建遐昌阁;民国十七年(1928年),又在大门北侧建阳楼。

沱江是凤凰城的母亲河,她依着城墙缓缓流淌,世世代代哺育着古城儿女。所以游览凤凰城,必须要看看凤凰城这八个特色景点:一、沱江边的捣衣女;二、沙湾的吊脚楼;三、北门外沱江边上的露天餐座;四、哺育了沈从文、黄永玉的文昌阁小学;五、黄丝桥古城;六、文庙、天王庙、武侯祠、文昌阁、笔架城;七、黄永玉题字的理发店,师傅有推拿的绝活,专治落枕;八、古戏台是当地画家的聚会地。

坐上乌船,听着艄公的号子,看着两岸已有百年历史的土家吊脚楼,真是别有一番韵味。

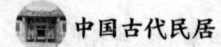

2. 三坊一照壁——云南丽江古城

云南，简称"云"或"滇"，地处中国西南边陲。云南现有的十余座古镇，大都建于古代大理国时期，分布在云南各地。这些古镇都是历史上的经济中心，所以具有浓郁的少数民族风情的同时，留下了浓厚的商业氛围。

丽江古城又名"大研镇"，它位于丽江坝中部，北依象山、金虹山、西枕狮子山，东南面临数十里的良田阔野。丽江是第二批被批准的中国历史文化名城之一，也是中国向联合国申报世界文化遗产成功的古城之一。丽江古城与同为第二批国家历史文化名城的四川阆中、山西平遥、安徽歙县并称为"保存最为完好的四大古城"，它是中国历史文化名城中两个没有城墙的古城之一（另一个是歙县）。据说，之所以没有城墙，是因为丽江世袭统治者姓木，筑城势必如木字加框而成"困"字之故。

丽江古城在纳西族的语言中，叫"巩本知"。"巩本"为仓廪，"知"即集市，可知丽江古城曾是仓廪集散之地。丽江古城始建于公元13世纪后期（宋末元初）。古城地处云贵高原，海拔2400余米，全城面积达3.8平方千米，自古就是远近闻名的市集、重镇。古城现有居民6200多户、25000余人。其中，纳西族占总人口绝大多数，有30%的居民仍从事以铜银器制作、皮毛皮革、纺织、酿造业为主的传统手工业及其相关的商业活动。

古城丽江把经济和战略重地与崎岖的地势巧妙地融合在一起，真实、完美地保存和再现了它古朴的风貌。古城建筑，因为饱经沧桑，历经无数朝代的洗礼，融汇了各个民族的文化特色而声名远扬。丽江还拥有古老的供水系统，这一系统纵横交错、精巧独特，至今仍在发挥着重要作用。

丽江古城位于云南省丽江纳西族自治县，地处青藏高原南端山峰耸峙的横断山脉，东与四川毗邻，北同西藏接壤，是云南通往西藏的必经之地。早在南宋时期，丽江古城就已初具规模，至今已有八九百年的历史。在清朝，随着中原、藏区的贸易日渐繁荣，丽江的商贸市场已有相当规模，并成为货物到藏区的商贸中转站，以及来往的马帮、客商歇脚的地方。

丽江是一个纳西族、汉族、白族、傈僳族、彝族、苗族等多民族杂居的地方，丰富多样的语言、文化习俗和生活方式共存，因此，来自山南海北的商家也不会感到不方便。加上四季宜人的气候，很多内地的商人到丽江就停下脚步，将此地作为自己的商贸基地了。

丽江的民间有谚说："先有四方街，后有丽江城。"四方街是古城的中心，丽江古城就是以四方街为基础发展起来的。四方街当年由土司取名，取的是"权镇四方"之意。也有人说是因为这里的道路通向四面八方，是人流、物流集散地，所以叫"四方街"。

古往今来，四方街都是藏区及丽江马匹、毛皮、藏药等特产，以及南方的茶叶、丝绸、珠宝等商品的贸易中心。白天，这里商贾云集，买卖兴隆；中午前后，会有许多身穿传统服装的纳西族老人伴着古老的乐曲跳起民族舞蹈；到了夜晚，特别是喜庆佳节的夜晚，各族民众来到这里燃起篝火，唱起山歌，跳起民族舞蹈，通宵达旦地狂欢。

明朝末年，丽江在木氏土司的统治下日渐繁荣，土司所营造的土司府——木府非常华美，明朝旅行家徐霞客在游记中称其"官室之丽，拟于王者"。木府占地46亩，整个建筑群坐西朝东，分别有议事厅、万卷楼、护法殿等大殿，两侧房屋层叠，花园回廊、楼台亭阁数不胜数，风格别致。木府是在明朝中原建筑风格的基础上，融入了纳西族和白族的地方工艺风格，同时又将云南名木古树、奇花异草汇聚一所，将自然清雅之气与王宫的典雅富丽融为一体，充分展现了纳西文化的开放精神。

在丽江古城区内的玉河水系上，修建有桥梁354座，平均每平方千米93座。桥梁的形制多种多样，比较著名的有锁翠桥、大石桥、万千桥、南门桥、马鞍桥、仁寿桥，均修建于明清时期，以位于四方街以东100米的大石桥最具特色。

位于城内福国寺的五凤楼始建于明万历二十九年（1601年），楼高20米。因其建筑形制酷似五只飞来的彩凤，故名"五凤楼"。五凤楼融合了汉族、藏族、纳西族等少数民族的建筑艺术风格，是中国古代建筑中的稀世珍宝。五凤楼又称"法云阁"，原建于芝山福国寺内，1979年迁至黑龙潭。福国寺建于明朝，原是木土司的别墅及家庙。木土司曾在寺内会见过明朝著名的旅行家和地理学家徐霞客。

位于丽江古城以北8千米处的白沙民居建筑群，曾是宋元时期丽江地区的政治、经济、文化中心。白沙民居建筑群分布在一条南北走向的主轴上，中心为梯形广场，一股泉水由北面引入广场，四条巷道从广场通向四方，极具特色。白沙民居建筑群的形成和发展为后来丽江古城的布局奠定了基础。

位于丽江古城西北4千米处的束河民居建筑群，是丽江古城周边的一个小集市。建筑群内的房舍错落有致，布局与丽江古城四方街相似。青龙河自建筑群的中央穿过，建于明朝的青龙桥横跨其上。青龙桥是丽江境内规模最大、历史最悠久的石拱桥。

丽江古城历史悠久，古朴自然，既具有山城风貌，又富于水乡韵味。丽江民居既融合了汉、白、彝、藏各民族精华，又有纳西族独特的风采，是研究中国建筑史、文化史不可多得的重要遗产。丽江古城包容蕴含着丰富的民族传统文化，集中体现了纳西族的兴旺与发展，是研究人类文化发展的重要史料。

3. 四合五井天——云南大理古城

大理，全称大理白族自治州，地处云南省中部偏西，市境东巡洱海，西及点苍山脉。这里气候温和，土地肥沃，山水风光秀丽多姿，是中国西南边疆开发较早的地区之一。大理地区是云南最早的文化发祥地之一，据考古发掘，新石器时代遗址广泛分布在以洱海为中心的高原湖泊群周围。白族、彝族等少数民族的先民在这块美丽、富饶的土地上种植水稻，驯养家畜，从事采集、渔猎，创造了大理地区的远古文明。

大理地方文化灿烂，民族风情浓郁。大理作为数百年云南政治、经济、文化中心，有着滇西大城的地位，文人名流会集，史籍文献甚丰。加之在当地占主要地位的白族人民，文化素养历来较高，因此，自明、清以来大理素有"文献名邦"之称，历代以来人才辈出。大理文化是中原文化、藏传文化、东南亚文化及当地民族文化融合的产物；是中国西南少数民族地区具有悠久历史的灿烂古代文化；是中华文化链中一个重要组成部分。白族人民从服饰、住居、婚嫁、信仰、习俗以及庆典节日，都充满着独特的民族情趣，这些浓郁的民族风情，增添了古城的历史文化气氛，亦更加增添了大理历史文化名城的迷人色彩。

大理古城又称"榆城"，素有"文献名邦"之称。这里气候温和，土地肥沃，风光秀丽，有"风花雪月"的美称。南诏时期，大理地区的政治、经济、文化、生产技术都有了长足的发展，享誉海内外的崇圣寺三塔就是当时的产物。

现在的大理古城始建于明洪武十五年（1382年），方圆6千米，东西南北各设一门，均有城楼，四角还有角楼。由南门进城，一条直通北门的复兴路，成了繁华的街市，沿街店铺比肩而设，出售各种民族工艺品及珠宝玉石。街巷保存着不少明清时期的民居老宅。传统上大理的每户人家都有花园，栽种著名的大理山茶花、杜鹃花，各种花伸出墙外，争奇斗艳，花香四时不绝。还有泉水从城外苍山上流进城里，经过每家门前，大街小巷水声不绝，可谓"家家流水，户户养花"。

大理背靠苍山，面临洱海。苍山，又名"点苍山"，主要由19座山峰组成，最高峰海拔4000多米，其他的山峰海拔也都在3500米以上。苍山景色向来以雪、云、泉著称。经夏不消的苍山雪，是素负盛名的大理"风花雪月"四景之最。在苍山顶上，有很多高山冰碛湖泊，湖泊四周是遮天蔽日的原始森林。18条溪水倾泻于19峰之间，点缀了苍山的风光。洱海是一个风光明媚的高原湖泊，在风平浪静的日子里泛舟洱海，那干净透明的海面宛如碧澄澄的蓝天，给人以宁静而悠远的感受。

大理国时期佛教盛行，人人拜佛，家家有佛堂，因此大理国有"佛国"之称。崇圣寺三塔不但是大理的象征，是云南古代历史文化的象征，也是中国南方最古老、最雄伟的建筑物之一。崇圣寺是初建于南诏丰祐年间（824—859年）的佛教寺院。现庙宇建筑已毁，只有三塔完好地保留

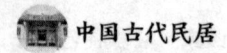

下来。

崇圣寺三塔由一大二小三座塔组成，大塔叫千寻塔，与南北两个小塔的距离都是70米，呈"三足鼎立"之势。千寻塔高69.13米，为方形密檐式空心砖塔，一共有16级，属于典型的唐代建筑风格。塔身内壁垂直贯通上下，设有木质楼梯，可以登上塔顶。南北两座小塔形制一样，均为10层，高42.4米，为八角形密檐式空心砖塔，外观装饰呈阁楼式，塔顶有镏金塔刹宝顶，非常华丽。

大理白族的民居以"三坊一照壁""四合五天井"封闭式庭院为典型格局。"三坊一照壁"，即主房一坊，左右厢房二坊，加上主房对面的照壁，合围成一个三合院。"四合五天井"指由正房、下房、左右厢房四坊房屋组成的封闭式四合宅院；除中间一个大天井外，四角还有四个小天井或漏间。三坊一照壁、四合五天井是大理和丽江地区白族民居中最基本、最常见的形式，其他布局形式都是它们的变异、发展和组合。白族民居的山墙一般以白灰粉刷，其上用水墨绘以云纹、莲花纹等吉祥图案。

大理神奇的风花雪月

大理一年四季风景如画，在诸多风景名胜之中，以风、花、雪、月四景最为著名和引人入胜。关于风、花、雪、月四景，当地白族人民有一首世世代代传诵的谜语诗，诗曰：虫入凤窝不见鸟（风），七人头上长棵草（花）；大雨下在横山上（雪），半边朋友不见了（月）。1962年1月，著名作家曹靖华游过大理之后，对大理的风、花、雪、月四景感慨万千，赋留风花雪月诗一首：下关风，上关花，下关风吹上关花；苍山雪，洱海月，洱海月照苍山雪。

风：下关风。下关一年四季都有大风，有时风力达八级以上。关于下关的风，还有一个美丽的传说。相传在苍山斜阳峰上住着一只白狐狸，她爱上了下关一位白族书生，于是化作人形和书生交往，他们相爱的事被洱海罗荃寺的法师罗荃发现了，他不许他们在一起，便施法将书生打入洱海。狐女为救书生，去南海求救于观音，观音给她六瓶风，让她用瓶中的风将洱海水吹干以救出书生。当狐女带着六瓶风回到下关天生桥时，遭到了罗荃法师的暗算,跌倒在地,打碎了六瓶风,于是大风全聚集在天生桥上,故下关风特别大。按科学的解释,是因为苍山十九峰太高,挡住了东西两面的空气对流,而苍山斜阳峰和哀牢山脉的者摩山之间的下关天生桥峡谷仅为下关空气对流的出口,所以下关的风特别大,尤其是在冬春季节,行走在天生桥峡谷对着的街道上,大风吹得人站立不住。

花:上关花。上关位于大理苍山云弄峰之麓,是自唐代以来形成的拱卫大理的要塞。在关外花树村有棵名"十里香"的花树,传说为仙人吕洞宾所种,花大如莲,每年开12瓣,闰年开13瓣,花色黄白相间,美丽诱人。花后之果壳黑硬,可做朝珠,因而又叫朝珠花。到清朝晚期,由于游观的人太多,特别是官府的达官贵人到此赏花,都要当地白族群众招待,人民忍受不了这种白吃负担,于是把上关花砍了。据考证,上关花就是木莲花,此花在大理境内到处都可以见到。

雪:苍山雪。苍山上的积雪为何千年不化,在大理民间流传着一个美丽的传说。相传在古代,有一批瘟神在大理坝子中横行霸道,使人民"十人得病九人亡"。有白族两兄妹为拯救受苦人民,在观音的指引下学法归来,将瘟神都撵到了苍山顶上,让大雪冻死。为了让瘟神永不复生,妹妹还变作雪神,永远镇住苍山上的瘟神,于是苍山雪人峰就有了千年不化的白雪。而实际上是因为苍山海拔太高,山顶气温低的缘故。

月:洱海月。每到农历八月十五的中秋节晚上,居住在大理洱海边的白族人家都要将木船划到洱海中,欣赏相映在海中的金月亮,天光、云彩、月亮和海水相映在一起,形成一幅优美的图画。关于洱海月,流传最广的是天宫公主下凡的故事。传说天宫中有一位公主羡慕人间的美满幸福生活,下凡到洱海边上的一个渔村,与一渔民成婚。公主为了帮渔民们过上丰衣足食的生活,就把自己的宝镜沉入海底,把鱼群照得一清二楚,好让渔民们能打到更多的鱼。从此,宝镜就在海底变成了金月亮,放着光芒,照着世世代代的捕鱼人,于是成了"洱海月",供人观赏。

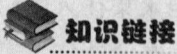 中国古代民居

> **知识链接**
>
> ### 白族文化风俗
>
> 大理白族自治州,是一个以白族为主的多民族地区。境内居住有彝族、白族、傣族、壮族、苗族、回族、傈僳族、拉祜族、佤族、纳西族、瑶族、藏族、景颇族、布朗族、布依族、阿昌族、哈尼族、锡伯族、普米族、蒙古族、怒族、基诺族、德昂族、水族、满族、独龙族等民族。云南白族有140多万人,80%居住在大理白族自治州。白族是一个能歌善舞的民族,继电影《五朵金花》蜚声中外之后,白族姑娘个个被中外友人统称为"金花",白族小伙则被称作"阿鹏"。金花、阿鹏们流传着自己独特的文化艺术,从白文"山花碑"到现在还在演唱的三七一五句式的白族调和大本曲;有着各种丰富多彩的民族节日和集市,如绕三灵、栽秧会、三月街等。

第五节 民族风情——民族村寨

1. 贵州西江千户苗寨——吊脚楼建筑

世界最大的苗族聚居村寨——贵州西江千户苗寨。

西江千户苗寨门

西江千户苗寨,位于黔东南苗族侗族自治州县东北部的雷山,距离县城36千米,距离黔东南州州府凯里35千米,距离贵阳市约260千米。由10余个依山而建的自然村寨相连成片,是目前中国乃至全世界最大的苗族聚居村寨。苗族银饰全为手工制作,西江有远近闻名的银匠村,具有极高的工艺水平。西江是

一个保存苗族"原始生态"文化十分完整的地方，是领略和认识中国苗族漫长历史与发展的首选之地。西江牯藏节、苗年闻名四海，西江千户苗寨就像一座露天博物馆、一部苗族发展的史诗，供人们观赏和品读。

苗家古寨的传奇

西江地区的苗寨在清朝咸丰年间（1729年）有600多户，到1964年第二次人口普查时为1040户，1990年第四次人口普查增至1227户，1997年为1115户。据2005年的统计，西江千户苗寨共有住户1288户，人口近6000人，其中苗族人口占99.5%。西江千户苗寨所在地地形为典型的河流谷地，清澈见底的白水河穿寨而过，苗寨的主体位于河流东北侧的河谷坡地上。千百年来，勤劳勇敢的苗族同胞在这里日出而作、日落而息，在苗寨上游地区开辟出大片梯田，有着深厚的农耕文化与优美的田园风光。由于受耕地资源稀少的限制，生活在这里的苗族居民充分利用这里的地形特点，在山腰建造了独具特色的吊脚楼，上千户吊脚楼随着地形的起伏变化鳞次栉比地排布，蔚为壮观。这里的苗族居民根据自己的信仰和习俗，在每个村寨的坡头都种植了成片的枫树林作为护寨树，这也成为当地重要的自然景观之一。

西江苗族是黔东南苗族的重要组成部分，现在主要居住着苗族的"西"氏族。作为全世界最大的苗寨，西江千户苗寨拥有深厚的苗族文化积淀，这里的苗族建筑、服饰、银饰、语言、饮食、传统习俗不但典型，而且保存较好。西江苗族过去穿长袍，包头巾、头帕，颜色都是黑色的，故称"黑苗"，也称"长裙苗"。西江苗族的语言属于汉藏语系苗瑶语族苗语支中部方言的北部次方言，现在使用的文字是通用的汉文字。尽管汉语是西江苗族与外界交流必备的语言工具，但苗族人之间的交流仍然使用苗语。

在清雍正以前，这里的地方事务多由自然领袖管理，与汉族地区有显著差别，内部事务实行自主管理。西江苗族的自然领袖主要包括方老、寨老、族老、理老、榔头、鼓藏头、活路头等，不同类型的自然领袖职责也不同，相互之间既有分工又有相互协作，共同处理苗寨事物、维护苗寨安全。方老是自然地方的最高领袖,每个自然地方下辖若干相互有密切联系的村寨,寨老是每个苗寨的最高领袖,族老则是某一家族的领袖,理老一般由德高望重、学识丰富的人担任,主要负责民间纠纷的调解、裁断,榔头主要负责刑罚,维持地方治安,鼓藏头负责召集和主持祭祀活动,活路头则主持安排农业生产。其中,鼓藏头和活路头是世袭的,而其他自然领袖一般是群众选举出来的。议榔是苗族社会为了维护地方治安和社会秩序,由方老、寨老、榔头等组织的群众议事会,用以对内部的各种重要纠纷和外敌入侵进行商议、决断。议榔大会一般每年举行一次,如果社会安定,无争无议,也可两到三年举行一次,遇外敌来犯时则临时召开。西江的议榔一般是定期在各寨子的风景林中举行。清政府在苗疆实施"改土归流"后,西江苗寨接受中央政府的管辖,方老、寨老等自然领袖已基本不存在了,但负责祭祀和生产的鼓藏头与活路头仍世袭保留。

  长期以来,农业一直在西江千户苗寨产业结构中占据着绝对的优势地位。刀耕火种的农业生产方式虽能养活生活在这里的数千人口,人们过着自给自足的生活,但社会经济发展速度十分缓慢。

  1982年,西江被贵州省人民政府列为贵州东线民族风情旅游景点,1992年被列为省级文物保护单位,2004年被列为贵州省首期村镇保护和建设项目五个重点民族村镇之一,2005年11月"中国民族博物馆西江千户苗寨馆"在此挂牌。随着西江千户苗寨的知名度不断提高,前来观光旅游的游客日益增多。近年来,随着旅游业的兴起,西江千户苗寨的后发优势开始显现,为社会经济的发展和产业结构的调整、升级带来了新的契机。西江的苗族是以西氏族为主的多支苗族经过多次迁徙融合后形成的统一体。

苗寨的千年史话

  距今5000多年以前,生活在黄河中下游平原地区的九黎人在向北扩张的过程中,与东进和南下的炎帝、黄帝部落发生了剧烈的武力冲突,经过长时间的征战,以蚩尤为首的九黎人在涿鹿地区被击败,蚩尤被黄帝擒杀。大部分苗族先民被迫开始第一次大迁徙,放弃黄河中下游地区,退回长江中下游平原，并于洞庭湖和鄱阳湖之滨建立了"三苗国"。随着三苗部落的日渐强大，尧、舜多次对"三苗"进行征剿。舜帝即位后，"南巡狩猎"，对不服舜帝管制的"三苗"进一步攻略，苗族先民再次被迫向西南和西北地区迁徙。其中被迫向西北迁徙的这支苗族先民一部分融合到"差人"中，成为西羌的先民，一部分则因人口增多、耕地少而向平原地区迁徙——从青海往南到四川南部、云南东部、贵州西部，有的更向南、向西深入老挝、越南等地。而往西南迁徙的苗族先民则与楚人和睦相处，成为后来"楚蛮"的主要成员。春秋战国时期，雷山属牂牁国与且兰国的边地，战国时属大夜郎国，秦时属象郡且兰县边境，西汉时处且兰、毋敛两县之间，东汉时属毋敛县，三国时属蜀国之牂牁郡辖之边地，魏晋时期属牂牁郡宾化县境，唐朝时属罗恭县，五代至宋朝时属夔州路绍庆府羁縻州，元初属管外苗族地区，元朝中期属湖广省播州宣慰司，明属管外苗族地区。从秦汉到元、明、清初，朝廷的设置虽有涉及，但郡县制、羁縻州对这一地区的统治极弱，甚至没有直接治理，在历史上多被称为"蛮荒之地""生苗""生界"等。战国时期，秦灭楚以后，一部分苗族背井离乡，长途跋涉西迁，进入武陵山区的五溪一带，成为历史上著名的"武陵蛮"。到西汉时期，这部分苗族先民在这里较快地发展起来，形成了与汉王朝相抗衡的一股势力。

47年，汉王朝派出军队征剿"武陵蛮"，迫使苗族人民再次背井离乡，一部分进入黔东北地区（今铜仁一带），一部分则南下广西融水，后又溯都柳江而上，到达今天的榕江、雷山、台江、施秉等地。苗族在历史上的数次大迁徙中，陆续分化出许多不同的分支。其中，柳氏族、西氏族、尤氏族、苟氏族等几乎是同时到达贵州榕江。由于西氏族在榕江多处辗转，到达西江的时间要晚于柳氏族。西氏族到达西江的年代约在600多年以前，但在西氏族到达以前，这里已经居住着苗族赏氏族。西江地名中的"西"指西氏族，"江"通"讨"，即西江是"西"氏族向"赏"氏族讨来的地方，"西江"因此而得名。西氏族到达西江并定居下来以后，陆续又有其他苗族分支迁来，形成以"西"氏族为主体的苗族融合体。传说西江已有千年以上的历史，西江苗族和苗族先祖蚩尤之间有着密切的关系。根据《林荫记》中记录的西江苗族子连父名的世系谱可知，从蚩尤到1732年间共有284代，说明生活在西江的苗族是蚩尤的直系后裔。清乾隆年间，清政府为了管理苗疆地区，对苗族人实行编户定籍制度，强行取消苗族子连父名的传统，用苗名的谐音来确定汉姓。目前，西江境内苗族的蒋、唐、侯、杨、董、宋、顾、龙、陆、李、梁、毛、陈、金、吴等姓氏就是由此而来的。

清雍正七年（1729年），贵州巡抚张广泗开辟苗疆，设"新疆六厅"，置丹江厅，下辖丹江卫和凯里卫，西江属丹江卫。乾隆三年（1738年），丹江卫设置了分土司，包括黄茅岭司、鸡讲司、乌叠司，鸡讲司就位于现在西江西南附近的营上村，从此，西江才被列入中原政权的治理范围。1914年，丹江改厅称县，西江属其辖内。1944年，雷山设置局，西江复归雷山管辖，改为西江镇。1945年，丹江撤县，西江改归台江县管辖。1950年，雷山设立县人民政府，西江属于第二区公所。1954年，西江千户苗寨所在地属西江区。1959年，雷山、炉山、丹寨、麻江并入凯里大县，西江属于凯里县的雷山片。1961年，恢复雷山县，建丹江、西江、大塘、永乐4区、44个公社，千户苗寨当时属于西江区西江镇。1992年，撤区并乡后，千户苗寨属于西江镇管辖至今。西江千户苗寨是典型的山区农业村寨，虽然近年来不少村民外出务工或就地从事旅游接待，但绝大多数居民的主要经济来源仍然是农业生产，依然沿袭着小农经济的生产方式。苗寨上游的大片耕地，主要种植水稻、玉米、土豆、红薯以及辣椒等，是全寨居民主要的生活来源。

苗寨古风情

西江千户苗寨所在地为一断层谷地，清澈见底的白水河在谷底蜿蜒着穿寨而过。谷地两侧的山地并不对称，相对高度达数百米。西南侧山高坡陡，宛若一道高大的屏风，护卫着千户苗寨千百年来宁静的田园生活；东北侧的山地则舒缓得多，鳞次栉比的吊脚楼依山而建，顺着地势的起伏呈现出多种变化。苗寨东南侧，是白水河长期侧向侵蚀塑造成的一个山间盆地，盆地虽然不大，却是西江苗族同胞世代耕作、赖以为生的地方，盆地底部是成片的水田，北面山地已被开垦为梯田和旱地。

西江千户苗寨四周的山地上，森林植被保存较好，尤其是苗寨西南部的山坡上尚保留着大片的乔木林。苗寨内的东引、羊排、南贵等自然村寨内零星分布着小片的枫树林，呈现出苗族居民和自然和谐共处的景象。相对封闭的地形条件、和谐安宁的苗寨、清澈诱人的白水河、茂盛的植被覆盖、成片的梯田景观，构成了一幅优美的苗岭山水田园风光，极具旅游开发价值。

西江千户苗寨的苗族建筑以木质的吊脚楼为主。吊脚楼为穿斗式歇山顶结构，分平地吊脚楼和斜坡吊脚楼两大类。一般为三层：底层用于存放生产工具、关养家禽与牲畜、储存肥料或用作厕所；第二层用作客厅、堂屋、卧室和厨房；第三层主要用于存放谷物、饲料等生产、生活资料。在堂屋外侧还建有样式独特的"美人靠"，苗语称"阶息"，主要用于乘凉、观景和休息，是苗族建筑的一大特色。

西江千户苗寨吊脚楼不但造型美观实用，而且表现出很高的文化研究价值。西江苗族吊脚楼源于上古居民的南方干栏式建筑，是中华上古居民建筑的活化石。这种建筑已有数千年的历史，距今7000年的浙江余姚河姆渡遗址的干栏式建筑已有了较高的水平。苗族最早的文明发源于长江中下游一带，西江苗族就是传承了这种古老的建筑风格。2005年，西江千户苗寨吊脚楼被列入首批国家级非物质文化遗产名录。西江吊脚楼结构严谨，建筑工匠巧妙运用力学原理，运用长方形、三角形、菱形等多重结构的组合，柱柱相连，枋枋相接，构成三维空间网络体系。这种建筑看似上实下虚，但坚实牢固，非常实用，在建筑学方面具有较高的价值。一栋栋的吊脚楼沿山坡次第排布，上千栋吊脚楼相连成片，形成一个环形，这是单个吊脚楼所不具备的视觉效果。吊脚楼群与周围的青山绿水和田园风光融为一体，和谐统一，相得益彰，使得西江吊脚楼具有很高的美学价值。西江苗族将吊脚楼建在斜坡上，将农业生产条件较好的平地用于耕作，反映了苗族居民珍惜土地、节约用地的民族心理。西江苗族在建房时，对发墨、中柱、正梁有一套讲究和禁忌，特别是上梁的祝词和立房歌，具有浓厚的苗族宗教文化色彩。因此，苗族的吊脚楼不但具有较好的美学和建筑学价值，还是苗族传统文化重要的传承者。

2. 瑶族故地——千家峒

瑶族之乡千家峒，位于江永县城北 11 千米的大泊水瀑布风景区，1998 年成为广西省级风景名胜区，同时也是瑶族寻根访祖的圣地。千家峒由上峒、中峒、下峒的 3 个盆地组成，总面积达 200 平方千米。千家峒四周崇山峻岭，平均海拔千米以上，有 8 万亩原始次生林，仅有"穿岩"与外界相连，幽山瀑布，奇洞温泉，有浓郁的瑶族风情。这里至今保存着"盘王庙""盘宅妹墓""平王庙"等瑶族历史文化遗迹，流传着许多动人的民间神话传说。鸟山、白鹅山、白鹅洞、双塘映月、马山、狗头岩、大泊水瀑布、金童放牧、天女散花、三峰霁雪、仙人桥等自然景观宛若仙境，因此，千家峒被喻为瑶族的"桃花源"。

千家峒的过往

大泊水瀑布是一组瀑布群，位于霸王祖村后，一条山谷深达 2000 米，沿途有七级倾泻的瀑布群，一瀑一形，一瀑一潭，一瀑一景，瀑瀑分明。瀑布群终端的大瀑布高 100 余米、宽 30 米，四季不涸，颇为壮观。瀑布下有一水潭，宽约 100 米。瀑布从上而下冲击水潭，浪花飞溅。瀑布两边各有一石台伸出，形如两个小平台，可供游人观赏。如若将瀑布与两边的石壁组合起来观赏，有如一只展翅飞翔的大山鹰。

在瑶族的语言中，"峒"是群山环抱之中比较宽阔的平原，千家峒就是指生活着上千户人家的山间小平原。传说中的千家峒是一个与世隔绝的人间仙境，四周被五岭中的都庞岭与萌渚岭环抱，仅有一个岩洞可以通向外界，这个岩洞指的就是千家峒入口处的穿岩。如今穿岩虽已被弃置不用，但它依然完好地存在着，依然坚强地见证着千家峒的沧桑变化、岁月轮回。

江永千家峒人文古迹众多，旅游资源丰富。古文献中记载过的峒口、四块大田、九股水源、枫木凹、白石岭，以及造型奇特、美观的鸟山、马山、石狗山等地形地貌特征就在江永千家峒内。元大德九年（1305年），瑶民为抗击官兵围剿，在峒口的石山上筑起的古石墙仍依稀可见，现在已经成为千家峒历史的见证和旅游景点了。千家峒境内出土的古剑、古砖、火管、石碾、酒具，以及最近发掘的湘南第一大古民窑遗址，更增添了千家峒的神秘感。

千家峒北依都庞岭，地势险要，山深林密，红军长征时曾经过此地，在海拔1528米的三峰山石壁上还刻有"中国工农红军万岁"的大字。山上有原始次森林8万亩，有国家一级、二级保护林木27种，珍稀动物28种，被誉为"南方动植物资源基因库"。

山涧溪水纵横，瀑布高悬，还有一处温泉，九股水源注入中峒，山清水秀，灵秀非凡。峒内山奇洞异，有形象逼真的鸟山、马山、狗头狮子岭、石童子、九牛戏水，有千姿百态、美不胜收的峒岩、白鹅洞、凤岩山等石灰岩溶洞。

江永境内的韭菜岭海拔2009.3米，是境内最高峰。嶷山舜庙，是历代帝王"朝祭"的圣地，"尧天舜日"名贯天下，毛泽东"九嶷山上白云飞，帝子乘风下翠微"的壮丽诗篇，更使九嶷蜚声中外。

在千家峒里，人们接受着瑶族文化的熏陶，尽情徜徉在青山碧水间，仿佛身处梦境中的世外桃源一般。

瑶家人的传说

相传，在古代，平王豢养了一只五色斑纹的龙犬，并对其爱如至宝。有一年，高王出兵侵扰平王国土，满朝文武大臣无一能出征讨伐。平王为此忧心忡忡，于是贴出招贤榜：谁能应征打败高王，就将三公主许配给他，并封他为王。此时龙犬挺身而出，揭了皇榜，愿为平王出战迎敌，保卫国土。随后，龙犬深入敌巢，施计咬死高王，并将其首级衔回，向平王报功。平王为酬谢龙犬立下的功劳，便兑现诺言，将三公主嫁与龙犬，封其为盘护王——盘王。可龙犬终究是犬，即使晚上他是一个漂亮后生。为了维护皇室尊严，平王将盘王与三公主送到了与世隔绝的千家峒。盘王与三公主结婚后，生下六男六女，平王为其各赐一姓，即瑶族最早的十二姓。他们在千家峒繁衍生息，把千家峒建设得美丽富饶：那里四周环山，森林茂密，百鸟争鸣，山花四季不败；无数清澈的小溪汇成河流，贯穿于峒中；峒中有四块大田，土质肥沃，一千户人家共同耕种，田里长的谷粒有花生米大，大家生活得十分富足。有一年，粮官来到千家峒，瑶家好客，大家轮流宴请粮官，粮官也流连忘返，一连住了很长时间。粮官很久都没有消息，官府以为粮官被害，便派兵马前来攻打，千家峒生灵涂炭，侥幸活下来的十二姓瑶人也逃散了。走前他们祭了盘王庙，把牛角锯成十二截，每姓各拿一截，祈祷将来还有十二截牛角聚齐、瑶民有重返千家峒的一天。

　　从距离县城5.5千米的千家峒入口进入千家峒，一边想着千家峒流传下来的故事，一边沿途观看相关文献提到的千家峒口、四块大田、鸟山、马山、石狗等景观。此刻又会想起宫哲兵教授说过："千家峒文献中的多数地名、物名，都在江永县大远乡内，说明文献的作者，可能是大远乡逃亡瑶民的后裔。文献中对千家峒的描写实际上是对大远乡的描写。"由此，我们大致可以领略到千家峒在瑶民心中的重要地位。

　　3. 四川藏寨千碉之国——丹巴古村

　　丹巴古村是中国最美的乡村，横断山中的千碉之国。在大、小金川和大渡河畔，在崇山峻岭中，在宽阔的山坡上，一座座建筑四角向上的藏族民居连成一个村寨，深藏在竞放的桃花和梨花丛中，远远看去，就像一座座豪宅，庄严而华丽。

　　最美古村落

　　在丹巴境内，藏着众多造型美观、风貌古朴、鲜为人知的古村落。数千年来，这些古村落一直保持着传统的建筑风格和浓郁的民族特色，尤以甲居、小巴旺、布科、邛山、梭坡、蒲角顶等地最为集中和突出。

　　在当地，人们都将其居住的村落称为寨子。这些寨子一般都修建在较为平坦的向阳坡梁上，由几十户甚至上百户人家组成。一幢幢外形美观、风格统一的藏族民居依着起伏的山势高高低低、错落有致地掩映在绿树之中，与周围茂密的树林、清澈的溪流、白雪皑皑的雪峰一起构成一幅幅优美的田园牧歌式乡村画卷。

这些民居均为石木结构，以家碉为脊修筑成3~5层的碉楼式建筑。底层均为家畜圈，其上依次为锅庄室、储藏室、居室、经堂及角楼，其中二、三楼分别有天井和露天大阳台。房体的外墙多以白色、褐色与黑色圈涂条纹，并绘以日、月、星辰和宗教图案，外观美丽而整洁。房外所立的经幡以及房顶随风飘动的嘛呢旗，更为这些古村落增添了许多神秘的色彩。

在位于大金川河畔的甲居藏寨里，有200多栋外形美观、格调统一的嘉绒藏族传统民居依山就势、错落有致地分布着，与周围的高山、林海、流溪、田野、古碉楼相融合，构成了一幅"天人合一"的完美画卷。每当游客到达这里，就会有热情的藏民上前接待，并带他们登上自家的房顶。这时，整个村寨就会尽收眼底。山上云雾缭绕，远处炊烟袅袅，如入仙境，游客们可以在房顶上用不同的角度，看到美不胜收的风景。热情好客的藏族房主更会捧出酥油茶请贵客们喝。

古碉楼是嘉绒藏族建筑的杰作，距今已有千年历史。古碉的建筑年代为唐代至清朝，规模宏大，类型多样，建筑技艺高超，具有极高的美学、社会学、历史学、民族文化学价值。碉楼主要集中在河谷两岸，尤以梭坡和中路两乡境内的碉楼群最为稠密、壮观。古碉保存完整，并与村寨民居相互融合。碉楼外形美观，碉基牢实，一般为四角、六角，甚至十三角的高方柱状体，用泥土和石块建造而成。千百年来，古碉经受了战争、风雨和地震的考验，仍然巍然屹立，有的偏而不倒，有的弯曲如弓，自成风景。碉楼的功能很多，传说最初是用来伏魔的，后来碉楼却大多与战事密切相关。丹巴古村的高碉主要分为四种：要隘碉、烽火碉、寨碉和家碉，以家碉及寨碉居多。这些碉楼，碉门矮小，门板厚实，碉内用木板间隔，有的高达十九二十层，具有易守难攻的特点。

凤凰子民的栖息地

丹巴古称"章谷"，藏语的意思是"在岩石上的城镇"。丹巴向来推崇宗教与自然的完美结合，却未曾想到菩萨给予他们富饶的大地，也让他们经受着一次又一次的磨难。2003年那场震惊世人、一夜毁灭一个村庄的泥石流至今让人唏嘘。如今，丹巴民居仍散落在各处河谷里、山腰上，汹涌奔腾的大渡河从脚下经过，高耸入天的石山身上留着道道被泥石流卷席的痕迹。只要一场暴雨，便能使河水泛滥、泥石流奔腾而下，丹巴人就是这样，在一次次的灾难中顽强地生存着。

在丹巴，每年农历的三月二十日，桃红柳绿，春意盎然，是当地庙会最热闹的日子。这一天，女人们的打扮是一年里最华丽的，年满13岁的女孩子则是第一次参加庙会，同时也要参加属于她们的成人礼。据说这些未婚的女孩子们两天前就被家人带到寺庙里的私家经堂换装打扮——首先要辫满一头的小辫子，将这几十根小辫子缠到一根一尺二寸长的木棒上，与头部形成十字形的花样，并用金银线扎紧，前额佩戴各种珍贵的珠宝。这些未婚女子在今后每年的庙会上都要这样打扮，直到结婚。

丹巴不仅有5000年前古人类活动遗址，同时也完整地保留了嘉绒藏族的生活习俗。丹巴县城东北方的墨尔多神山是藏区四大神山之一，自古以来，人们便把墨尔多神山周围纵横千里范围内居住的部族称为"嘉莫查瓦绒"。藏语中，"嘉莫"是"女王"的意思，"查瓦绒"是"河谷"的意思，合起来表示就是"女王统治的河谷地区"。所以人们大胆地猜测，这里的"女王"指的是那个古老传说中的东女国。

2005年，国内数位史学专家、藏学专家通过在丹巴县中路乡克格依村的考察，结果一致认定：8世纪末，东女国王室发生内乱，男人篡夺了王权。女王冒着生命危险，带领属下逃到金川，并在金川人的帮助下恢复了王室。东女国在金川复兴，复兴的东女国曾辉煌一时，但很快便消逝在历史的长河中。

据史籍记载，在南北朝至唐代，青藏高原上有两个以女性为中心的女权国家，西部的称西女国，东部的称东女国。藏学专家任新建在其所著的《西域黄金》一书中指出，东女国地域中心就在今四川丹巴一带。在《旧唐书》中还记载着东女国的服饰："王服青毛凌裙，下领衫，上批青袍，其袖委地，冬则羔裘，饰以纹锦，饰之以金。"其记载与今天丹巴一带妇女的装束相似,至今丹巴藏族妇女的服饰不管多么漂亮,多么变化多端,其色彩基调仍以黑色为主,据说这是延续了东女国的宫廷习俗。在丹巴,男女恋爱所流传下来的习俗,如中路、梭坡乡的"顶毪衫"、革什扎乡的"抢头帕"、巴底乡的"爬墙子"等都是古老的东女国遗风。

11世纪时,居住在四川西部的拓跋氏北迁,建立了西夏王国。拓跋氏是党项的一支,丹巴嘉绒藏族与党项有很近的血缘关系,因此可以说,丹巴嘉绒藏族与西夏族有很近的血缘关系。1227年,成吉思汗灭西夏国后,西夏大批皇亲国戚、后宫妃嫔从甘肃逃亡至丹巴革什扎一带,将王族血脉留在了这方膏腴之地。

丹巴地区长期流传着"三千美女出丹巴"的说法的确不假,如今丹巴的美女们散布各处,展示着自己的美丽,展示着丹巴独特的民族风情。

 知识链接

丹巴选美

20世纪开始,丹巴便形成了选美的风俗,欲将美人谷的典故向外界推出。每次选美,都要选出金花一名、银花两名、石榴花三名,获奖的美人作为丹巴向外界宣传的代表。丹巴素有"歌舞之乡"的美誉,史书更有"夷谷每逢喜庆,辄跳歌庄"的记述。也可能是因为这个原因,选美会是以表演嘉绒传统舞蹈——锅庄舞的形式来完成的。锅庄,在藏语中是"圈"的意思。锅庄舞在表演的时候没有乐器伴奏,场地一般选在锅庄房或院坝,男女双方各为一队,排成圆形,面向中央,围圈携手共舞,具节奏感的踏足声成为舞蹈的伴乐。领队的男头领应为德高望重、能歌善舞的长辈,随着舞蹈节奏的加快,气氛由肃穆转而奔放,歌与舞高度和谐统一。男女两队围绕中心反复旋转,这时的舞场变成了彩色的旋涡,长袖翻飞之处,女子与男儿那豪迈而粗犷的藏区性格一览无余。

4. 喀纳斯湖畔的豪情——图瓦敖包

喀纳斯图瓦村位于喀纳斯湖南岸 2~3 千米处的喀纳斯河谷地带，周围山清水秀，环境优美，是从新疆布尔津县前往喀纳斯湖旅游的必经之路，海拔 1390 米。

图瓦人神秘的故乡

在遥远的新疆布尔津县，阿尔泰山深处的喀纳斯湖区，生活着大约 2000 名图瓦人。图瓦人就是晚清《新疆图志》中所记载的"乌梁海"人，他们世代沿袭传统的生活方式。图瓦村夹在两山之间，不宽的山谷，刚好供 80 多户人家居住。由于山不高，山谷便显得开阔，村庄因而也显得安详。村庄的背后是山坡，山坡的顶端是雪峰。

在夕照中，图瓦村里那些带有尖顶的、颇具瑞士风格的小木屋反射出一丝丝温暖的金黄色光芒。小屋旁边的松树三三两两地散布着，全都高大笔直。村中还长有白桦树，一棵一棵散落在松树中间，因为枝干雪白，便很显眼，再加上蓬勃的树冠，似一把把大伞。在图瓦村的背后，就是中俄边境上的友谊峰，西伯利亚的风从友谊峰吹过来，随着地势降低，骤然变暖，便孕育出了这片浓密的森林。图瓦村是个长条状的村子，由于木头小屋方方正正，村庄看上去也显得有棱有角。村中的小路向村子四周的松林延伸，一进入松林便了无痕迹。放眼望去，四周的山脉像是一双大手，将这个村庄呵护在掌心。

房子后面的栅栏一般都很长，人们要去山上打柴了，便顺着房子后面的栅栏出去，晚上再顺着那条路回来。时间长了，每道栅栏旁便都有一条路，每家人都走自家栅栏下的那条路，绝不轻易走到别人家栅栏下。就连牛羊也认得自家的栅栏，早出晚归，走到村口了，就自觉散开，顺着自家的栅栏返回。

图瓦的历史

喀纳斯图瓦村居民是自称蒙古族的图瓦人，图瓦亦称"土瓦"、"德瓦"或"库门恰克"。图瓦人的历史悠久，早在古代文献中就有记录，隋唐时称"都播"，元称"图巴""秃巴思""乌梁海种人"等。

第四章 经典特色民居

图瓦人保存着自己独特的生活习惯和语言。图瓦语属于阿尔泰语系突厥语族,与哈萨克语组相近,因此图瓦人均会讲哈萨克语,与现在的蒙古语不同,但现在图瓦人学校基本上都普及蒙古语。在生活习惯上,图瓦人除欢度蒙古传统的敖包节外,还有当地的邹鲁节(入冬节)、汉族人的春节与正月十五元宵节。图瓦人信仰佛教,但萨满教对他们影响也较深。图瓦人的房屋皆用原木筑砌而成,下为方体,上为尖顶结构,游牧时仍住在蒙古包内。

喀纳斯图瓦村与喀纳斯湖相互辉映,融为一体,构成喀纳斯旅游区独具民族风情的人文景观。

图瓦人的风情

每年的6月8日,是居住在喀纳斯的蒙古族图瓦人的敖包节。这时家家都在杀羊炖肉,酿制奶酒,清洁房间,各家的院子里都搭晾着洗干净的衣服,女主人还将节日的盛装取出,一派节日前的喜庆。

节日当天早上,人们会赶到离白哈巴村近5千米的敖包。"敖包"是蒙古语译音,也叫"鄂博",是"堆子"的意思,意为用木、石、土垒成的堆。敖包用石头垒起,六棱形造型,会有图瓦人将印有经文的彩色经旗绑在白桦树条上插在敖包六边。

不时会有图瓦人抱着石头走向敖包,将石头慢慢放入其中;不时还有人带来一个羊头,虔诚地放到敖包最外面一圈的大石头上。在离敖包10米外,图瓦人都是男子聚一堆,女子和孩子聚一堆,分别排列成10人左右一个小圈,将每家带来的布条、牛奶酒、羊肉、奶疙瘩等放到前排为喇嘛留的位置前面。过了11时,喇嘛来了,一身砖红的喇嘛服,严肃的表情,径直走到敖包旁边,念着经文,将手中象征吉祥的爬山松枝叶依次放到敖包指向六个方向的大石头上。

12时,敖包节正式开始。先是喇嘛念经,半小时后,到场的图瓦人全部起立,依次走过喇嘛面前,将经过喇嘛祝福的布条拿起,走到敖包前在白桦树上系上彩色布条。等人们都系好布条后,整个人群开始围着敖包转着圈,大声喊着"呼啦依,呼啦依"(意为祝福)声势浩大,非常壮观。

中国古代民居

以游牧为生的图瓦人，用经旗、石头、布条表达自己祈祷生活吉祥、憧憬牛羊肥壮的愿望。热闹的绑布条活动结束后，喇嘛又开始念经，所有人手里都握着一节爬山松，随着喇嘛的声音，一遍遍举过头顶，大声喊着"呼啦依"，感谢赐予食物的天地之神。15分钟后，开始分发食物，大家席地而坐，不分男女都举着瓶子喝奶酒。不到20分钟，就会有人醉了，东倒西歪，倒下来还会到处寻找奶酒。

知识链接

图瓦人与酒

图瓦人特别能喝酒。村里人喝酒，大都喝得平静从容。过节或遇到高兴的事了，他们便宰一只羊，买来一两箱酒，邀三五个好友，坐在家中开饮。这时候的礼节很多，主人倒满一碗，自己先喝了，然后给客人一一敬下去。一轮转毕，主人又喝一碗，再一圈敬下去。一般的汉族人勉强可以喝完第一碗，但第二碗是无论如何喝不下的。村里用来喝酒的碗很大，一斤酒一般只能倒三碗。酒量不大的人，喝第二碗酒后，便彻底醉倒了。但对图瓦人来说，这还只是热身，敬酒和斗酒还没开始呢！主人敬完三碗酒后，便将酒瓶递给客人中的一位朋友，让他敬一圈，接着再递给另一个人。一天下来，一箱子酒往往不够喝。主人吆喝一声，老婆或孩子便出去又搬来一箱。最后，所有的人都喝醉了，骑着马，由马自己走回去。家里人知道外出的人肯定喝醉，便亮着灯开着门等候，听见栅栏外有马的叫声，便知道喝酒的人回来了。

"一年之中，七个月冬天，五个月夏天。"这是图瓦人常挂在嘴边的一句话。冬天，大雪将村庄与外界隔绝，酒成了生活中的依赖。有人曾做过统计，图瓦村人一年能喝45吨酒，按人口算，一个人一天平均喝两瓶半。时间长了，每家屋后的酒瓶子便砌成了一面墙，阳光一照，闪闪发光。

 知识链接

新疆吐鲁番麻扎村

麻扎村这个神秘的古老村落，给人带来了无限的诱惑。它的文化，它的历史，它的宁静，让人仿佛置身于世外桃源。这里的居民们日出而作，日落而息，恬淡的生活气息俯拾即是。

"麻扎"是阿拉伯文的音译，意为"圣地""圣徒墓"，主要指伊斯兰教显贵的陵墓。麻扎村坐落在火焰山南麓吐峪沟大峡谷南沟谷，西距中国地势最低、气候最炎热的新疆吐鲁番市约47千米，东距吐鲁番鄯善县城约46千米，有着1700多年的历史，是迄今新疆保存最好、最古老的维吾尔族村落。村子掩映在白杨和桑树之中，一条不宽的河从北向南穿村而过。沿河两边，建有零散的维吾尔族民居。宏大的清真寺与杂乱的居室并立于沟谷，完整地保留了古老的维吾尔族传统和民俗风情。

在麻扎古老的村落中，有新疆最古老的原生态葡萄园，"一棵葡萄三亩地"的"葡萄王"比比皆是。村中居民们继承了两千多年来用黄黏土建造房屋的传统习惯，一些建筑还遗留着佛教文化和伊斯兰教文化交相融合的印记，是国内一座至今保存完好的生土建筑群，堪称"中国第一土庄"。当地流传着这样的俗语："土房土房，土坯砌房，不用木材不用砖墙，冬暖夏凉干净舒爽。"整个村子都是土黄色，土黄的山、土黄的屋，有独立成房的，也有沿山势连成一片的，远远望去，似乎空无一人。家家户户由弯曲和深浅不一的小巷相连，即使从屋顶走也可达到串门的目的。古老民居的门窗都很古朴，但又蕴藏了深厚的文化。门框上刻有各种纹样的木雕门档，有花卉形状、几何形状和果实形状。窗框窗格上的纹样也是多种多样，反映出房屋主人的职业、爱好或地位。

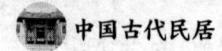 中国古代民居

第六节 文化背景——亭台楼阁

亭、台、楼、阁,是民居建筑延伸发展出来的建筑形式。它们俏丽、活泼,与常规起居住房的封闭式空间布局不同,大多呈敞开、半敞开的开放式格局,可以供古人歇脚、悠闲、聚会、游览、远眺,所以视野开阔。尤其是楼阁,基本上建在风景奇绝、环境优美秀丽的地方。

亭,是古代供行人休息的地方,有三角亭、四角亭、五角亭、梅花亭、六角亭、八角亭等。古代交通不便,常常在道途中修建亭子供行路人歇脚,所以有"十里一长亭,五里一短亭"之说。同时,亭在园林设计中常常是一个亮点,能活化园林,起到画龙点睛的效果。

台,平起一台,其上可建宫殿、可远眺。早期是一种高耸的夯土建筑,后来演变成厅堂等前的露天平台。

楼,两重以上的屋宇谓之楼,可以简称各种功能的建筑——可以做生活起居用,可以做书房,可以用来观赏风景,也可以成为园中的一景,等等。总之,楼是四种建筑中功能效用最广泛的。

阁,是一种架空的小楼房,通常为两层,四周设隔扇、栏杆、回廊。阁相对小巧,有四方的、六角的或八角的。它可以供游览、远眺、藏书、供佛之用,但因为它呈开放式格局,没办法用来居住。

1. 天下第一亭——醉翁亭

醉翁亭立于琅琊山林之中,灰瓦红木柱,梁架等处还有绘制的彩画,亭下木质的阴影部分用属冷色的绿色,强调了阳光的温暖和阴影的阴凉,能在炎热夏天给人一种清凉感。欧阳修的《醉翁亭记》是大多数人对醉翁亭认识的开端,名字也因为《醉翁亭记》闻名遐迩,被称为"天下第一亭"。

醉翁亭以木柱、木梁为框架，屋顶与房檐通过梁架和立柱支撑。这种构件既能有效承重，又有装饰作用，也能让亭子在不同的气候条件下，满足各项需求。比如纳凉、观景等。醉翁亭的屋顶翘角飞檐，如羽翼伸张，给人以轻巧欲飞的感觉，让原本看似沉重的房顶，显得轻盈明快。

离亭不远，有泉水溢出，泉眼的旁边用石块砌了一个方池，池上立有清朝知州王赐魁立的"让泉"二字碑刻。泉水"甘如醍醐，莹如玻璃"，流到池中，再入山溪，让泉水温度终年变化不大。亭西有欧阳修亲自栽种的"欧梅"，红梅竞放于十多米的枝头。亭后最高处有一名叫"玄帝宫"的高台，登台观景——群山涌翠、林涛起伏，使人犹如置身于画中。

醉翁亭所处的位置，最初只有一座亭子，北宋末年的知州唐俗在旁边又建了一个"同醉亭"。宋代末年，滁州人为了纪念欧阳修，在琅琊山山坡上修建了一个六柱六角的"六一亭"。六一亭后来被毁坏了，现在的六一亭是后人重建的。明朝时，醉翁亭周围兴建了许多建筑，有宝宋斋、意在亭、古梅亭、影香亭等。

1622年，明朝南太仆寺少卿冯若愚在醉翁亭西侧建造碑亭——宝宋斋，里面立有苏轼手书《醉翁亭记》，两块、四面的碑刻。清朝时，人们在醉翁亭院西侧建有"醒园"，平房7间，毁于战火后，人们又在其废墟上建了一座亭，竖立4块复制宝宋斋《醉翁亭记》的碑刻。

醒园的西北角建有一座宫殿式建筑——"解醒阁"。出醒园的南门后有一个亭"洗心亭"。"洗心亭"四角坐地，内呈四方形，上顶呈半球形穹隆，一面背山，一面有门，门额为弧形券。

登上古梅亭，可以瞭望意在亭、影香亭、古梅亭、怡亭、碑亭、洗心亭以及两侧的"醒园"美景。俯瞰醉翁亭全景：松柏常青，曲折幽深；9院7亭，亭中有亭，亭水同映——玲珑别致。

一个又一个朝代的人们无不被醉翁亭的魅力折服，其实它折服人内心的不仅是它的美景，还有背后负载的欧阳修、苏东坡等人在这里留下的精神印记,人们每每来到这里,感叹它清幽的美景时,更多的是跨越时空的限制,与古人举杯共饮内心深处的情怀罢了。

2. 胡服骑射发源地——武灵丛台

武灵丛台,又称"丛台",始建于战国赵武灵王时期,是赵王检阅军队和观赏歌舞的地方,名扬列国。丛台是古域邯郸的象征,位于河北省邯郸市中心丛台公园内,台上原有花苑、天桥、雪洞、妆阁诸景,楼阁众多,且结构严谨、装饰精妙,因此才称作"丛台"。

战国时期,赵武灵王即位时,赵国国势正在衰落,中山国那样的小国都时常来侵扰,更不用说和大国对抗了。赵国眼看就要被别国兼并,赵武灵王非常着急。由于赵国地处北边,临近林胡、楼烦、东胡等北方游牧民族,他发现胡人的短衣、长裤非常方便马上作战,如果加上赵国精良的武器,也许能够增强军队的马上作战能力。有一天,赵武灵王对谋士楼缓说:"北方游牧民族的骑兵有如飞鸟,反应快速,这样的部队驰骋疆场,哪儿有不胜的道理。咱们穿的服装,骑马的时候行动不便,不如胡人的短衣窄袖方便灵活。我打算把服装改一改,你看怎么样?"谋士楼缓也很赞同赵武灵王的话,于是提出"着胡服,习骑射"("胡服骑射")的主张。但由于"胡服骑射"不单是一个军事改革措施,同时也是一个国家移风易俗的改革,是一次对传统观念的更新。因此,这个方案刚开始施行的时候阻力很大,不仅百姓难以接受,就连朝廷中也有抵触情绪。

赵武灵王抱着以胡制胡,将西北少数民族纳入赵国版图的决心,冲破守旧势力的阻拦,毅然施行"胡服骑射",号令全国着胡服、习骑射,并带头穿着胡服去会见群臣,让将士们学着胡人的样子骑马射箭,并结合围猎活动进行实战演习。

公子成等人就散布谣言说赵武灵王是故意以此来羞辱大家,赵武灵王听到后,召集文武大臣,严厉地说:"有谁胆敢再说阻挠变法的话,我就用箭射穿他的胸膛!"

为了检阅军队,赵武灵王建造了丛台。在这种政策的推行下,赵国终于成为战国七雄之一，也打败了经常来侵扰的中山国，向北方开辟了上千里的疆域。

丛台不仅是赵王检阅军队的地方，也成了赵武灵王观赏歌舞的地方，建造得非常威武、壮观，古人曾用"天桥接汉若长虹，雪洞迷离如银海"来描绘它。

唐代时，丛台这个地方发生过一个流传千古的感人故事。相传，山东济南府历城知县梅魁，为官清正，在任10年，"只吃民间一杯水，不要百姓半文钱"。他被晋升为吏部都给事以后，对奸相卢杞不仅不趋炎附势，而且敢于与之正面冲突，因而被奸相卢杞陷害，斩首于西郊。卢杞还假借圣意，要捉拿梅魁全家。梅魁的儿子梅良玉和他母亲，只好弃家而逃亡。同样在朝为官，与梅魁结交甚密的陈东初始终找不到梅魁之子。

陈东初有一个女儿，名为陈杏元。她种了一棵梅花树，正值花期。有一天，这棵梅花树花落枝枯。陈杏元大惑不解，但就在这一日，陈杏元的父亲差人送来一位书童。这书童聪明伶俐，才貌过人，他正是梅魁之后，名叫梅良玉。原来，梅花自败是应在了他的身上。这使陈杏元的心中萌生出一种难以名状的感情。

梅、陈两家是至交，两人从此以兄妹相称。后来，陈东初索性将杏元许配给良玉。这一消息后被奸相卢杞得知，为拆散陈梅的姻缘，他就奏请唐皇，封陈杏元为御妹，让她外嫁沙陀王，解边关之患。

邯郸当时是边陲要塞，凡去北邦的人，都要登临丛台，与亲人告别。尚未完婚的陈杏元与梅良玉也含泪来到丛台之上，杏元要梅兄每年清明时，面北哭她一声，并交给良玉一支金钗，说："见钗如见杏元。"

陈杏元泪别梅良玉，在路经一处悬崖时，纵身跳崖。但她奇迹般被一老妇人救走并收为义女。无巧不成书的是，梅良玉此刻改名穆荣，来到老妇人家做了账房先生，让相爱的两人戏剧般再次相遇。

后来，梅良玉金榜题名，他参倒奸相卢杞，为父申冤，皇帝还给他和陈杏元喜赐了婚。在两人完婚当日，陈杏元家的老梅树梅开二度，香飘

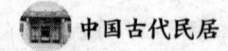 中国古代民居

满院。

这便是梅开二度的故事,丛台也因为这个故事再次流传在千家万户之中。

后来,丛台在漫长的岁月中,经受过无数次天灾人祸之后受到了极大的毁坏。存留下来的丛台高26米,南北皆有门。从南门拾级而上,东墙上有"溢流东渐,紫气西来"几个大字。丛台的一层是个院落,院中有"回澜亭"、坐北朝南的"武灵馆",以及西屋"如意轩"。丛台二层的门楣上写有"武灵丛台"几个字。进门之后,是明嘉靖十三年建于台上的据胜亭。

登台远眺,西边有巍巍的太行,西南便是赵国王城遗址,蜿蜒的城墙隐约可见,西北边分别有赵国的铸箭炉、梳妆楼、插箭岭等遗址。

台下,碧波荡漾,荷香四溢;台西有湖,湖中有望诸榭。相传,很早以前湖中的小土丘上就建有乐毅庙。乐毅是燕国"黄金台招贤"选中的大将,燕昭王起兵,拜乐毅为上将军,赵惠文王也以相国印授乐毅。乐毅统赵、楚、韩、魏、燕五国之兵伐齐,一口气攻下齐国70余座城池,几乎亡齐。后来,燕国封乐毅为昌国君。但后来的国君燕惠王做太子时与乐毅有矛盾,继位后疑忌乐毅,听信了齐国田单的反间计,阴谋杀害乐毅。田单的计谋被乐毅识破之后,乐毅去到赵国,被赵王封为"望诸君"。

后来齐国名将田单大破骑劫于即墨城下,直迫燕境,收复了齐国丢失的国土,燕惠王则逃亡赵国。乐毅所作的《报遗燕惠王书》载于《史记》,成为历史名篇。后人为了纪念这位政治家,专门为他在丛台湖旁边修建了"望诸榭"。

3. 山水画卷——嘉兴烟雨楼

最初的烟雨楼始建于五代后晋年间,位于浙江嘉兴南湖之滨,是广陵郡王钱元璙所筑的"登眺之所"。1548年,嘉兴知府赵瀛将其迁至湖心岛,进行过多次修缮、扩建,俨然一个大型园林的模样了。烟雨楼建筑面积有640余平方米,是湖心岛上整个园林的泛称,主要建筑有对山斋、青杨书

屋、四角方亭、八角轩等。每到夏秋，烟雨弥漫，不啻一幅山水画卷。

嘉兴历史悠久，文化灿烂，五代十国时期，吴越国在嘉兴设置开元府，领嘉兴、海盐、华亭3县。这是嘉兴首次设州府级政权。嘉兴城外有两个湖，一个是城南的南湖，另一个是城西南的鸳鸯湖。

1129年，金兵南侵，这场战事中，让连同钱氏台榭在内的许多楼阁被毁坏。约1141年，宋、金和议，宋朝自此偏安江左，把东起淮水中流、西到陕西宝鸡县西南的大片国土献给了金朝。

由于北方人们纷纷南迁，加速了生产技术的交流，从而推动了南方的经济发展。随着江南的经济繁荣，南宋王朝开始大兴土木，营建都城临安，各地方官吏也纷纷修建华丽的楼台亭园，供自己居住，杭州、嘉兴、湖州等地空前繁荣。

在这个背景下，荒废已久的钱氏台榭旧址迎来了新主人王希吕。王希吕是南宋刚正廉洁的好官，是会拉着皇帝衣袖劝诫的刚直大臣。他退休后连买房子的钱都没有，只能居住在寺庙中。皇上看不过去了，便赐给他钱造房子。

相传，"烟雨楼"这个名称取自杜牧的诗句"南朝四百八十寺，多少楼台烟雨中"。由于此诗在宋代广泛传播，官僚地主、文人墨客纷纷前来登楼赋诗饮酒，成为当时观赏湖光的最佳去处。"烟雨楼"三个字逐渐出现在文学辞章之中，比如南宋大臣吴潜的"东湖千顷烟雨，占断几春秋"。

1276年，元兵伯颜入侵临安，嘉兴又一次遭受兵灾，但史书上没有关于烟雨楼毁损情况的记载。之后，在元朝近百年中，烟雨楼很少有人提及。直到元末，世称元四家之一的大画家——梅花道人吴镇，在他的一首词的序言中说："春波门外，旧日高氏圃中烟雨楼。"可见，元末时烟雨楼还在，只是高氏花园已经荒芜不堪了。元末农民起义，烟雨楼受到了致命一击，后被毁弃。

明朝嘉靖年间，杭、嘉、湖诸府已经成为经济中心。1545年，陕西三原人赵瀛来嘉兴任知府，他见湖中小岛的周围风景很美，便动工兴建楼台。两个月间,建起了楼房五间。从此,湖心小岛上青瓦粉墙,林荫幽径,廊桥掩映,为秀丽的南湖增添了迷人的色彩。

　　湖心楼台建造之后并没有用新的名字,虽然楼已经不是过去的烟雨楼了,但许多文人墨客,每每怀想当年烟雨楼的繁华景象,就像它还存在一样,所以湖心楼便沿用了"烟雨楼"之名。当时也有人将此楼称为"疑楼",也许取的就是"似雨疑烟"之意吧!

　　自嘉兴知府赵瀛重建烟雨楼起,这座嘉兴人心目中引以为自豪的名楼,开始有了比较详确的记载,成为各个历史阶段时代风云的见证。1582年,嘉兴知府龚勉主持重修了烟雨楼的工程。他把沈奎之前垒在楼前的石台增高,以便临湖垂钓,还将其命名为"钓鳌矶"。1583年,龚勉在烟雨楼前建了一座大士阁,供奉观音菩萨,大士阁还成了"瀛洲胜境"之一。

　　许多文人墨客踏足而来,游览烟雨楼的风光,倾听它的历史兴衰、人事更替——此时的烟雨楼,被赋予了许多精神内涵,已不再只是一个简单的览胜之地了。

　　由于战乱,之后的烟雨楼又经多次被毁与重建。清朝末年,烟雨楼历经修建,逐渐形成了以烟雨楼为主体的古园林建筑群,古树丰碑、亭台楼阁、假山游廊——是一个典型的江南园林。

　　4. 似雨疑烟——蓬莱阁

　　蓬莱阁的主体建筑,位于蓬莱北部濒海的丹崖顶,楼高15米,坐北面南,为双层木结构建筑。蓬莱依山傍海,山光水色堪称一绝。蓬莱阁四周明廊环绕,能够供人登临远眺,是观赏奇景——蓬莱云海最好的位置。宋代,蓬莱阁所在地登州府管辖着九县、一州,是东方门户。1042年,北宋在此修建边防水寨——"刁鱼寨"。刁鱼寨是我国古代北方重要的对外贸易和军事口岸,是我国保存最完好的古代海军基地。

　　"蓬莱云海",是山东蓬莱地区出现的一种云海现象,在古代,蓬莱的海面上常常出现各种幻境——也就是我们今天所说的海市蜃楼,为蓬莱增添了许多神秘色彩。

古人还无法科学地解释海市蜃楼的形成原理,看到无法理解的异象时,会想象出许多神仙鬼怪的事情来进行解释。所以,蓬莱在世世代代的传说中有十处仙景。

蓬莱阁翰墨流芳,亭、殿、廊、楼上楹联、碑文、石表、碑碣比比皆是,千百年来,慕名而来的人络绎不绝,站在峰顶的蓬莱阁上,极目远眺,楼亭殿阁、云山雾海的蓬莱,真似神仙府邸。位于蓬莱阁下的"仙人桥",造型奇特,结构精美,就被传为八仙过海之地。而蓬莱阁上的"蓬莱十大景"中,"渔梁歌钓""仙阁凌空"景致最为优美。

1085年,苏轼来到登州为官,仅仅五日,便接到还朝的调令。在他离开登州之前,看到了令人神往的海市奇观,欣喜之余,便写下了著名的七言古诗《登州海市》。苏轼记叙了观看海市的全过程以及心得体会,为蓬莱山海带来一抹文人精神的光辉色彩。

为怀念北宋著名文学家、书画家苏轼,宋人再次建了苏公祠,祠中塑有苏轼的肖像刻石拓本,内外壁嵌刻石20余方,内壁有苏轼《望海》《海市诗》《观海》等的楷书刻石。

这里有座宾日楼,也叫"望日楼",建于宋代,东邻苏公祠,为八角、十六柱、双层砖木结构楼阁式建筑。底层外侧是明廊,楼内有楼梯盘旋而上;二层开有8个圆窗,眼界开阔,可纳八面来风、观八面景致,还可欣赏"日出扶桑"的景象。

这里还建有一个"子孙殿",主祀送子娘娘,香火历来繁盛。殿内东、北、西皆有高台:北边的高台上摆设3个连体神龛(中间的神龛上是送子娘娘的坐像,东、西两侧的神龛上分别是眼光娘娘和疹子娘娘的坐像),东、西两边的高台上分别立有麒麟送子、天王送子的塑像。眼光娘娘保佑儿童心明眼亮,志向远大。疹子娘娘保佑儿童顺利通过疹子关。殿内备有蒲团、香炉,殿前正门内南侧壁上设有"宝库"。

清朝时期,蓬莱阁建筑群先后修缮、增建了天后宫、普照楼、吕祖殿和蓬莱阁等建筑,蓬莱阁建筑群的布局及规模臻于完善。

蓬莱阁天后宫与其他地方的天后宫设计大同小异,位于牌楼"丹崖仙境"后的正中,占地面积3000多平方米,是四进院落。天后宫南北朝向,自南向北依次为正门、钟鼓楼、戏楼、前殿、垂花门、东西庑、正殿东西耳房、后殿。1826年,天后宫毁于大火。第二年重修,把原来"灵祥"改为"显灵"。1868年,清政府为便于蓬莱水城的船舶夜行,专门在蓬莱阁东北角的丹崖绝壁之上建造了一座导航用的灯楼——普照楼。普照楼占地25平方米,楼高3层,为砖木结构,内设扶梯盘旋而上。在清朝时,普照楼是蓬莱阁古建筑群的重要建筑之一,它与宾日楼、吕祖殿等共同组成仙境蓬莱的特征性标志。

蓬莱阁楼内西壁被人题了许多诗和对联,室内木质梁柱彩绘"八仙图""风竹图""蓬莱十大景"等图案,地面摆放八仙桌、八仙椅,中央的"八仙醉酒"塑像是根据"八仙过海、各显神通"的传说创作的。粉壁上曾经出现过的南海才子招子庸所绘的墨竹图等珍贵字画,现已绝迹人间。

到清朝末年,整个蓬莱阁的建筑群规模已经非常宏大了,总建筑面积达到18900余平方米,整个建筑群气势雄伟,风光壮丽。

知识链接

轩 榭

除亭台楼阁外,还有两种重要的观景建筑——轩和榭。从功能上来说,轩和榭其实非常相似,只是建筑形式略有不同。

轩,一般体量不大,是一种建在高台上的半开敞建筑物,具体样式灵活多样,人们可以在里面读书、静思、会友,常常是园林中非常幽静的一个场所。轩是园林建筑中常见的点缀性建筑物,有引景之用。因此它的位置、造型要根据园林的整体情况,精妙地设置,就像雕刻技艺中的巧雕一样,让它富有感染力。

榭,一般也称"水榭",通常建在一个临水的台上。水榭的敞开程度比轩更大,有的只用几根柱子支撑顶面,呈全敞开样式,就像一个水上的大凉亭一样。临水的一面多设一圈坐凳栏杆,方便闲游到此的人们坐下观赏水光风景。水榭多面北而建，这样水面就不会反射刺眼的阳光，便于观景、纳凉。

如果说小轩适合一个人独处，或几个好友静坐品茗观景，那水榭就适合三五成群的好友，在风和日丽的日子里，迎着波光粼粼的碧水湖面，迎着风、沐浴着阳光，享受极开阔、极炫丽的水色风光。它们都是古人追求精神生活的衍生品，是园林画龙点睛、灵动活泛的小景。

第五章

民居的特殊结构及其现实意义

第一节　榫卯结构

1. 榫卯结构的发展和演变

在古代，是没有，或者很少有铁钉的，因此传统民居木构的节点，大多是以榫卯的形式进行连接的。因为建筑工艺等的不断发展，产生了种类繁多的构架，因此衍生出的不同形态的节点使榫卯的组合方式也复杂多样。不过，尽管榫卯组合的形式复杂多样，但还是有其内在规律的。只有了解各类节点的共性和差异性，才能提高榫卯结合时的精度。榫卯结构具体开始使用的年代已不可考，但可以确定的是，从河姆渡考古遗址的木构建筑中就出现榫卯结构了，说明 7000 年前古人已经利用榫卯作为木构的节点了。

河姆渡时期

河姆渡时期的木构已经有大木和小木的区别，发掘出的榫卯有柱脚榫、平身柱榫卯、转角柱榫卯、销钉的梁头榫，以及企口板和直棂式栏杆等构建。说明在那个时期，人们对榫卯已经有较高的认知和加工水平，燕尾榫和榫肩的出现也足以证明这一点。这个时期的榫卯，虽然解决了水平向和垂直向的组合需求，但能够满足水平向和水平向、垂直向和垂直向的榫卯组合尚未发现实际案例。另外，这一时期的直榫比例差异很大，榫头的宽、高比在 1:1.8~1:4 不等，说明这个时期还在探索榫卯构建的比例。

奴隶社会时期

考古发现，夏、商、周三代的建筑，多为土木混合结构，还会在封闭的土木混合主体的外围搭建轻盈的木构。考古遗迹中的木构残迹显示，这一时期的房屋营建技术有了较大的进步，已经能够使用木板墙，木构也大量采用榫卯进行连接，还出现了依附于土木混合结构上，且跨度比廊大得多的木构横架。这种跨度比较大的木构横架，必定要采用类似梁垫、牛腿的节点，西周早期铜器上出现的斗棋才会有用武之地。这时的斗拱，由底部的大斗，以及大斗上的横棋和小的垫块组成，功能类似替木。这一时期建筑的木构，横架不规则，纵架相对独立，显然与榫卯技术带来的木构抗侧刚度的提升相关，但横架还没有办法完全脱离土木混合结构，反映了节点、构架技术尚有不足。

秦汉年间

秦时宫殿遗迹中，单层木构架中的柱子在纵、横两个方向的排布都比较规则。汉朝早期虽然仍沿用柱洞，但从西汉"辟雍"遗迹可以看出，柱子都放置柱础之上了。柱子放在柱础上，不再埋在土中，说明建筑构架抗侧刚度不再依靠底部的稳定程度。柱子的排布，与纵架和横架是密切相关的。这说明，虽然大型木构还没有彻底脱离土墙独立存在，但墙体大多只设置在不影响内部空间的山面或背面了。

战国木椁

对战国木椁上的榫卯结构进行研究之后，可以知道：小木构中的榫卯在这个时期已经非常精细了，还出现了组合榫卯，几乎每种组合榫卯都是若干种简单榫卯的组合形态，抗拧、抗弯、抗拔，均使用企口或燕尾的方式连接构件，通过错位和斜切两种方法，不仅能满足同一高度构件的转角连接，还能满足水平构件的连接。这种类型的榫卯，跟小木作对精度的要求高、允许变形范围小有关。可能与当时的木构形式有关，这个时期用在大木结构中的榫卯还比较简陋。湖南长沙墓的木椁上还出现半边为燕尾形、较为粗短的燕尾榫。上面所说的榫卯类型，说明工匠在实践过程中意识到直榫不抗拔的缺点，对此尝试做出了改进，但是否被广泛应用尚不得知。

纯木构发展至东汉，单层大型建筑的进深逐渐增大，且出现了更多不同组合的进深柱，说明横架也有了进一步发展。广州、长沙出土的明器表明，既有屋脊由到顶的柱支撑的穿斗做法，还有木柱支撑，但屋架仍由金字梁支撑的抬梁做法。

隋唐——日本法隆寺

日本建筑，在很长一段时间里受到中原建筑技术的影响，所以日本法隆寺保留的榫卯结构对研究榫卯的发展和演变非常关键。日本法隆寺据传始建于607年，虽然保留了类似战国木椁上的榫卯技法，但又有针对性的变化——水平构件多采用螳螂榫一类进行连接，而非燕尾榫，又或者直接用通长构件穿柱而过；阑额不采用拉接的形式，角部虽有斜切，但梁上的构件仅能够相互避让，以类似半榫的形态简单地插到梁柱中。对日本法隆寺梁柱的榫卯和斗栱进行研究之后，你会发现：此时木构件在水平方向的连接技术已经非常纯熟。法隆寺的榫卯结构在主木上没有任何出头的做法，没有十字箍头榫的出现，而战国小木作中的角部处理已经呈现雏形了。对于十字卡口榫的缺失，可能是对水平联系构件的认识不足，也可能是刚脱离土木混合构架，还未适应全木构的原因。

宋 代

宋代的《营造法式注释》中记录了许多不同种类的榫卯，相较前人，有三大进步：

第一，加强水平联系件的拉接关系。榫卯的节点形式仍和南北朝时期一样，均用勾头搭掌、螳螂榫等连续接檩条、普拍枋之类的长构件。但在

■第五章　民居的特殊结构及其现实意义

自身稳定性差的情况下，将原本仅有搭接关系的阑额做了改进，局部增加了类似燕尾造型的构造。用燕尾榫的楔角关系代替直头螳螂榫，可能和木材纹理方向不同造成的力学性能差异——直头榫卯容易局部劈裂——有关。

第二，规格化。随着"以材为祖"的建筑模数化，为了配合图版，宋代榫卯尺寸的比例范围也应该相对固定下来了。不过，就《营造法式注释》这本书中的内容来看，提到的最多是对榫宽的要求，比如"入柱卯减厚之半"，偶尔有"两头至柱心"之类的长度要求，但对榫卯具体尺寸的要求很少出现。

第三，工艺细化。在建筑实践中，榫卯更多采用水平的形式相接，榫头加工细致，出现退榫、搭掌、镘口等。抱厦转角阑额出头、重檐转角阑额不出头、使用简单的燕尾榫交接梁柱，是这一时期对角部榫接的探索。镘口卯的椎头两次互相转化为卯口卡入，是这一时期对榫头和卯口比例上的探索和尝试。

元　朝

元朝的榫卯，基本延续了宋代的应用技术，但蜀柱底部普遍采用长直榫，说明除了馒头榫、燕尾榫等抬梁做法中比较普遍的榫卯，这时期在尝试拓展穿斗构架中直榫的应用空间。另外，双向出头的角部让十字箍头榫的做法相对固定下来，柱底用于透气的十字卯口让榫卯从简单的结构节点转变为能够整合更多构造的复合节点。

明　朝

明朝的榫卯多是清朝常见的半榫双拼，它由宋代的箫眼穿串做法演化而来。经过了长期的探索，才让三个以上的榫头在梁枋交接的位置合理避让。明朝的榫卯节点虽然仍旧种类繁多，但已经简化了很多，同时加强了榫卯外露部分的装饰效果，如十字箍头榫霸王拳等。在榫卯的加固上经验纯熟，比如拼柱用铁圈加固，大量开口的柱头用牛皮加固。因为地域、文化等差异发展出了丰富的建筑类型，榫卯也因此产生了自己的特色。比如：北方抬梁体系相对粗短，而南方的相对细长；北方爱用馒头榫，南方爱用直榫；等等。另外，由于各方面的限制，梁柱节点取斗棋而代之，衍生出更多的节点形态——如大进小出榫、箍头榫等。而对不落地柱的大量使用，也使直榫节点得到广泛使用。

清朝

清朝的榫卯结构，在明朝的基础上，继续强化木构架中榫卯对梁柱的连接功能，使梁枋和单步梁都得到了有效利用。《清式营造则例》对燕尾榫、馒头榫、雀替后尾公母榫等常用榫卯规定了明确的尺寸，使榫卯得到更深的发展、更广泛的应用。以榫卯技术为基础的拼和组合构件也突破了建筑材料的局限，比如楼阁的核心空间全部用梁柱进行交接，连接斗棋的梁后尾全都插入柱内，这样做有效地提高了楼阁通高空间的跨度——比如太和殿，梁构件高达1.5米，金柱间跨度为11.17米，开间跨度达到8.44米。因此，在清朝，通柱造在楼阁结构中颇为盛行。

2. 飞檐斗拱

斗拱，是由小短木以十字形相交，层层累积叠加组合而成的构件，是中国古代建筑极具魅力的结构，是封建社会高等级木构的重要特征。斗拱在普通民居中并不常见，主要应用在公共建筑，比如宫殿、庙宇之类的地方。虽然斗拱的本质其实是若干榫卯的组合结构，但它将先人的建筑智慧发挥得淋漓尽致，成为建筑结构中非常特殊的节点，已经不能简单地将其与榫卯画等号了。斗拱下端像一个斗的构件称为"斗"，处于最下层、起支撑和受力作用的受力点称为"坐斗"，坐在斗上的弓形或拱形构件称为"拱"，在最上层朝外的拱称为"檐令拱"。拱横向支撑，并与门梁同宽的横木称为"阑额"。拱端设有散斗，可以依据需要设置上层拱件和阑额。简单一点的就不设散斗，散斗连接拱端，一气呵成。每层拱的称呼各不相同，由多层拱及散斗叠加之后的成品，一般称为"罗汉枋"，斜下伸出门外装饰有各类兽首的构造称为"下昂"。檐檩就被支撑在罗汉枋的散斗之上，受力会通过斗拱结构层层转移，最后将顶部的负荷转移到门梁上，再由柱网体系传至地面。与一般的榫卯相比，斗拱节点有三个不同的重要特征。一是复杂性：它不像一般榫卯是由两三个构件组合而成的，斗拱是由少至三个，多则数十个构件进行组合的。二是统一性：一般的榫卯组合

■ 第五章　民居的特殊结构及其现实意义

出来的节点，功能和样式多种多样，但通样由榫卯组合出来的斗拱，外形相对统一，变化的空间不大，这可能和它的结构趋近完美有关吧。三是整体性：斗拱的整体性不仅体现在结构上，还表现在功能上，它本身就是一个由许多榫卯结合成的节点，还能通

门上斗拱

过对纵、横两个方向的拉接关系，形成一个独立、完整的结构层，这就彻底脱离一般节点的范畴了。所以，想要对斗拱的结构功能、刚性等有深入的了解，就不能停留在榫卯的层次上，而是要有针对性地对它进行独立的研究。斗拱经历上千年的捶打和磨炼，经过不断的完善，已经趋向完美，有些建筑会将斗拱的技术概念融合后，应用在石枋挑檐、连椽、飞椽等结构中，优化建筑结构，开发新的功能架构。

第二节　木构架

1. 木构架的基本概念

木构架，用木结构来做建筑的骨架，是民居建筑的主要结构形式。它自成力量支撑体系，使墙体从承重任务中解脱出来，只起圈围、保护和隔离空间的作用。不再受承重功能束缚的墙体，可以灵活处理空间的封闭或开敞、门窗的位置或大小，相对自由地划分民居建筑的空间结构，为构造楼房、出挑、重檐、跃层、阁楼等提供了便利。木构建筑轻巧，居住起来舒适，木材看着、摸着都很舒服且易于雕饰。木构架在功能效用方面，不亚于甚至超越现代建筑的框架结构，是历史、文化和人类智慧的产物。

木结构分为大木作和小木作。大木作指的是大梁架结构，小木作指的是门窗、外檐及内部的装饰性木作。大木作又分小式与大式——不用斗拱的民居等的大木作是小式大木作，使用斗拱的宫殿、庙宇等的大木作是大式大木作。

民居的木构架大体分为穿斗式和抬梁式两类。穿斗式构架，落地柱承檩，承重任务由竖向的柱网体系承担，柱与柱之间用穿枋连接——结构稳定，用料少。抬梁式构架，柱上承梁，梁上承檩，檩上承椽，承重任务由横向和竖向组成的梁架体系来承担——可以形成大空间，完美地结合了结构逻辑与艺术构图。南方普通民居多采用穿斗式构架，北方民居、南方大型住宅的厅堂多用抬梁式构架。

秦汉年间，柱子不再埋在土中，使建筑构架的抗侧刚度不再依赖底部，转而通过柱子的排布网络，以纵架和横架的穿接来横向稳定主体结构。汉朝出现过无斗拱、只有梁柱节点的楼阁，但三国、南北朝是我国木构转型的重要时期。对《景福殿赋》等一系列文献的研究表明，这个时期的大型单层建筑已经实现全木构化，"层棋""重栌"等词汇和概念频繁出现，说明斗棋的层叠数有了极大发展。另外，斗棋突破纵架和横架的节点问题，实现多跳交叉组合，还出现了"昂"等构件。同时，构架技术继续演化，从土木构架到全木构架，增加木构架的水平联系构件，并演变出大约五种类型的木构架。同时，楼阁的高度和层数都有很大突破，塔类建筑得到很大发展——日本飞鸟时期的建筑（如法隆寺金堂）已实现部分中心。南朝有关塔结构的文献中有"悬梁""浮柱"，也说明楼阁中大量存在木构部分。

元朝用大斜梁支撑整个屋面，通过减柱获得更多的空间自由，并用大横额让开间的跨度得到提升。看起来似乎又回到了早期木构的纵架和金字梁体系，实际上很多结构问题已经随着木构技术的进步得到解决，如大斜梁的抗侧推力转由斗棋和梁柱共同发挥作用。明朝继承古制的同时，简化了梁柱节点和木构架的结构方式，使斗棋等构件在结构体系中的地位和重要性越来越弱。

可见，无论单层还是多层，双向斗栱和层叠数的增加，大大提高了节点的性能和构架的抗侧刚度，推动了单层或多层木构在梁柱结构的演化，为楼阁发展奠定了技术基础。

2. 木构架的安全性能分析

木结构的安全判定，至少包括木构件竖直向荷载（重力荷载）下的评估和水平荷载（抗侧刚度）下的评估。但木结构安全性的判定，还涉及木材强度的衰减问题（可参看《古建筑旧木材材性变化及其无损检测研究》）、木材横纹受压能力和结构的残损问题（可参看《应县木塔现状结构残损要点及机理分析》），以及高层木结构的抗风性能问题（可参看《应县木塔风作用振动分析》）等各方面的问题。

各种因素组合在一起，形成木结构的安全体系。但面对量大、面广、类型丰富的传统木构，安全性的判定标准和有效提高结构安全度的系统性方法仍是一个值得探讨的话题。现代对结构的安全检查，一般按照现行规范中规定的方法进行，比如用公式对材料性能、计算要点逐项检查，但凡不符合要求，就用增大截面、增加支撑、加强复合材料来解决。这种符合现代规范的高效流程，面对传统建筑的时候，常常显得捉襟见肘——有的缺乏理论支持，有的不符合现在的思维体系，有的则尚未将各领域的研究成果纳入考核体系。

竖直向荷载，也叫重力荷载，是古建筑最常见的受力形态，它与地震、风荷载下的结构安全密切相关，《清式工程作法》《营造法源》《古代大木作静力分析》都从各个方面对重力荷载下的木构安全进行过分析。虽然木建筑木材强度的实测数据目前还比较缺乏，但建成并使用了数百年的木构，在营建之初的承力构件是可以判定为安全的，露明构件应该处于弹性范围内，否则早就能够看到变形或影响使用的情况了——通过这两个限制条件，可统计出整个构架中的最低安全系数。各地构件的安全评判标准有一定的离散性，但总体有如下规律：安全度的竖直分布为柱＞橡，橡＞檩，檩＝梁；柱的安全度明显大于其他构件，大约为檩条（安全性最低）构件的3~5倍；草架安全度低于露明梁架；变形安全度大于受弯安全度——截面未受榫卯削弱时，受剪安全度大于受弯安全度，截面受榫卯削弱时，受剪安全度最低。

通过对大木作的研究和分析，可以知道：脊檩和倒数第二层梁是整体结构最不安全的地方；挑檐檩、不对称露明梁架最下层梁是结构的薄弱点；穿斗和草架的木构架、挑檐檩，以及没有连机加强的檩条，均为结构的薄弱点；承力的草架梁是安全度最低的部位。总体来看，各类构件都有一定程度的安全冗余，除非构件明显残损或不符合常规的做法。

阁楼的重力荷载跟层高层数密切相关，除了具有单层建筑那些问题，还有几个局部差异。比如：柱的安全度差异，层间衔接处的局部承压问题，层间过渡如插柱造时，上层柱插在下层梁上等的局部抗剪问题。但由于柱具有 3~5 倍的安全冗余，柱插脚梁多为小跨度拉接构件，有 3~25 倍的安全冗余，即使按最不利状况，增加一个层高就增加一倍荷载量计算，3~5 层的楼阁不会出现安全度低于 1 的情况。

因此，楼阁虽然有层叠式和通柱造的差异，均由一层木构通过重叠或增加高度的方法进行建造的，但大部分楼阁的顶层和单层木构相似，下层也仅仅是在柱的位置或拉接梁位置加强荷载能力，传力机制上并无明显的特异。由于每层的结构荷载不可能超越屋面荷载，只要不出现跨度明显增加、梁截面明显削弱，以至功能明显改变的情况，就不必刻意验算其构件截面，进行荷载分析，否则就会和单层木构一样——按规范评估是有问题的，但实际结构没有问题。

但是，虽然木构架竖直向的荷载具有较高的安全冗余，但不等于其他作用下也一样安全。在地震等自然灾害之后，我们根据木构的实际损害情况，发现楼层交接部分穿斗做法柱在卯口处被震裂或折断。所以，至少木结构侧向的刚度和安全问题可以通过实践进一步探索分析。

传统木构在地震这种破坏性非常大的自然灾害面前，形成的结构破损和变形可以按照四个阶段、四种类型划分：第一，构架整体依靠摩擦力嵌固于柱础上；第二，构架下部相对柱础滑动，但构架为整体移动，并未崩散；第三，构架各层之间发生相对滑动，尤其是柱和柱础之间的滑动增大，随时会散架；第四，构架出现拔榫和整体散架倾覆现象。简单来看，结构的荷载不超过自身重量的40%似乎是安全的，但是水平作用下的内力传递必须依靠节点的抗弯性，而根据目前节点实验获取的数据表明，榫卯节点的极限刚度远远不够，极限抵抗能力不足以应对预设的最强地震。

虽然上述结论可能因为梁柱节点的数量略有差异，但节点的水平荷载能力远小于竖直向的荷载能力。此外，根据已有的研究数据表明，榫卯或斗栱连接的传统木构水平荷载下的变形都很大，地震响应能力和榫卯抗弯性之间的矛盾仍然是一个需要深入研究、探索和解决的问题。

第三节 民居中的细节

1. 民居细部

防火墙

马头墙是古代民居的防火墙，为山墙侧伸出建筑外的部分，又叫"防火山墙"，有几层落差确定为几叠式。南方建筑密集，失火时，防火山墙可以快速阻止火势蔓延，因此防火山墙已经成为民居建筑中不可缺少的一部分，很多民居就算独门独户地居住也会建防火山墙。防火山墙的形制各不相同，有弓形、人字形，"五岳朝天"式，以及复合曲线式等，有的庄严华丽，有的简洁大方，有的轻松活泼。有的防火山墙墙体的顶部为阶梯状，截面由下至上逐步变大，上部设墙脊，铺小青瓦，凸出端做法与

宏村马头墙

脊吻相似，可为翘角可为瑞兽。外墙段一般粉刷白色涂料，与屋顶的暗色系形成对比，显出中国式的优雅韵味。徽派建筑的防火墙——马头墙，现在已经成为徽派的一大特色了。它外挑的砖檐如臂膀一般结实，覆盖着的青瓦如同盔甲一般，即便不再与众多马头墙排成壮烈的队势，但那股穿透历史的傲气和沧桑感仍浑然天成。

屋　　脊

脊是屋顶上两个坡面相结合的高端和分水线，能够稳定房屋结构，防止雨水渗透，还能协调房屋体量，使房屋看起来高大、端庄。脊端一般以砖、瓦封口，如果屋脊线光秃秃的，难免显得单调、落寞。因此，房屋主人和匠人便用牡丹、莲花、蔓草、云纹、几何图案等来装饰屋脊。

吻　　兽

吻兽，又称螭吻，是传说中龙的九子之一，好吞。但在房屋建筑中，吻是安放在正脊两端，作为装饰的兽头，又称脊吻。在封建社会，脊饰繁复、精细与否，能间接反映房屋主人的社会地位和经济实力，因此有"五脊六兽排三瓦，倒插飞檐张口兽"之说。"五脊六兽"只有官家才允许使用，但它们在平民百姓眼里是作威作福的凶神。那些泥土烧制的小兽，会被请上皇宫、庙宇或达官贵族的屋顶，俯瞰人世。等级较高的建筑中的脊吻被叫作正吻，为龙形，兽头向外，且官位在五品以上者为张口兽，五品以下者为闭口兽；等级较低的建筑才称脊吻为吻兽（或兽吻），兽头向外。兽吻作为传统建筑结构的一部分，做防火之用，是最后完成的，一旦安上就表示整座建筑从底到顶全部完成了。

影　　壁

影壁，在南方称为"照壁"，古代称为"萧墙"，一般建在古代居宅大门内、离门不远的院中，能够挡住外面的视线，保持内部空间的神秘感。有的影壁采用大面积白墙，朴素简洁，有的做了绘画或浮雕装饰。除了在大门内，在大门外跨过大街或河流对岸的地方也常做隔街照壁或隔河照壁，有的建得华美，有的建得简易，有的建得古朴。这样做，能够使照壁外的空间与大门前的空间形成一整体，相互呼应，增强建筑的整体气势。在等级森严的封建社会,几乎每一种东西的使用都有等级制度,民居建筑更是如此。比如明朝在宅第方面就有严格的规定。一品、二品官的厅堂,限制为五间房、九支柱。九品官的厅堂,限制为三间房、七支柱。普通民众的民居建筑不允许超过三间房、五支柱,且禁用斗拱、彩色,所以民间建筑中,很难见到木质斗拱构件,但作为一种身份的象征,大户人家便设置没有等级要求的影壁,并在影壁上加设砖雕斗拱,来彰显主人家的富贵和地位。有些地方的影壁,顶部设置砖脊,脊两端设瑞兽或其他造型的吻,并分上下两层设置瓦当、滴水檐及飞椽等。民居中的影壁,以空白砖砌为主,一般下设须弥座。

铺 首

铺首,是门上的一种环形装饰,金做的叫"金铺",银做的叫"银铺",铜做的叫"铜铺"。民间建筑中的铺首,通常用铜或铁进行制作,常用的造型有"兽面衔环",有的也用"日月同辉""五福捧寿""如意纹"等图纹进行装饰。最初,汉朝寺庙的庙门上装饰铺首,用以驱魔避邪。之后,被民间广泛使用,用来祈求神灵勇敢地保护居宅的安全,有了祈福避祸的人文内涵。除了装饰和祈福之外,窑洞民居的铺首是一个使用的构建,它安置在门扇中央适宜人抬手操作的高度,供来客叩门或主人家落锁使用。

2.细碎空间、辅助结构

檐 廊

民居外檐下一般都会设置廊道,我们称之为"檐廊"。有的设一整圈,形成回廊;有的楼上也设廊,人们可以通行,或者依栏眺望,或者休闲静坐;有的加上栏杆、板壁、短墙、廊栅,设置门窗,形成封闭或半封闭式廊道,作为通道使用。檐

恭王府檐廊

廊通常是民居装饰艺术的核心位置。有的檐廊不设吊顶，因此屋顶下精心雕饰的猫儿梁、月梁素简大方，引人注目；有的檐廊采用天花吊顶的样式，中间设计有八角形的浅天花井，增强装饰效果的同时，丰富了空间感。

敞　棚

民居建房用地，都是精打细算的，人们为了多争取一点生存空间，会挖空心思地能多搭一个棚就多搭一个棚，看似漫不经心的简易空间，其实非常实用。无论是穿斗式还是抬梁式建筑，都能够倚靠着拼接出一个小空间来，这是木构架为空间扩展提供的一大便利。有的敞棚，利用天井的一部分空间搭建，有时用来堆放杂物或作为灶间，有时设置成方便人们在炎热的天气里乘凉、休息的活动区。有的敞棚，搭设在某个房间的门口，作为出入房间的过渡区，形成一个能给人带来庇护感的暗藏空间。有的敞棚，搭建在树下——骄阳似火烧的夏天，蝉儿在枝头鸣叫，人们就在树下做家务或者纳凉，树下的敞棚就成了最佳的劳动场所和休闲空间。敞棚、敞厅一类，都是半室内、半室外的过渡空间，当天井很小、敞棚很大时，天井的室外感就会被削弱，好像成了一个大天窗，原本室外的天井和室内空间的界限就没有那么显著了。这种室内外"通""透"的空间布局，既可以有效通风，适应炎热的天气，又可以发挥好天井多雨的排水问题，特别适合炎热又多雨的地区采用。

敞　棚

厨　房

民以食为天，人不仅需要卧室睡觉，还需要厨房做饭。厨房，是民居建筑不可或缺的空间。一个家庭如果想要生活圆满、气氛温馨，绝对不可

■第五章 民居的特殊结构及其现实意义

以冷锅冷灶,一家人的欢乐气氛、健康和谐全系于饮食。中国人经历千百年历史沧桑,知道饮食的重要性不亚于生命,因此厨房的设计和建造在民居建筑中尤为关键。虽然各地建造方式和格局略有不同,但基本都空间独立、功能齐备,就像一个小型作坊一样。厨房面积根据各家的人员情况,有大有小——有的与住宅相通,出入方便;有的独立建设,通过天井廊道沟通居宅,空间功能明确不混杂;有的将厨房设置在主体建筑旁,共同开向院井,主体建筑有几层,厨房就建几层,在哪一层吃饭居住就在哪一层做饭,不用的楼层的厨房就用作储物间,或者做备用厨房,在寿喜婚宴的时候起用。厨房中炉灶的设计也别具匠心,各家都根据自己的实际需求,用心设计走烟通道。传统民居的厨房内,除了炉灶,家家要备的就是水缸——它不仅可以满足烧菜做饭的生活之用,还能预防火灾,毕竟厨房重地,时常都会有明火。

桥

"小桥流水人家",桥是交通上的重要构筑物,也是许多水网地区靠近桥头的民居在建造时候会借用的对象。水网地区,如果借用桥身建造民居,能有效节省地面和墙壁作业。民居可以不打墙基,直接砌在桥面上拾级而上——这种方法叫

安平桥

作"倚桥"。可以直接把房梁搭在桥上,免去构筑梁柱架构的麻烦;可以在桥上搭几块石板垫脚,从桥面就可以直接上到楼上,方便快捷。传统聚落往往选在背山面对的地方建址,小河常常环绕村庄流过,所以村头村尾常常需要架设小桥,方便人们通行。每个时代的桥梁,都是时代的丰碑,记录并传承千百年的造桥技术和经验。所以,我国的桥梁历史和桥梁建造经验是最丰富的。最简单,几根大木凭借力学原理就可以搭建一个拱桥,上面一铺板,结实耐用。有的结构复杂、历史悠久,比如中国古代四大名桥:1400多年前的赵州桥,是世界现存最古老、最雄伟的石拱桥;北京永定河上卢沟桥,

以精美的石刻艺术享誉于世；北宋年间建造的福建泉州洛阳桥，全部由花岗石砌筑，造桥工程规模巨大，工艺技术高超，是世界桥梁筏形基础的开端；南宋年间的潮州广济桥，中段能开能合，大船、木排通过时，可以将浮桥中的浮船解开，让船只、木排通过，是世界上最早的开关活动式大石桥。广济桥上有望楼，为我国桥梁史上所仅见。它们现在都属于全国重点保护文物，是中国桥梁建筑中的宝贵遗产。

石拱桥

排水系统

一般的传统民居中，除了利用屋面和天井以"四水归堂"的格局组成的排水系统外，很少会组建专门的管道排水设施。但族群群居的大型建筑则不同，比如围屋。客家围屋经常几十户甚至几百户共同居住，设置一套完善、有效的排水系统是非常必要的。矩形的围屋走廊则为矩形，环形的围屋走廊也为环形，屋面一般沿坡顶分别从里、外两个坡面向下排水，为了有效排水，会在顶部构造的最低端、靠廊道设置排水口，再通过连接排水口的漏斗口管道沿外墙往外排水。这种漏斗口管道排水原理和基本造型，与现代建筑的落水管构造如出一辙，只不过传统民居中排水管的材料是黏土烧制的矩形管道，而非今天的塑料管罢了。漏斗口管道的上端为漏斗形，主体和下端是一节一节中空陶管套接的。将这种管道逐节固定在墙面之上，并装饰花纹，让它

围屋的排水设施

融入整体建筑之中,成为建筑的一部分。这是古人的智慧,是传统民居排水系统的丰碑。

3. 细部的造型

栏　杆

传统民居的栏杆,多为木栏杆,有靠背栏杆、坐凳栏杆等。栏杆上多镂刻花纹,能产生强烈的装饰效果。其中最让人印象深刻的,是花栏杆。花栏杆,顾名思义,就是镂刻花纹样式的栏杆。这些花纹样式千变万化,多以同类图样大量叠加的方式设计镂刻,视觉效果强烈。不管花纹样式简单还是复杂,都能在相应的环境中,与建筑的整体样式、居民的人文风土风情相得益彰,衬托屋宇的同时,还能彰显主人家的性格、气象、风度。花栏杆种类繁多,常见的花纹样式有:回字纹、联回字纹、凹字纹、尺字式、梅花式、冰片式、条环式、六方套菱式等,有的甚至直接做雕花处理,显得美观、活泼、大方。因为木质本身色彩古朴大方,所以非常自然、耐看,而且它容易塑造和表达,稍加装饰就灵动起来,因此木栏杆一般不施以重漆,而是露出木纹本色,让建筑物和自然的关系有更加流畅、朴实、大方的过渡。栏杆之所以美,就是因为它通过自身在表达民居建筑的性格色彩,当人们视觉接触到它的那一刻,整个建筑气韵、主人家的风貌就会被具象化,并慢慢地显现出来。这是现代民居无法匹敌的地方。

地　铺

走进传统民居,那种浑然天成、统一和谐的感受不仅来自环境与建筑的美学统一,更得益于建筑内部色彩、装饰的和谐美观。地面可以说是传统民居中面积最大的块区,再加上它处于底部,在人的视觉之下,承载着房屋,因此它的装饰对视觉感受的影响很大。首先,地铺要耐用耐磨、耐潮湿,必要的地方甚至要有防水功能。跟栏杆的花纹一样,地铺的花纹大多通过大量同种花纹的叠加,给人持续、稳定的视觉感受。地铺的材料各不相同,有砖、石、木,很多民居甚至会将黏土直接夯实,只要素净、整洁,也非常朴素美观。地铺的花纹样式也是多种多样的,复杂华丽的花纹一般用在林园、宫殿、庙宇等环境下,有套六方式、长六方式、四六方式、四方十字式、波纹式、金盏菊式、人字形式、席纹式等，可以根据不同功能的空间选择适合的样式进行铺设。民居室内铺地多用方砖，而室外铺地的材料选择就比较多，外观、质感、色泽也各不相同。比如：用光溜溜的石板铺地，显得厚实而稳重；用青条砖铺地，既平又舒适；用卵石碎砖铺地，精巧灵动，意趣非凡；用毛石铺地，会具有浓厚的乡野趣味。

砖头排布

我们常常用青砖铺地，但它另一个最重要的用处是砌墙。自从古人学会烧砖之后，就极大地改善了民居建材上的限制性，让民居建造更加灵活了。"青砖绿瓦"是我们非常熟悉的词汇，它基本是大多数民居对砖瓦色彩不约而同的选择——因为它的色彩最接近于大自然的自然色，能够让建筑有效地与自然融为一体，完全符合中国古代人们对哲学、美学的价值追求。因为砖瓦直接暴露在自然环境中，要为民居的内部空间遮风挡雨，支撑并保护屋宇，因此砖瓦最重要的是它的功能，并且功能的稳定性是唯一的充分必要条件。如果不能发挥它应有的功能，那一切都将毫无意义。砌墙用的砖有空心砖、实心砖等不同的种类，有空心斗子墙、一行丁五行顺、一丁三顺、一丁一顺（工字形）等不同的砌法。另外，砖块也是铺地最好的材料。水磨贴砖平整、光洁，几何图形的图案纹饰变化丰富。

漏明墙

漏明墙，是墙体的一种装饰手法，它用瓦片和轻薄的望砖打造出花瓦墙头或花砖墙头，不仅可以让建筑减轻自重，显得轻巧、玲珑，还能加强采光和通风效果，使整个大空间内有微微的气流流通，有效通风的同时，避免大风直接卷袭。而且漏明墙优雅、美观，灵巧的纹样落在朴实稳定的墙体上，非常有艺术感，能有效提高房屋的艺术层次，是房屋主人彰显艺术魅力、审美修养的地方。望砖和瓦片是简单的直线或弧线，但搭配组合之后，能组合出各种不同的纹样。从漏明墙的花格中，我们可以看到墙背后随风摇曳的绿树，建筑的静与树木的动形成对比，和谐、美观，养人心神。

■第五章 民居的特殊结构及其现实意义

柱　础

柱础，上承房柱的圆形或方形小台，能够增强房屋结构的稳定性，保护房柱不受潮腐烂，尽量避免虫蚁对房柱的侵蚀。柱础基本采用石质材料，稳固精悍，造型别致，且集绘画、雕刻、石作艺术于一体，能够在立面构图中起到稳定、均衡的作用。各类柱础的尺寸整体相差不大，上面会雕刻寓意吉祥的花纹图案或者动物纹、人物纹等。柱础的起源可以追溯到新石器时期，最初主要是为了将上部的荷载均衡地传递至地基，防止建筑下沉。发展至汉朝，柱础出现了几种固定式样。到佛教兴盛的南北朝时期，被赋予宗教意义的莲花纹样图案在柱础雕饰上被广泛应用。柱础的形制是在宋代被定型的，《营造法式》一书对于柱础的形制等级进行了详细的规定，还总结了雕刻手法以及纹样，明清时期仅在此基础上进行了补充，再无多大创新。

第六章

美学价值

第一节 空间、结构、线条的自然美

1. 疏密得当、富有节奏

疏密关系在中国传统艺术审美中,是非常重要的原则。疏而不当,则散乱松弛、缺乏内部联系,从而失去整体性;密而不当,则局促、束缚,会让人有紧张、压抑的感觉。只有疏密有致、节奏有序,才能给人以美感,符合中国传统审美理念。传统民居在空间布局和营建细节上,也同样讲究疏密关系。

古村落中的民居,鳞次栉比的房屋,洁白的墙面——"密不通风,疏可跑马",就像一幅画一样,疏密有致。小型民居,也会利用不规则的空间布局来表现疏密关系。比如贵州石板房,空间布局徐徐展现,墙体的营建仿佛信手拈来,就像即兴创作的一个作品一样,毫不生硬,带有鲜明的自由又个性的色彩。就算布局粗糙、稚拙、不合常规,也能让人惊叹它的美妙。

节奏，是一种连续的、富有节律感的变化规律，能给人带来愉悦的视觉或听觉感受。富有节奏感的一个重要特点就是重复出现，前后产生联系性和惯性。人们最容易记忆和接受不断反复的东西，熟悉并被接受的东西总能给人一种安全、安稳的感觉，人们就会喜欢并接受这种设计。美国的一个广告协会做过一个实验，如果将两百张广告分开张贴，几乎没有什么效果，但将它们并列贴在一面墙上，却能给人深刻的印象。这就是统一元素大量重复使用带来的效果。

所以，民居建筑的空间结构，由小到大、由低到高所产生的节奏感和韵律感，同样会带给我们感官和情感的起伏变化，还会通过某种结构和花纹的大量重复使用，看起来复杂、繁复，却不会让人感觉纷杂、有压力，反而有平稳、大气、开阔的感觉。

民居中展现的韵律感比比皆是，比如活泼生动的马头墙，在由低到高、由高到低的起伏变化中，起承转合的节律变化，使运动趋势一目了然。马头墙不断重复的曲线，外部轮廓相似，体量上有大有小，层层叠叠地延伸，规整又灵动。在繁与简、虚与实中相互对比又互为补充中，展现壮丽、朴素、灵动的视觉感受。

民居的韵律都暗示着运动，当我们走进一个空间时，情绪会随着环境的展开起伏波动。当我们无法通过局部视角看穿全局布景的时候，便会不自觉地对被隐藏的景致发生兴趣，从而产生引人入胜的效果——这就是空间布局的最高境界。越是被精心设计，这种情感联动就越强烈。当引人关注的要素出现在两侧的时候，人的注意力会被均衡地分散，我们的进程就会不自觉地被牵制和放慢，左右回顾，注意力被召向一边，然后是另一边，沿着布局徐徐向前。如果韵律中断，我们就会不可避免地停止移动。这便是传统民居中的留有悬念。永定土楼的"大夫第"，民居在平面序列上，以次要的节奏一再重复发展，阻滞建筑主体的出现，将意境抒发得更为深远。

想要有良好的视觉感受，一个整体中必须主次有别，因为在感官上强调主体——主角，能给我们一种庄重、严肃、爽直、明确、安稳的印象。

比如：主房必须大于厢房；主体庭院也要比后院、偏院广阔；主房用槛窗，偏房用支摘窗。大型民居，通常由两到三个庭院趋近主体，比如大一些的四合院。

2. 横平竖直的线条美

在造景艺术中，利用线条给人带来不同的视觉感受，实现对规则或者不规则的空间序列的调整，是一种非常重要的手段。

在规则的空间序列中，在主体形象出现之前，如果能通过线条造景布局，有意识地让人对接下来出现的景致有预见性和思想准备，能够给人一种寻猎的快乐，同时让规则的空间脱离呆板的视觉感受，变得灵动活泼起来。

而在不规则的空间序列中，可以利用线条的特性造景布局，在主体形象出现之前故意掩盖景致的逻辑关系，让游览者忽入"桃花源"，料想不到的冲击感给人无限惊喜和乐趣，让造景新颖别致、富有趣味。

弯曲的线条或曲折的轴线，都不是规则的形状，但能平衡人的视觉感受。这种视觉平衡感受，大致来源于我们在基因中的那些深刻记忆吧——大自然中弯弯曲曲的河流，重重叠叠的山峰，天空飘逸的云彩，等等。大自然中的曲线，安静、幽远、绵长，最适合舒缓心情。

直线，能给人一种界限分明的感觉，放在没有具体形状的一堆物件中，能给人一种力量感、支撑感。能够让没有具体形状的群体产生有所依附的感觉，能给人带来沉静平和的感受，而且具有单一性和统一性的内涵，在建筑中可以无限重复。水平线条的建筑物强调了与大地之间的亲密关系，唤起人们对海面上平静而漫长的天际线或平原上宽阔而伸展的地平线的联想，给人以非凡的安静和惬意感。

在建造民居的时候，利用平衡视觉感受的特性，将空间序列中复杂多样的事物贯穿一气。在民居的建筑造型设计中，跟曲线圆融各要素的功能不同，直线具有强调作用。门框、四墙的转角、台阶等功能明确的结构，通常都用直线的形式构造形体，突出强调其存在性。我想，这种强调存在感的技术处理，是对功能需求无意识的附和吧。简单拿门框来说吧：

人们居住的民居需要一道门，于是利用直线进行勾勒。直线勾勒的大门，目标明确地矗立在那里，人们要进出的时候根本不需要思考那是不是一道门，令人印象深刻的直线条已经在思维到达之前告诉你——那就是一道门，你可以安心从那里通过。而且直线条的刚性，能给人一种力量感，对内让人有安全感，对外有震慑作用。所以民居、宫殿等传统建筑的大门，一本都用线条勾勒出硬朗的门框。只有园林小景中，起装饰作用的门才会采用曲线。比如，通廊中的圆形花门、居宅开放性空间用来做空间过渡没有门扇的门。

细部的形状，是由建筑的线条加以限制并确定的区域；不同色调的两个区域，边缘线的限定更能让人感受它们的空间感和距离感。民居的建造，就是利用各种不同类型的线条，将各个要素结合在一起，实现一种空灵、流畅的艺术效果，将整个空间组合成一幅优美的画卷，这样的民居，贯穿首尾，一气呵成，既有组织性，又优雅美观，能够形成主体有力协调、精微巧妙的整体。中国传统民居在线条上的应用，可谓极近美学之峰了。

3. 堆叠的艺术

传统民居，垒石、垒土、垒砖而成，层层叠叠的砖块、片片相覆的青瓦，数量多而不乱。比如贵州的石板房：大小不一、规格不同的石材堆叠出外观整齐的房屋，石材加工的痕迹并不明显，看似杂乱的叠放，仔细观看就能看出它有一定的规律，其实是用心堆叠。大块石材砌筑成外形结构，而小块石头则填补空隙，不强调细部的精细，注重的是整体的平衡感，让每块石头都仿佛天生就应该放在那个地方一样。石堆要堆得好看，是需要花心思的，因为你既要让它看起来协调、美观，又要在简单的堆砌中让它结实牢固。出现在贵州山区村落的石板房，会让人惊叹堆叠艺术竟然能被如此应用到民居建筑当中。它看起来像是某个艺术大师匠心独运的杰作，但其实是心灵质朴的劳动人民在日常生活中就地取材的产物，由此可见劳动人民渐入臻境的审美境界和智慧。

青 瓦

青砖绿瓦，是传统民居堆叠艺

术的另一突出表现。屋面的瓦片轻而薄，弧形的仰瓦与俯瓦层层相叠。很多民居覆瓦其实并不严格，但是周边要求整齐有序，其他没有要求。古朴沧桑的色彩，瓦与瓦相接处加深的线条感，数量众多，层层叠叠，一眼看上去充满了"治愈感"。大量瓦片覆盖的屋顶，看起来就像层层波光一样，轻巧灵动。它覆盖着整个屋宇，能够大面积保护房屋的室内空间不受风吹雨打，充满了庇护感。我想，当你站在远处或高处看屋顶，就能体会到它在我国传统民居中通过视觉起到的安抚作用，感悟堆叠艺术的魅力。

堆叠艺术在我国传统民居中的应用还有很多——窗格隔扇、土坯土墙、雕花纹饰，几乎可见于每一类造型和艺术形式当中。传统花纹，大多是通过对同一图形、线条或者花纹大量重复铺展开来的——繁复但不杂乱，数量众多但平衡、轻巧，仿佛湖面粼粼的波光、远处巍峨的群山，能够让人陷入一种永恒的平静当中。我想，我们平时没有注意到的，看似简单的堆叠艺术，或许是一种古老、朦胧、质朴的艺术，是艺术的原始吧。

4. 几种不同形状的民居

环形住宅

严格来说，环形住宅分很多种，有内蒙古自治区东南角与汉族毗邻的地区、由蒙古包演变而来的小型住宅，也有永定客家土楼的聚落式住宅。跟大多数传统民居一样，这种民居一般将门设在南面，墙上开小窗。圆形住宅虽然不普遍，但令人印象深刻，细细研究让人由衷惊叹。环形住宅造型丰满、基调明快，空间细部设置巧妙，土地利用充分，功能预设科学，是传统民居中一颗璀璨的明珠。

长方形住宅

长方形住宅，分为纵长方形住宅和横长方形住宅，是最基本的住宅类型，广泛分布在广大的农村地区。虽然细部略有差异，但都为一间到六七间不等的房屋组成的规则的长方形住宅。规则的长方形住宅，一般体量相对较小。在北方，会建在田间地头，用来看守农作物。在南方，会建在山间，打猎的时候可以临时居住。一些小型商店、小工业作坊，也会建成规整的长方形住宅，前面为临街店铺、中间为起居室、后面为厨房。很多农村地区，也会建造长方形住宅来居住，因为这样的住宅建造方便，耗费不多，最适合小家庭居住。

曲尺形住宅

曲尺形住宅，也是一种小型住宅。它的平面布局有封闭式和非封闭式两种，这种建筑形式可能在东汉末期就已经出现了。曲尺形住宅四周不设围墙，院落是半封闭形式的，在形体上没有太多的限制，充分反映了"使用者的经济水准越低，所受宗法社会的限制也就越小"。在过去，南方很多边远山区的住宅就是这种类型，墙身很矮，房顶上还盖有茅草，建造简便、经济耐用。

> **知识链接**
>
> **坡 屋**
>
> 　　晋陕民居中，有一个特色别致的民居建筑，人们称之为坡屋。坡屋之所以叫坡屋，是因为它不是自己独立存在的，而是接着其他墙体直接搭建的。坡屋的建造，流露出民居的随意性，这种随意性能让人们在设计时敢于大胆创新，不因陈守旧。坡屋设计随意，造型灵巧、富于变化，也算是传统民居中的一朵奇葩了吧。

第二节　纯朴、自然、和谐美

1. 审美意蕴

意蕴，是某种物象对外展现的、具有精神感染力的风骨情感、精神主旨及其延伸的内涵，人在受到这种物象的感染时，能产生思想上的共鸣，萌生出某种情愫来。这种感染能力，就是我们常说的魅力。有魅力的物象能够迷惑人，被人迷恋上。民居的魅力，就是能够通过它的结构形态、空间布局、装饰艺术、建筑材料展现出来的、对人精神情感的感人能力。

每一件艺术作品，都会天然形成一个具有造型感的独立空间，这种空间能带给人一种时空感，具有更加强烈的情绪感染能力。我们现在看到的传统民居的基本形态，已经有两千年以上的历史，虽然结构简单，但意蕴深厚。

《周易》中有"太极生两仪，两仪生四象，四象生八卦"，将所有存在都按阴、阳划分，阴和阳互为对立、互证存在。再按照阴、阳的概念，象生万物，因此有"两仪生四象，四象生八卦"，组合出自然变化法则，从而推演万物。民居建筑在选址的时候，就应用阴阳五行学说来组合"地利"，以求获取"天时"。这是古人的"偷天"之术，展现了古人的智慧和勇力，是今时今日的我们能够从传统民居中感知到的力量。

艺术是没有时间、空间限制的，它具有无穷的动力，就像一杯美酒一样，时间越久越加醇厚。世间万物都有自己的秩序，在传统道家学说中，这种秩序就是"天道"——宇宙万物，莫不遵循天道。艺术之所以能突破时空限制，历久弥新，与它的秩序感不无关系。这种秩序感，体现在具体的艺术作品上就是指作品的联系性。一件优秀艺术作品，就像宇宙自有严整的秩序、稳定和谐的运动关系一样，圆满又和谐，因此能安抚人的精神。

民居建筑：侧门上方的圆拱，象征"天圆"；五开间结构表意"三为阳，二为阴，合而为五"；护栏用十二根木柱，象征"一岁十二月"；四根柱，象征"天有四辅星"；柱高一丈七尺，为阳数七、阴数十的和；二十四窗，由八卦二十四爻演化而来；等等。采用这些具体的事项，象征道家学说中的内容——这种象征性，在我国传统文化的各个方面都能见到，最能引人联想，触发思绪。

人生若欲完成自己，在于"行止"。所谓"止于至善"，其实是思想上的顿悟引发的行为上的"止"，但在思想没有顿悟之前，"行止"也可以返回来作用于思想，达到"至善"的境界。"至善"是最理想的人格追求，是人的性灵的终极目标。所以人们时时修养自己的身心、培养自己的性灵、升华自己的灵魂,以求"至善"之境,完善自己。

民居建筑中:用花草林木仿造自然的景观,能够让人心生平和;用字画刻石做装饰,有警醒人心的作用;结构和谐有序的环境,能够让人放松心绪,增强性灵的体悟能力。将人的思想、意绪与周围环境联系起来,相互映衬,相互成就。就像古诗句"一枝红杏出墙来",当景与人产生联系之后,就由原先的自然景象,转为人的思想意绪。

民居中的环境和人的思想意蕴,就是这样相互映衬、相互成就的——这便是传统民居的审美意蕴。

2. 建筑的环境搭配

不管亭台楼阁,还是深宅大院;不管是深深的廊院,还是简陋的敞棚;都离不开环境,以及环境所渲染的气氛。这种环境气氛,是由建筑本身和周围环境融合出来的,是自然形成的。民居美就美在这种环境渲染出来的气氛,这是房屋与环境能够融为一体的结果。所以,藏族碉房必须在高原的蓝天白云之下,才能给人一种恒久的神秘感;苏州的园林小楼,必须在小巷幽径中、白墙黑瓦间,才能映衬出那份淡雅清韵;四川民居,只有在青山翠竹间,才能给人清幽、舒畅的感觉。如果脱离了环境,房屋与环境点染出来的气氛就不复存在;如果没有了房屋,人与自然就会缺乏情感的纽带,也没有"气氛"可言了。环境与房屋,无论脱离哪一个,民居的美都将不复存在。

内外通透,虚实相生

虚实相生,是中国传统艺术里非常重要的美学原则。汤贻汾在《画筌析览》中说:"人但知有画处是画,不知无画处皆画,画之空处全局所关,即虚实相生法。"清初笪重光在《画筌》中说:"虚实相生,无画处皆成妙境。"传统民居在建造的过程中,采用了很多虚实结合的艺术手法,比如:大面积实墙,如同国画中的留白,是为"虚";对门窗的装饰,犹如画龙点睛,是为"实"。这一"虚"一"实"相结合,画面感顿生。

言说"通透",关键在于怎么隔。隔,是传统民居塑造空间的一种手段,也是空间设计中最基本的手法。"隔",能使空间中的客体与主体物象产生一种不易逾越的空间距离，被隔开的物象能够自然生成一种境界。宋人陈简斋的《海棠诗》中有："隔帘花叶有辉光。"夜幕笼罩的灯火街市，朦胧幽淡的小景，都因为相"隔"产生的空间距离，生出一种朦胧的美妙感。起到"隔"的作用的帘子形成的线条节奏，增强灯光、月光带来的光影效果，显得花叶华美、物景精妙。

这种通透效果，不仅竹帘可以形成，依赖窗门同样可以实现。门窗隔扇中的空格是最好的取景框，可以将室内外的景象分割成数块画面——透窗入内的皆是美景，穿门而过的皆是意向。门窗可以作为室内外景致的沟通媒介，通过光线强弱调节光影，渲染气氛。从室内看，光线闪烁，一格一格的小窗棂能产生剪影效果，增加视觉印象，让光和景生出许多种变化来。

有隔有通，有虚有实，才叫通透。可以将景物看作"实"，将光影看作"虚"；也可以将窗格木门看作"实"，将景物意象看作"虚"。虚、实相召相感，犹如阴阳相生相成。无数对相互有关系的物象联系在一起，形成一个庞大的结构网络，人立于其间，立马就会被这种结构关系生成的景象吸引。

融情入境，自然和谐

我们都知道诗歌之美，在于融情入境，传统民居之美也是如此。融情入境，是人的精神需求衍生出来的艺术手段。传统民居的建造艺术，打造出丰富的环境序列，人行走在其间，移步易景，深入地感受着空间结构中的诗情画意。传统民居既注重局部的雕琢趣味，又重视整体的神韵气度，不仅单体造型变化多端，而且群体的空间序列丰富。品味它，就像品读一本书，我们的思绪能够在建筑所处空间序列的变幻中，到达最深最远的地方，透过物象惊叹它的美。这便是融情入境。

民居之美，既包含人为的艺术效果，又包含和谐的自然之美，可以说是艺术美与自然美的完美结合。当我们跨过古老的木门石槛，徘徊在老街旧巷中，其间的和谐、静谧、朴实以及韵律感，无不充盈眼前，让我们的心中自然而然生出一种美妙的情绪来，让我们忘掉了许多的纷繁复杂，深深地沉静到纯粹、清明、幽远的意境当中。那些喜爱旧宅老巷的人，时时徘徊其间，寻找的——大概就是这种穿越时间空间、深邃又原始的感觉吧。美学所产生的心理效应，也就是如此了吧！

除了普通民居之外，宫殿、寺观、陵寝，受封建统治"法式""则例"的限制和影响，大多都无法像普通民居一样，简单、直观地造景引情。但如果将其设置在大开大合的自然景观当中，却能产生更加刚健、壮烈的气势，犹如《周易》中的"天"之"行健"，磅礴之气，蔚然天宇。

所以，美妙的建筑能够与自然融为一体，产生出新的气象来，仿佛它本就生于自然，是属于自然的一部分一样。这种相融感，除了高超的艺术手段外，还与传统民居就地取材有关。由于就地取材，所建造的民居不管在色彩上还是质地质感上都能与周围环境相呼应，看起来非常协调。官式建筑，气宇轩昂；寺观庙宇，神秘幽深；亭台楼阁，精巧夺目；民居宅院，意蕴悠远绵长。这些都充满诗情画意，令人回味悠长。

3. 对称、统一的艺术美

对称，在我国传统文化中是非常重要的一个概念，它反映在艺术、家具、装饰、建筑等各个方面。

对称意识和观念的形成，与传统社会价值取向息息相关。中国人自古讲究规矩，比如行事要讲究法度、为人要中正守义、治国要讲究中庸之道等。这里面的"法度""中正""中庸"，都表达着不偏不倚、刚正守中的概念。与人们息息相关的民居，是人们寄托希望、获取安全感，以及表达精神追究、价值理念的舞台。

当然，除了个人精神及社会价值的影响之外，传统审美中的对称习惯还源自古人对结构力学的探索。居宅平安，人才能安心，对于家庭归属感极强的古人来说，没有什么东西能高过家庭的安危，居宅的安全性就显得极重要，并且必须得到实现。从结构力学来看，对称分布，是最安全、最稳妥、最便于操作的。古人的民居，很多时候需要倾全家，以至全族之力进行营建，结构稳定安全、空间分隔均衡、形制优美大方的对称建筑或建筑群必然能够得到推广和发展。

另外，在人的视野范围内，民居建筑的体量是比较大的，体量大的东西展现在视野中会具有强烈的视觉冲击力。因此，它需要一种平衡、稳定，总而言之就是能够令人放松的视觉感受。世间所有的艺术品，都是为我们的灵魂——也就是我们的精神和心灵——服务的，种种艺术通过视觉、听觉、触觉，甚至嗅觉，哺育并强化人的精神世界。民居除了能够庇护我们的身体，给我们带来归属感和安全感，因为它无时无刻不充斥在我们的眼前，所以它还是艺术的主战场。人们通过艺术化的方式，对民居建筑的结构、形态、装饰进行处理，方便居住在其中的人观赏、冥思，获取心灵力量。

　　对称的东西，天生给人一种安全、稳定的心理暗示，因此结构对称的建筑，可以增强建筑对细节、装饰的容载量，让工匠可以在装饰，如雕花、镂刻、山水书画、园林造景等细部尽情发挥。也正是这个原因，我们今天看到的中国传统民居才如此让人惊叹吧。

　　传统民居既然可以看作一种艺术品，自然和所有艺术品一样，毫无例外，都需要统一。如果一件艺术品杂乱无章、生拼硬凑、局部关系支离破碎，那就根本算不上什么艺术作品。格调的统一和内容的丰富既有同一性，又有差异性。伟大的艺术，总是把纷繁复杂的差异统一在一种格调中进行表达，它们通过对色彩、结构的选择，把握节奏，"编制"出美妙的韵律来。这种韵律，相互之间是呼应的，变化中倾向于同一，能给人带来或者愉悦，或者悲伤，或者沉静，或者幽深的心理感受。民居的风格之所以各不相同，就是因为每一种民居都有自己的统一性。一种群体建筑的每一个单体，都用相类似的色彩、纹饰、工艺和结构进行建造，这些细部都倾向于表达某种意境，比如江南民居，不管从色彩、形态还是线条上，都倾向性地展现出水墨江南的图画风光。这样高度统一的民居组合成的建筑群体，逐渐分门别类，然后形成不同派系的民居。值得玩味的是，不管是单个的民居，还是同一种风格的聚落建筑，高度统一的同时，并没有抹灭掉相互之间的差异性。在同种建筑类型的聚落中，每一个家庭的居宅给人的感觉都是不一样的。聚落中的一栋栋建筑、一间间房屋，都像人脸一样，各不相同，是可以进行识别的。这或许就是传统民居有别现代建筑的魅力吧。

第三节　余韵缭绕的人文美

1. 以"礼"为中心的四种文化形态

自汉朝"罢黜百家、独尊儒术"以来，历代科举以儒家经传为准绳。礼教所倡导的三纲五常、宗法制度等，构成中国古代村落社会不成文的法则。这些传统规章，有的甚至被列入族谱，成为一族人的法规。

如浙江永嘉县楠溪江被列为文明村的苍坡村。这个村历代以兄弟礼让之风著称，他们的先祖立周处庙，告诫后人不要做坏事，要维护公共利益。苍坡村用五行之说建村，以文房四宝象征文化，村里的文化形态围绕一个"礼"字展开。福建、湖南、浙江、山西的一些村落，也会按照礼教的秩序去安排村落的格局，突出反映宗法制度下的大家族观念。

礼，直接影响村落和居民的生活环境，村内一族人的祠堂构成村落的中心，会选择最好的位置进行建造。民居的平面布局千年不变，沿袭至今。堂屋居中，为一家人的起居中心，设立供案，立祖宗牌位；堂屋左右的房间设卧室，按老幼尊卑分配居住。

中国大多数农村社会以"礼"来维护村落社会的秩序，用以保持人与人之间的关系，维护家庭、村落及一大家族之间的和谐和安宁。

以民俗为主体的村落文化形态。民俗即民间的风俗和习惯。中国对民俗的解释比较宽泛，包括各民族里流行的全部风俗习惯。按照这种说法，不仅村落里有民俗，城市里同样也有民俗，实际上民俗不分老幼、贵贱，不分职位高低、职业专长，在同一大家庭里，有些民俗为全民所共有，如中国各民族所共有的年节民俗。就现代社会而言，城市对很多传统民俗已渐渐淡漠，在农村，尤其是古村，传统民俗习惯相对保留得更多一些，也更为完整。

民俗具有抽象和具象两方面的内容。抽象文化形态包括村落集体（民族或宗族）所共有的心理潜意识，具象文化形态则表现为一些民风、习俗、生活方式，具体反映在人际交往、节日喜庆活动、生产方式和生活环境的安排，以及民居形式等方面。这些具象的事物，可归纳为事象和物象两方面。事象和物象有相互依存的关系：事象诱导出物象，并左右物象的构成；物象一方面为事象服务，同时也反映集体的潜意识。一个陌生人走进一个不熟悉的村落，一定会感受到一种强烈印象，这是村落文化物象所表现的形态，给来客的感受只不过是新奇，不会有潜意识共鸣。而还乡游子回到故里，会倍感亲切，远离家乡的游子经常会受到一种潜意识的驱使回来寻根，潜意识根植于具体的土壤上，需要具体的事物来印证。村落的景物、房舍、人情、风俗等一切都会引起共鸣，触景生情。

生活不只是物质享受，精神上的追求和渴望也是必不可少的。所谓触景生情，有了景，才能生情，主、客才能引发共鸣。景就是环境，村落环境的形成并非朝夕之事，它是民俗文化浸染的结果。民俗文化所内含的潜意识时刻对环境造成影响，尽管它是无形的，但仍左右着村落的环境构成。

2. 共鸣的精神情感

家庭教育与民居之间的关系

以宗族为纽带的封建家长制家庭，有对家族年轻成员进行教育，促使他们成为社会人的重要职能。这是由于：①封建社会公共的学校还不够普及，社会教育体系还不完善；②家庭既是生产单位，又是生活单位，家庭生活构成了当时个人生活的基本内容，家庭教育作为家庭生活的一个重要组成部分，与家庭难以分离；③个人依附于以家长为首的家族，个人的价值取向、生活目标，在很大程度上潜移默化地取决于家族的价值取向、生活目标；④由于家庭是社会的基本组织形式，传统家族又是在家长制的原则上组织起来的，个人在家庭中的角色，为承担社会角色奠定了基础；⑤当时的教育以伦理道德教育为主，家长制家庭正是实现这种教育职能的主要场所。

家族制下的家庭教育，内容很广，方式方法也很多。如从胎教、幼教直到成年后的继续教育；男、女教育的分别对待；言传与身教并举；文化知识教育与道德礼制教育并重；生活技能与职业教育同时等。从居住空间对应的角度上看，教育的功能遍及整个居住空间。因为是子继父业，农民家庭的家长尽力把自己的生产技艺和经营管理经验传授给儿子，使他们掌握谋生的本领；以经术致官的家长，竭力把经学传给子孙，以求世代为官；工、商之家，由家长把自己的本事、经验传授给子孙，年老时就将家业交给子孙掌管。可能与这种特殊的教育方式有关，在古代的家族社会中，不同等级成员的居宅有一个重要的共同点，即居宅的选址和居宅的空间结构必定与居住者的职业相联系。"处士必于闲燕，处农必就田野，处工必就官府，处商必就市井。"因此不同等级、职业集团之间交往很少，交往行为主要发生在本等级、同职业集团内部。在这种城市或聚落环境中，"旦昔从事于此，以教其子弟，少而习焉，其心安焉，不见异物而迁焉"，不仅如此，"其父兄之教，不肃而成，其子弟之学，不劳而能"（《管子·小匡》）。所以，传统社会中的家庭教育，在促进国民素质的提高，保持传统的观念意识和行为准则，保存、积累和传播传统文化和科学技术、生产技艺以及劳动经验等方面，起过重要的作用。家庭的教育职能一直延续至今，但大部分教育功能已经社会化了，现在住宅中的家庭教育只起辅助作用。传统大家族家庭的居宅中会有书堂、书屋、书房等专门供学子读书的空间，如绍兴的三味书屋等。

祭祀与民居的关系

作为家族、家庭精神生活的重要内容，祭祀活动非常普遍，且内容繁多，如祭鬼神、祭灶神、祭社神、祭财神、祭行业神等。但是，家族或家庭中最主要的祭祀是祭祖。祖先崇拜是从生殖崇拜和图腾崇拜中发展过来的，是氏族社会后期开始逐渐形成的习俗，目的是缅怀祖先并祈求祖先的保佑。在中国家族社会中，最重要的神不是外部的神佛，而是自己的祖先。所以，祭祖活动高于其他祭祀活动，具有准宗教色彩。由于祭祀祖先利用的是人们对父、祖辈的自然情感，依靠根深蒂固的宗法观念和宗法伦理道德，适应了传统家族、家庭的经济结构、社会结构特点所产生的文化心理需求，因此深刻地影响着人们的思想和行为。在家族社会中，祭祀祖先自然就成为家庭的重要活动内容。所以大家族聚集的聚落中都有自己的宗族祠堂，每年都要举行大规模的全族祭祀活动，并有公田或公共的产业来给予经济支持。祠堂在战国时期开始出现，总体上说，秦以前的宗庙制度都非常严格。到汉朝，公卿贵族多在墓地建祠堂，不仅霍光、张禹那样的权贵修建祠堂，富商大户也修建祠堂。由于建祠成风尚，龚胜特地在临死时嘱咐子孙："勿随俗动吾冢，种柏作祠堂。"（《汉书·龚胜传》）到东汉就有用分家立祠的方式以维系家族的习俗，《太平寰宇记·河南道·芮城县》中记载："陈平祠在县东北二里……八世孙汉魏郡太守陈康，于此分居，乃立祖庙，令宗族祭祠。"唐代以后，"士大夫各立家庙"，至宋代"士庶之贱，亦有不得为家庙者，故特以祠堂名之"。明朝中叶以后，随着人口的繁衍与家族组织的发展，士民完全打破了过去不得建立家庙的禁令，祠堂越来越普及，并且独立于住宅之外另行修建，往往是聚落中等级最高且不可缺少的重要建筑。全体族人会定期在祠堂祭祖，祠堂成为连接族人的精神纽带。在祭祖时，通常还要宣读家规、祖训，祠堂又成了教育族众的场所。族中有重大事件或纠纷，会全族聚在祠堂内商议解决，于是，祠堂又成为组织族众和执行族规的场所。祠堂中供有祖先牌位，并有专人编写家族族谱。祭祖成为一种渗透力很强的精神活动，形成了强大的凝聚力，促成了大型住居或聚落的形成和稳定。一般的小家庭中，也在重要位置设有专门供奉祖先的空间或地方，如厅堂里的供桌、墙面上的壁龛等。

安全防卫、归属感与民居的关系

中国封建家长制家庭还有一项重要的职能，就是对家族或家庭成员安全的保护和归属感认同需要的满足——这实际上是两种凝聚力，它有力地促成聚族而居的形态的形成和发展。在人的基本需要中，有安全保障和归属的需要。安全保障的需要分为两种类型：一种是防御自然界的危险和人为的复仇及战争的侵扰；另一种是利用权势或财势，对家族或家庭成员进行庇护。第一种类型发源最早，在原始初民社会中就已发生。第二种类型发生相对较晚，它产生于私有制形成之后，权力和财力的差别形成了等级制和等级观念（后世发展成宗法观念和礼法观念）。贵族、官僚、豪富之家，由于父系家长拥有很大的政治特权和财势，不但对本家族或家庭成员有着极强的保护力，所以投靠、归属这种家庭的人远不限于族人亲眷了。《史记·孟尝君列传》有"亡人有罪者皆归孟尝君，孟尝君舍业厚遇之"的记载。就这样，一个家族或聚落里的人越聚越多，形成了大规模的集聚现象。从东汉的大庄园到后来的各种堡、坞、寨等各种防卫型居宅，直到明清时期的客家土楼，不仅时序上纵贯宗族社会、家族社会，而且范围遍及全国。

归属感的需求源自人是"社会存在物"这样一个基础，即人的社会性。人总是渴望有所归属，成为社会的一员，在社会团体中通过相互交往，得到信赖、友爱。在氏族社会中，人们的归属感表现为对氏族这一社会共同体的强烈的依赖性；在宗族社会中，人们的归属感表现为对宗族这一社会共同体的强烈的依附性；在家族社会中，人们的归属感表现为对家族、家庭强烈的眷念和依靠，并且归属感的需求同安全保障需求合二为一，因为这些需要的满足都要通过家族或家庭的形式来实现。首先，以家族为主体的家庭，是生产和生活的统一体，是个人全部的生活、活动（第一、第二、第三生活）的基本场所，人们生于此、长于此、老于此。这也说明宗族社会中居宅对人一生的重要性，即一生中很大一部分时间都与居宅在发生关系，有的人甚至一辈子也没离开过自己居住的地方。其次，家族社会普遍存在依附关系，家庭成员依附于家长。作为个体的家族成员还不能从家族中完全分离或独立出来，个人的身份、地位通常先天就被家族在社会中的地位所决定了，个人的生活和重要的人生经历以至生产劳动的成果都要靠整个家族的关照和支持。这样，有了家族、家庭，就有了依靠；失去了家族、家庭，就会失去

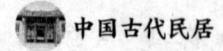

依靠。

这些心理状态,就是归属感,由此产生的需求就是对家族、家庭归属感和认同感的需求。因此,作为家族聚居或家庭形态外在表征的居宅,就构成了归属感的物质载体,具有了象征意义。所以,一有可能,人们就会安家建宅,扩大居宅,认定归属——也就是人们常说的安身立命之所。这种现象一直延续至今,因此居宅的建设是一个社会安定发展的重要保障。

3. 宗祠牌坊

封建社会,人们非常重视家族观念,一个村落有时候只有一两个姓氏的民居,很多时候是一个大家族的几个支系共同居住。祖先崇拜,让家庙、宗祠一类的建筑成了聚落中最重要的建筑。这些祠堂,不仅用来祭祀祖先,也是族中办理婚、丧、寿、喜宴的活动场地,更是宗族议事的重要场所。祠堂最早出现于汉朝,那时候大多建于墓所,所以也被叫作"墓祠"。南宋朱熹首开祠堂之制,祠堂家庙就融合到族群聚落的建筑体系之中。封建社会等级森严,祠堂也是有等级限制的,所以明朝嘉靖之前,民间是不允许立祠的,嘉靖之后才许民间"皆联宗立庙"。从那之后,皇族或封过侯的称"家庙",民间百姓家的称"宗祠"。

沿街的地方常常修建有牌坊、券门,它们具有双重价值——既起到了入口的作用,也限定了区域,丰富空间的划分。除此之外,牌楼还有点景作用,为普通建筑赋予文化含意,构成人文景观。"牌坊""牌楼"是一类建筑的两种说法,只是在最初的时候人们会用牌坊来表彰人、事、物,而牌楼则矗立于离宫、苑囿、寺观、陵墓等大型建筑组群的入口处,或建立在城镇街道重要的位置(如大路起点、十字路口、桥的两端以及商店的门面),有提示区域划分、强化区域功能的作用。只是前者为建筑组群的前奏,能够烘托出庄严、肃穆、幽深的神秘气氛,陪衬主体建筑;后者则可以起到丰富街景、标志位置的作用。江苏徐州有一牌楼,两侧分别书写着"五省通衢""大河前横"——不仅标识了方位,还能让人想到黄河故道就在眼前。有的地方,牌坊林立、重楼叠翠,与高空相对,与群山相应——

蓝天白云下，静静的群山凝视着它，它也凝视着静静的群山，交错处奇幻的空间感受，令人产生无限遐思。

认祖归宗是宗祠兴盛的另一个动力源泉，它在很大程度上维系了同一姓氏、同一血脉的整体性，无论人到何方，宗祠始终能将人牵连回来，实现祖祖辈辈"落叶归根"的心灵愿望。与此密不可分的祭祀活动，是传统文化活动中精神文明不可缺少的一项活动。用恭敬严谨的仪式表达对先祖的尊重和思念，用仪式来强化先人的教诲，继承并发扬先人的理想和追求。从我们今天的视角来看，祭祀产生的心理动因，是那样的纯粹和虔诚。

每逢佳节，人间热热闹闹，祠堂也因为各种祭祀活动香火缭绕、青烟徐徐。当我们走进一个个尘封的家族祠堂，透过阳光，仿佛看到了一个个精神丰碑矗立眼前，在灰暗的烟尘中，在光彩的阳光下，又一次熠熠生辉。

4. 门头家风

门头，是传统民居的一大特色，门头上题的字是门头的核心，通常作为一种家庭文化或者家训，比如"谦受益"。通过门头，可以洞见房屋主人的人文深度。在个人依附于家族体系、家族荫庇个人的古代，门头的题字是整个民居建筑精神气韵的体现，是民居建筑画龙点睛的一笔。可能传统民居的建筑形态终有一天会消失，我们今天对它的惊叹和赞美，只不过是它消散前的光辉，但门头上留下来的家族遗风、人文精神，却跟随时代的变迁、人事的更迭，跌跌撞撞地融进了我们的血脉之中。

用门头展示的家族精神、文化和价值追求，赋予整个建筑以灵魂。康熙年间上坑围的门头有两道横联匾，下面一道是"於万斯年"。"於万斯年"，取自《诗经·大雅·下武》中的"于万斯年"，意为祝福国运绵长。上面的一道刻有"经营成之"，是建造者——德益公对自己经商有道、事业有成的一种铭记。五百年之后，上面的字迹仍旧清晰可见。源远流长，应该说的就是这个意思了吧。

承载文化的形式也许终有一天会消失，但文化也许在将来的某一天，还以别的、我们意想不到的方式再现出来。能否再现的关键，在于我们后人对文化的理解和传承。希望我们传承千百年，赤诚、博大、深远的精神文化，在未来的时光中永垂不朽。

窑洞正门

参考书目

[1] 杨鸿勋. 中国古代居住文化图典[M]. 昆明：云南人民出版社, 2007.

[2] 乐志. 中国古代阁楼受力机制研究[M]. 苏州：东南大学出版社, 2014.

[3] 宓风光, 孙音. 中国古楼阁[M]. 轻工业出版社, 1990.

[4] 陈泽泓, 陈若子. 中国亭台楼阁[M]. 广州：广东人民出版社, 1993.

[5] 王红英, 吴巍. 鄂西土家族吊脚楼建筑艺术与聚落景观[M]. 天津：天津大学出版社, 2013.

[6] 胡大新. 永定客家土楼研究[M]. 北京：中央文献出版社, 2006.

[7] 徐民苏. 苏州民居[M]. 北京：中国建筑工业出版社, 1991.

[8] 郭雨桥. 细说蒙古包[M]. 北京：东方出版社, 2010.

[9] 董伯信. 中国古代家具综览[M]. 合肥：安徽科学技术出版社, 2004.

[10] 刘爱华. 中华民居[M]. 北京：农村读物出版社, 2010.

[11] 王其钧. 民居·城镇[M]. 上海：上海人民美术出版社, 1996.

[12] 李万鹏, 姜波. 齐鲁民居[M]. 济南：山东文艺出版社, 2004.

[13] 侯继尧. 窑洞民居[M]. 北京：中国建筑工业出版社, 1987.

[14] 李语实. 中国名人故居游学馆：青藤狂狷－绍兴卷[M]. 合肥：黄山书社, 2005.

[15] 王鲁湘编. 中国古村落[M]. 杭州：浙江摄影出版社, 2012.

[16] 曹上秋, 周国宝. 中国古建筑之旅：徽州山水村落[M]. 南京：江苏科学技术出版社, 2012.

[17] 刘丹华, 周国宝. 中国古建筑之旅：开平碉楼村落[M]. 南京：江苏科学技术出版社, 2012.

[18] 曾晓华. 岭南最后的古村落[M]. 广州：花城出版社, 2012.

[19] 阳明明. 湘西最后的古村落[M]. 广州：花城出版社, 2012.

[20] 孙克勤, 孙博. 探访中国最美古村落[M]. 北京：冶金工业出版社, 2012.

［21］刘沛林.正在消失的中国古文明古村落［M］.北京：国家行政学院出版社，2012年.

［22］阮仪三，费玉英等.江南水乡古镇［M］.上海：上海人民美术出版社，2009.

［23］《万象文画》编写组.中国最有魅力101个名城古镇［M］.呼和浩特：内蒙古人民出版社，2009.

［24］罗德胤.廿八都古镇［M］.上海：上海三联书店，2009.

［25］江乐兴.不可不知的100座古镇古城［M］.北京：化学工业出版社，2009.

［26］王华飞.古镇春秋［M］.杭州：西泠印社出版社有限公司，2008.

［27］李兆群.行走中国品读水之韵：江南古镇［M］.上海：上海画报出版社，2007.

［28］何智亚.重庆古镇［M］.重庆：重庆出版社，2004.

［29］秦俭.古镇川行［M］.北京：中国旅游出版社，2004.

图片授权

中华图片库
林静文化摄影部

敬 启

本书图片的编选,参阅了一些网站和公共图库。由于联系上的困难,我们与部分入选图片的作者未能取得联系,谨致深深的歉意。敬请图片原作者见到本书后,及时与我们联系,以便我们按国家有关规定支付稿酬并赠送样书。

联系邮箱:932389463@qq.com